영화로 배우는

심리학개론

이지영 저

한국에니어그램교육연구소
· Korean Enneagram Education Center ·
www.kenneagram.com

목 차

1. '보통 사람들(Ordinary People, 1980)' : 영화와 상담심리 1

<영화 속 이야기 한줄>

"The only one who can help me is myself.

자신을 도울 수 있는 것은 오직 자기뿐이다."

– '보통 사람들'에서–

영화 '보통 사람들(Ordinary People, 1980)'과 만나기

1. 영화 감독 : 로버트 레드포드(Robert Redford)

캘리포니아에서 태어난 로버트 레드포드는 십대 시절에 운동선수로서, 콜로라도 대학에서 야구로 장학생이 되었다가 얼마 후 술에 취해 난동을 부린 일로 장학생 자격을 잃었다. 그는 종종 은둔자로 묘사될 정도로 사생활을 거의 비밀에 가깝도록 철저히 보호했고 영화와 관련된 활동 외에는 주로 자신을 대리하는 중개인을 내세워 일을 처리했다.

처음에 연극 무대와 텔레비전에서 연기를 하다가 1960년대에 마침내 영화계로 들어섰다. 성공의 기회는 평생의 친구이자 공동작업자인 폴 뉴먼과 처음으로 함께 연기한 「내일을 향해 쏴라(1969)」로 찾아왔다. 연기자로서 흥행의 성공이 잇따랐음에도 불구하고 다양한 필모그래피 속 그의 상업적 매력과 다양한 수준의 예술적 완성도에서 알 수 있듯이 레드포드는 자신만의 독특한 자리를 새겨 넣으려는 시도로 또다시 놀라움을 안겨주었다. 즉, 화려한 조명을 받는 배우의 삶에서 감독의 자리로 옮겨간 것이다. 이 시도는 가족의 불행을 다룬 이야기로 아카데미 작품상과 감독상을 모두 안겨준 「보통 사람들(1980)」을 통해 엄청난 찬사를 받으며 실현되었다. 뒤이어 「흐르는 강물처럼(1993)」그리고 대중매체가 윤리에 미치는 영향을 비판적으로 그린 「퀴즈 쇼(1994)」로 또다시 높은 찬사를 받았으며 일종의 서부영화인 「호스 위스퍼러(1998)」도 만들었다(슈나이더, 2008).

2. 영화 내용

평온한 일상생활을 보내고 있는 부모와 아들 형제로 이루어진 전형적인 미국 중산층의 가족이 있다. 그러던 어느 날 형인 버크와 아우 콘래드가 함께 보트놀이를 갔다가 배가 뒤집혀 형 버크가 죽는다. 콘래드는 자기만 살아남았다는 죄의식에 괴로워하며 오른 손목을 잘라 자살을 기도하지만 미수에 그치고, 정신병원에 입원하여 치료를 받는다. 어머니 베스는 만능 스포츠맨이며 명랑한 청년이었던 죽은 큰아들 버크에 대한 생각을 잊지 못하고 콘래드에게 냉정하게 대한다. 깔끔하고 통제에 대해 강박적인 측면이 있는 엄마는 체면에 얽매여 자신은 물론 남편과 남은 둘째 아들의 고통에 대해서 냉담한 태도로 일관한다. 콘래드 역시 자신에게만 쌀쌀한 어머니를 미워하게 된다. 태평한 성격의 아버지 칼빈도 어머니와 아들 사이를 조정하고자 하나 무력하기만 하다. 설상가상으로 콘래드는 병원에서 알게 된 여자 친구 카렌의 자살을 보고 정신적 고독감이 깊어만 가고 상담을 받게 된다. 콘래드와 이야기를 나누고 깊은 슬픔과 분노를 인정하도록 격려해주는 이는 정신과 의사이다. 어느 날 밤 처음으로 어머니에게 콘래드는 밤 인사 키스를 하지만 다정하게 받아주지 않는다. 그러한 아내의 태도를 보고 칼빈은 가슴 아파하며 울먹인다. 베스는 그것을 보고 말없이 집을 나간다.

3. 캐릭터 이해

칼빈 자렛 (아버지)

태평한 성격으로 모든 일에 대해 긍정적으로 보고 부정적인 측면은 보지 않으려고 한다. 둘째 아들을 걱정하지만 어떻게 대해야할지 모르고 무력하다. 자신의 감정을 표현하는 것도 서툴다. 아내와 아들 사이에서 어떻게 처신해야 할지 갈등하는 우유부단한 남자이다.

베스 자렛 (어머니)

깔끔하게 정리된 외양에 집착하는 통제광이며 자신의 분노조차 단호하게 부인하는 성격을 가지고 있다. 편애하던 큰 아들이 보트 사고로 죽고 작은 아들만 살아 돌아오자 냉담한 태도를 보인다. 그러나 결코 자신이 아들을 미워한다는 것을 인정하지 않는다.

닥터 타이론 (정신과 의사)

콘래드가 유일하게 자신의 마음을 이야기하는 대상이다. 콘래드의 아픔과 슬픔을 인정해주는 한편 마음을 표현하도록 격려한다.

콘래드 자렛 (아들)

평범한 4인 가족의 둘째 아들로서 평온한 일상을 보냈으나 어느 날 형과 함께한 보트 놀이에서 혼자만 살아남게 된다. 그 후 깊은 죄책감에 빠진다. 설상가상으로 어머니마저 자신에게 냉담하게 대하고 여자 친구마저 자살을 하자 상담을 받게 된다.

카렌 (병원 친구)

콘래드가 입원했던 병원에서 사귀게 된 여자 친구로 퇴원 후 자살을 한다.

<영화와 상담심리 이론>에 대해 알아보기

1. 영화에 대한 이해

(1) 영화의 시각적 측면

영화는 이미지, 즉 시각적 측면이 매우 강조되는 매체이다. 이미지는 생각이나 느낌 등 사고를 상징적으로 적절하게 나타낼 수 있는 방법으로 이런 영화적 특성은 교육이나 학습에 사용된다. 텍스트를 외우기보다 이미지로 기억하는 것이 효과적이라는 다양한 연구결과들이 이를 증명한다. 이미지 학습은 학습자들의 사전경험이나 지식을 적극적으로 활용하여 어떤 주제에 대한 개념을 형성시키는데 유용하다. 이 과정에서 학습자들의 흥미를 유발하여 적극적인 참여를 이끌어 낼 뿐만 아니라 학습 내용을 압축하여 시각적으로 표현하기 때문에 기억효과가 높아진다. 부호화된 학습 내용은 오랫동안 기억에 저장할 수 있고, 개인의 의사는 언어와 비언어적 요소인 이미지로 다양하게 전달되기 때문이다(이경록, 2011).

(2) 영화의 놀이적 측면

영화 관람은 목적추구적 행동이 아니며 관람, 그 자체가 유일한 동기인 놀이성을 지닌다. 영화 관람은 기쁨이 있는 활동이며 그 자체가 놀이의 성격을 가지고 있는 것이다. 또한 공간과 시간의 동질성을 파괴시키며 관객을 일상생활과 단절시켜서 그들로 하여금 독특하고 폐쇄적인 세계를 만들게 한다. 영화의 풍부한 상상의 세계에서 다양한 창조성을 일깨울 수 있다. 인간은 놀이를 통해서 그들의 인생관과 세계관을 표현하듯 영화를 통해 일상의 이성적 사고와 축제의 감성적 욕망 사이를 넘나들면서 경험과 인식의 지평을 확대할 수 있고, 또 이를 통해서 문화의 발달을 가져올 수 있다.

(3) 영화의 인지적 측면

영화를 보면 영화 속 주인공과 나 자신을 비교하거나 새로운 해석을 할 수 있고, 삶의 의미를 회복시켜준다. 이러한 영화의 인지적 측면은 삶의 의미를 회복시켜 주고, 행동 변화의 통찰을 촉진하며 개인적 이해를 심화시켜준다.

(4) 영화의 정서적 측면

영화를 관람하는 동안 우리는 수많은 다양한 감정을 경험한다. 영화 속에 나오는 끔찍한 괴물이나 연쇄살인범을 보고 두려움과 간담이 서늘해짐을 느끼기도 하고, 때론 멜로드라마 속의 주인공처럼 사랑하는 사람을 잃은 슬픔에 끝없는 절망을 맛보기도 한다. 계획했던 모든 일들이 수포로 돌아갈 때 죽음 같은 좌절감에 정신이 혼미해지기도 한다. 영화는 감성을 자극하는 매체이기 때문이다. 감성 혹은 감정의 정의를 살펴보면 '주위의 어떤 대상이나 일어난 현상에 대해 느끼게 되는 기쁨, 즐거움, 슬픔, 괴로움, 두려움, 노여움, 사랑, 미움 등의 기분 상태'이다(하승희, 2001). 따라서 우리가 영화를 볼 때 다양한 정서적 색조를 경험할 수 있게 된다.

(5) 영화의 관계적 측면

같은 영화를 관람한다는 것은 경험을 공유하는 것이다. 영화를 함께 보고, 서로의 경험 세계에 대해 이야기를 나누며 유대와 친밀감을 형성할 수 있다. 이른바 영화를 통해 공감대를 형성하는 것이다. 공감대 형성은 신뢰와 소통에 필수적 요소이다. 신뢰가 형성되고 소통이 원활히 진행된다면 우리는 친밀한 관계를 형성할 수 있게 된다. 영화라는 도구가 바로 그 열쇠인 것이다.

2. 상담심리에 대한 이해

(1) 상담의 정의

상담은 상담자와 내담자가 공동으로 내담자의 변화를 위해 노력하는 조력활동이다. 상담에 대한 정의는 학자들에 따라 약간의 차이가 있다. 이장호(1995)는 "도움을 필요로 하는 사람(내담자)이 전문적 훈련을 받은 사람(상담자)과의 대면관계에서, 생활과제의 해결과 사고, 행동 및 감정 측면의 인간적 성장을 위해 노력하는 학습과정이다."라고 정의하였다. 홍경자(2001)는 "상담이란 상담자가 내담자와의 관계에서 촉진적인 의사소통을 통하여 내담자가 개인적인 문제에 대한 자기 이해와 자기 지도력을 터득하도록 도와주는 과정이다. 그리하여 현재의 문제를 효과적으로 해결하고 장차에도 일어날 수 있는 삶의 문제에 대한 조망과 해결능력을 갖게 되어 자기 효능감과 자족감을 느끼도록 인도하는 일련의 학습과정이다."라고 하였다.

(2) 상담 관계

내담자가 자신의 문제를 효과적으로 다루며 혼란을 정리할 수 있도록 돕는 상담의 핵심은 내담자와 상담자의 상담관계에 있다. 상담기법도 중요하지만 인간관계에서의 새로운 경험, 즉 인간에 대한 한없는 포용과 수용력, 인간을 신뢰하고 사랑하는 마음이야말로 인간을 변화시키는 가장 큰 힘이기 때문이다. 상담관계에서 제일 중요한 것은 신뢰감을 형성하는 것이다. 신뢰감을 형성하는 것은 '라포(rapport)' 또는 '친밀감을 형성한다'라고 말한다. 라포의 핵심은 상담자가 내담자에게 행위적으로 친절하게 하는 것에 그치지 않고 마음속으로 믿고 의지할 수 있는 편안한 상태를 만드는가의 여부이다. 즉 마음속 깊이 상대방을 수용하고 존중할 수 있느냐의 문제인 것이다. 상담에서의 라포 형성을 위한 노력은 처음부터 상담이 끝날 때까지 지속되는 과정이다. 라포는 상담자와 내담자의 결속을 높여 주며, 예측가능성을 높여서 문제해결에 도움이 된다. 또한 갈등을 줄여주며, 관계의 긴장을 완화시켜 안전감을 높여주기 때문에 효과적 상담을 위해 꼭 필요한 전제조건이다.

(3) 상담의 과정

상담의 과정은 시간을 중심으로 초기, 중기, 종결기로 나누는 게 보통이다. 그러나 실제 임상현장에서 상담의 과정을 시간적으로 계획하는 것이 용이하지 않다. 따라서 상담의 과정에서 이루어져야 할 과제를 중심으로 살펴보는 것이 더 효율적이다.

맨 처음 내담자가 찾아왔을 때 상담자가 해야 할 일은 인사하는 일이다. 이것은 편하게 느끼기가 어려운 내담자가 새로운 상담자와 상담환경에 적응하도록 도우는 일이다. 그 다음의 과제는 내담자로 하여금 찾아온 목적을 표현할 수 있도록 돕는 것이다. 이 때 상담자는 내담자의 표현을 돕는 한편, 내담자를 평가하는데 필요한 자료들을 수집할 필요가 있다. 그 다음은 앞으로 이루어질 내담자 문제의 개념화를 토대로 상담의 목표를 수립하는 일이다. 목표는 장기와 단기 목표로 수립하며, 목표에 따른 상담계획이 마련된다. 상담의 목표들은 내담자와의 합의에 의해서 수립되는 것이 권장된다. 일단 내담자의 특징, 환경적 요인, 그리고 나타난 문제와의 관계를 역동적으로 파악하고, 그에 따른 상담 목표와 계획이 수립되면, 그 다음은 여러 가지 기법들을 적용함으로써 문제해결을 위한 실제적 노력을 하는 단계로 이어진다. 처음에 수립된 상담의 목표가 달성되어 가면 상담 과정의 종결을 고려하게 된다. 이 종결단계에서는 증상이나 처음 호소된 문제들의 해소뿐 아니라 상담과정에서 드러난 보다 심층적인 문제의 변화도 합께 평가해야 한다. 이 과정에서 중심적인 일은 상담의 효과를 이미 설정된 목표 달성 여부에 비추어 평가하고, 그것에 따라 종결시기와 추후지도의 빈도 및 과제를 결정하는 것이다(김병석, 1997).

(4) 상담의 목표

상담의 일반적 목표는 크게 행동의 변화, 정신건강의 증진, 문제의 해결, 효율성의 증진, 그리고 올바른 의사소통으로 나누어 살펴볼 수 있다.

① 행동의 변화

상담은 개인이 좀더 생산적이고, 행복한 생활을 하는 데 방해가 되는 행동은 감소시키거나 제거시키고, 만족스럽고 성공적인 생활을 사는 데 도움이 되는 행동은 형성시키거나 증가시키는 것을 목표로 한다.

② 정신 건강의 증진

상담의 목표는 적극적으로 정신건강을 촉진하는 데 있다. 정신적으로 건강한 사람은 책임감이 있고, 독립적이며, 인격적으로 성숙한 사람이다. 소수의 부적응 내담자뿐만 아니라 다수의 정상적인 내담자들이 문제나 부적응에 빠지는 것을 사전에 예방하도록 하여 전체 내담자들의 정신건강을 증진시키는 것을 목표로 한다.

③ 문제의 해결

내담자에게 상담이 필요한 것은 그들에게 스스로 해결하기 어려운 문제가 있기 때문이다. 상담자를 찾아오는 사람은 자신의 문제 해결에 상담자가 도움이 될 수 있다고 믿는 사람들이다. 그러므로 상담은 내담자의 문제를 해결하는 것을 목표로 하여야 한다.

④ 개인적 효율성의 증진

효율적인 인간은 문제를 인지하고 정의하고 해결할 수 있는 능력을 지니고 있으며, 독창적으로 사고할 수 있고, 자신의 행동을 통제할 수 있으며, 좌절이나 적대적인 애매한 상황에서 적절하게 반응할 수 있다고 한다. 따라서 상담에 의해 생산적인 사고를 증진시키고 적응적인 인간관계를 형성하며, 다양한 문제 상황에 효과적으로 대처할 수 있는 능력을 얻게 되면, 개인의 효율성은 증진될 수 있다.

⑤ 바른 의사결정

상담에서는 개인이 선택하고 결정하기 위해서는 필요한 정보를 제공하고, 의사결정에 영향을 줄 수 있는 정서적인 문제나 심리적인 특성을 확인하고 분석하며, 장애가 되는 면은 극복하도록 돕는다. 이러한 관점에서 상담이란, 의사결정이 합리적이고 효율적으로 이루어질 수 있도록 원조하는 것을 목표로 한다.

3. 영화와 상담심리학의 만남

영화는 그 특유의 속성으로 인해 학습의 도구로 매우 유용하게 사용될 수 있다. 특히 영화가 가지고 있는 몇 가지의 특수성은 상담심리학이라는 학문을 학습하는 데 꽤 효과적이다. 상담심리학에 대한 학습이 효과적으로 이루어지기 위해서는 전문적 지식과 함께 경험적 세계에 대한 이해가 필요한데, 바로 영화가 이러한 것들을 제공할 수 있기 때문이다. 상담심리학을 학습하는데 영화가 유용한 도구로서 활용될 수 있는 요소들을 정리하면 다음과 같다.

(1) 영화의 핍진성

핍진성이란 외견상 사실적이거나 진실해 보이는 정도나 질을 의미한다. 영화가 갖고 있는 핍진성은 영화 속 세계가 허구임에도 불구하고 영화를 관람하는 관객의 정서적인 간극을 봉합하는 역할을 함으로써 관객이 영화 속 세계로 침잠할 수 있도록 한다. 이렇게 영화와 봉합된 관객은 쉽게 전이나 동일시가 일어나는 상태가 되어 자신의 심리적 세계로 쑥 들어가게 된다. 상담은 상담자와 내담자의 상담관계가 형성된 것을 바탕으로 내담자의 심리적 세계를 탐험하는 것이다. 영화 관람은 이런 상담의 경험과 비슷한 심리적 색조를 띠고 있기 때문에 자기를 탐색하고 이해하는데 유용하다.

(2) 영화와 투사기제

영사기를 통해 투사된 영화를 보며 관객은 자신의 심리적 세계를 투영시키게 된다. 즉, 자신의 무의식적이고 바람직하지 않는 특성을 영화 속 등장인물에게 반영시킨다. 영화를 관람하면서 어떤 등장인물이나 행동을 매우 싫어한다면, 자신의 부정적 측면을 투사한 것일 수 있다. 반대로 자신도 모르는 자기의 이상적 측면을 투사할 수도 있다. 중요한 점은 투사란 아직 자각하지 못한 무의식적 측면으로 이를 의식화하는 것이 상담의 목표라는 것이다. 자신이 영화의 등장인물에 투사한 긍정적, 부정적 특징을 의식화하여 자기 안에 기억하고 완전히 인식하고 깨닫게 되면 자기실현에 한걸음 다가설 수 있기 때문이다.

(3) 영화와 소망충족

우리 안의 무의식적 욕구는 의식화하기를 거부하는 억압된 소망이다. 영화를 보면서 자연스럽게 전이와 동일시가 일어나면 비록 욕구가 위장되어 있고 영화 속에서 대리적이기는 하지만 우리는 무의식적 욕구를 충족시킬 수 있게 된다. 영화 속 등장인물과 동일시되는 과정을 통하여 자신의 내면적 욕구의 해소가 일어나는데, 이러한 과정이 바로 소망 충족적이며 관객 자신의 관념이나 생각을 바꾸는 적극적 기제가 될 수 있어 치료적이다. 또한 스스로 이루지 못했던 소망을 영화 속 등장인물을 통해 대리만족하면서 치료적 카타르시스를 경험한다.

(4) 영화와 관찰학습

영화는 사람들에게 구체적이거나 상징적인 행동의 모델과 개인적인 의견에 관한 표현을 관찰하는 도구가 될 수 있다. 즉, 관찰학습의 유용한 도구가 되는 것이다. 관객은 영화의 등장인물이 묘사하는 행동과 결정을 근거로 하여 자신의 대안적인 해석을 경험하게 되며, 등장인물과 상황을 사실적으로 관찰하면서 자신에게 필요한 기술을 습득하고 긍정적인 변화를 촉진하게 된다(김준형, 2009). 상담에서도 내담자에게 필요한 기술을 적극적으로 학습시키기도 하고, 상담자 자신이 모델이 되어 경험적 학습을 이루기도 하는데 이 부분에서 영화를 상담심리적으로 적극 활용할 수 있다.

(5) 영화의 상징과 은유

영화에서 상징은 인물, 색, 소품, 구도, 배치 등의 시각적 이미지나 대사, 음악 등의 청각적 이미지로도 나타난다. 영화 속 상징과 은유에 대한 통찰은 삶을 가치 있고 의미 있는 것으로 경험하는 과정을 제공하며, 경험과 상황을 다르게 보는 방법을 제공한다. 또한 여러 태도들 가운데서 선택할 수 있는 기회를 제공함으로써 자율성을 높여 궁극적으로 실행능력을 높인다(김준형, 2009). 이는 상담을 통한 변화의 과정 중에 내담자가 필히 경험해야 하는 것이기도 하다.

영화를 상담심리학적으로 관람하기

1. 내담자인 아들의 특성

(1) 내담자의 호소문제

2남 중 막내로 형과 함께 보트를 타러나갔다가 사고를 당했다. 큰 사고로 형은 죽고 내담자는 극도의 우울증으로 약 4달 정도 병원에 입원했다. 퇴원 후 일상 생활에 복귀하였으나 학교에서 멍하게 있거나 수영부의 연습에 참가하는 어렵다. 또한 친구들과도 대화를 나누거나 친밀함을 유지하기 어렵다. 밤마다 사고에 관한 악몽을 꾸며 잠을 못자고 자살충동을 느낀다. 무엇보다 어머니와의 관계에서 불편감이 크다. 어머니와 제대로 이야기를 못한다.

(2) 내담자의 인상 및 행동관찰

약간 마른 체형에 보통 키의 브라운 계열 곱슬머리로 전체적으로 준수한 용모이지만 여려 보인다. 건강 및 위생 상태는 양호하다. 옷차림은 캐주얼로 주로 바지에 셔츠나 스웨터를 입는데 멋을 부리지 않는다. 시선을 잘 마주치지 못하며 사람과 이야기를 할 때 주로 시선을 아래로 두고 손을 만지거나 비비고 다리를 떠는 행동을 한다. 목소리 톤은 약간 높고 가느다랗고 힘이 없다. 말투는 머뭇거리지만 자신이 할 말이 있을 때는 좀 빨라지는 편이다. 자신의 기분이나 감정에 대해 말하는 것을 어려워한다.

(3) 내담자의 가족관계

① 어머니

단정한 옷차림과 한 톨도 흐트러짐 없이 머리를 손질한 모습이 부자연스러워 보인다. 목소리 톤이 높으며 얼굴 표정이 경직되어 있다. 거실 청소 못한다고 가정부를 해고할 정도로 정리정돈과 깔끔함에 대해 강박적일 정도로 중요하게 여긴다. 보트 사고가 있은 후 내담자를 겉으로는 잘 대해주는 것처럼 보이지만 용서하지 못하고 냉랭하게 대한다. 형이 죽은 것이 내담자 때문이라고 생각한다.

② 아버지

단정한 옷차림의 외모로 약간 눌린 듯한 목소리 톤을 가졌다. 이야기할 때 웅얼거리는 편이다. 아내나 아들에게 싫은 소리를 하지 못한다. 특히 부인이 화를 내거나 아들과 다툼이 있을 때는 어쩔 줄 몰라 한다. 부인의 눈치를 보는 둘째 아들을 도와주고 싶지만 행동으로 옮기진 못한다.

③ 형

보트 사고로 죽었다. 어머니와 사이가 매우 좋았으며 주변 평판도 좋은 우수한 아이였다.

2. 영화 속 상담 관계

상담의 관계에서 무엇보다 중요한 것은 라포 형성이다. 이를 위해 상담자는 내담자에게 자신의 솔직한 모습을 보여준다. 영화 속 상담자는 상담 초기라 긴장하고 있는 내담자를 위해 음악을 틀어주려고 한다. 그러나 적절하지 못한 음악을 틀어주고 당황해하는 모습을 변명하거나 위축되지 않은 채 솔직하게 보여준다. 또한 자기는 아무 문제 없다며 '자기 성장'이라는 추상적이고 이상적 주제를 상담의 목표로 잡는 내담자에게 자신이 잘 하지 못하는 주제이지만 돈 때문에 한번 해보겠다고 말하는 상담자의 자세는 얼핏 보기에 초라해 보이지만 굉장히 현실적이고 인간적이다. 상담자는 그런 자신의 모습을 자연스럽게 수용한다. 비굴하게 이야기하지도 않고 농담처럼 가볍게 말하거나 엄숙하지도 않다. 이처럼 당황해하면서도 금방 자신의 실수를 인정하고 현실을 수용하는 상담자의 인간적 모습과 솔직성에 내담자는 서서히 라포를 형성하게 된다.

라포 형성이 상담의 전부라고 할 수 있을 만큼 매우 중요하다. 우리는 나에게 중요한 사람이 한 말만을 의미 있게 받아들이기 때문이다. 라포가 형성되어야 상담자의 말이 내담자의 마음 속에 들어온다는 뜻이다. 또한 우리는 나와 친밀한 사람에게 나의 아픔과 내밀한 속내를 보여준다. 영화 속에도 라포가 형성되었을 때 비로써 내담자는 자신의 가장 큰 아픔인 보트 사고와 관련된 이야기를 꺼낸다. 그렇다면 어떻게 라포가 형성되었을까. 두 가지 포인트가 있다. 첫 번째는 내담자가 내는 화에 대해 비난하거나 놀라거나 위축되지 않고 담담하게 수용하던 4회기의 상담. 그리고 마지막 상담 회기로 한밤중에 공포로 인해 내담자가 상담자를 찾을 때 이런 저런 것을 따지지 않고 상담을 해 주었을 때 비로써 진정한 라포가 형성되었을 것이다. 7회기에서 상담자는 말한다. "나를 믿어. 나는 너의 친구니까." 내담자는 "정말 제 친구세요?"라고 확인한다. 상담자는 "그래, 믿어 봐." 두 사람은 포옹한다. 라포는 신뢰를 바탕으로 한다.

3. 영화 속 상담의 과정

(1) 초기 단계

상담의 첫 장면에서 상담자는 내담자와 관련된 정보를 탐색하게 된다. 이전의 상담 및 정신과적 이력, 현재의 내담자 상태, 사회적 관계 그리고 내담자가 상담을 신청하게 된 경위, 즉 호소문제를 다루게 된다. 호소문제는 상담목표의 설정과도 깊은 관계가 있기 때문에 제대로 탐색하는 것이 매우 중요하다. 영화에서는 내담자가 상담을 신청하게 된 이유에 대해 "나는 아무 문제없지만 자아관리를 해야겠어요. 그래야 사람들이 내 걱정을 하지 않으니까"고 말한다. 이 말에 상담자는 "누가 걱정을 하는데?"라며 내담자의 말에 관심을 보임과 동시에 구체적 탐색을 시작한다. 내담자는 아버지라고 말하고, 상담자는 어머니는 걱정하지 않느냐는 질문을 한다. 이 말에 내담자는 당황하며 말의 화제를 돌리고 이런 게 싫다고 한다. 향후 상담에서 어머니와의 관계가 중요한 주제가 될 수 있음을 알 수 있다. 이렇게 상담자는 현재 내담자의 상태를 진단, 평가하고 아직 제대로 언어화되지 않은 호소 문제를 심층적으로 탐색한다.

상담자는 내담자에 대해 〈자네가 형을 죽게 했다는 것〉을 알고 있다고 말한다.

이는 내담자가 자신을 바라보는 방식인바 내담자의 언어를 있는 그대로 반영하는 것으로 보인다. 내담자의 말로 표현하는 것은 신뢰를 형성하게 해 줄뿐만 아니라 내담자가 자신을 객관적으로 볼 수 있게 해준다. 그리고 내담자의 트라우마인 〈보트 사고〉에 대해 이야기해보라고 하지만 내담자는 아무 말을 못한다. 이 또한 이후 상담의 중요한 주제가 될 것임을 예측할 수 있다. 내담자가 이야기하지 못하는 내용, 즉 저항이 있는 곳이 콤플렉스이며 걸림돌이 되기 때문이다.

상담자가 일주일에 두 번 상담을 하자며 상담의 진행방식에 대해 제안하자 내담자는 시간을 낼 수 없다고 반응한다. 상담자는 자신이 해결책을 내거나 의견을 강요하지 않고 "그럼. 어떻게 하지?"라고 선택권을 내담자에게 준다. 그러나 여전히 "연습을 빼먹고 와야겠군요."라고 모호하게 말하는 내담자에게 상담자는 "자네가 알아서 해."라고 말한다. 이러한 상담자의 반응은 매우 치료적이다. 상담이란 궁극적으로 내담자의 자아를 강화시키는 일이며 이는 구체적으로 자신이 선택하고 책임지는 능력을 기르는 것이기 때문이다. 또한 내담자와 상담자 간의 상담 관계는 상하관계가 아니며, 상담자란 내담자를 지지하는 역할이기 때문이다.

(2) 중기 단계

상담의 중기단계는 초기단계가 끝날 무렵부터 상담의 목표가 어느 정도 달성되기까지의 전체 과정을 말한다. 이 단계에서는 설정된 상담목표를 해결하기 위한 구체적인 상담 작업들이 행해진다. 상담의 핵심적 단계이다(이장호 외, 2012). 본 영화에서는 크게 두 가지 주제로 진행된 상담 작업을 살펴본다.

① 엄마에 대한 한계성을 인정하고 받아들이기

상담을 통해 내담자는 엄마가 아빠와 형은 사랑하지만, 사고에 대해 나를 용서하지 못하기 때문에 날 사랑하지 않음을 알게 된다. 이런 엄마한테 화가 나기도 하고 슬프기도 하지만, 나를 사랑할 수 없음을 아니 나를 '충분히' 사랑할 수 없다는 사실을 받아들이게 된다. 이러한 수용이 도움이 되는 이유는 나의 기대와 이상을 완벽하게 채울 수 없는 것이 현실임을 받아들이게 되어 현실을 살아갈 힘을 얻게 되기 때문이다. 4회기에서 상담자는 말한다. "만족시켜주길 기대하지 마." 눈물 나게 아픈 현실적 충고이다. 이 세상 그 어느 누구도 내가 원하는 방식으로 날 완벽하게 만족시켜 줄 수 없다. 그러나 이 사실을 받아들이기엔 고단한 현실을 살아가는 것이 너무 힘겹기 때문이다.

상담사는 내담자에게 "엄마가 자넬 덜 사랑한다고 비난하지 말라."고 말해준다. 이 말에 내담자는 아버지는 나를 책임감 있게 사랑한다고 말하며 저항한다. 이에 상담사는 "엄마는 자네 방식대로 사랑을 표현 못할 수도 있어. 엄마는 느낌을 보여주는 게 두려울지도 모르지."라고 말한다. 엄마와 나의 사랑방법이 다를 수 있고, 내가 기대하는 만큼 사랑해주지 않을 수도 있다는 것을 이야기하며 엄마 또는 내가 틀린 것이 아니라 서로 다름을 말한다. 다름을 통해 나와 엄마 모두를 수용할 수 있는 여지를 마련해 주는 것이다. 비록 내가 원하는 방식의 사랑이 아니며 나의 기대에 미치지 못하지만 그것을 견딜 수 있게 해 준다. 좌절 인내력이 생긴 것으로 현실을 살아가는 자아가 확장되었으며 그만큼 힘이 강해졌다. 이는 이상(내가 원하는 방식대로 완벽하게 사랑해 주는 것)과 현실(엄마의 방식으로 사랑해 주는 것)의 차이에 대한 수용으로 볼 수도 있다. 그러나 여기에서 상담자가 무엇보다 기억해야 할 것은 원하는 것을 얻을 수 없음의 아픔, 상실감과 고통에 대한 공감이다. 공감만이 내담자를 고통에서 견딜 수 있게 해 주는 힘이 된다. 혼자서 아픔을 견디는 것은 너무 무섭고 고통스럽기 때문이다. 또한 엄마가 느낄 수 있는 두려움에 대해 말하며 내담자에게 매우 중요하고 힘있는 대상인 엄마의 두려움에 대해서도 수용할 수 있도록 돕는다. 이는 내담자가 자신의 두려움 또한 수용할 수 있게 만든다.

② 나 자신을 용서하고 수용하기

자기 때문에 형이 죽었다는 죄책감으로 괴로워하는 내담자의 문제를 다루어 자기를 용서하고 사랑하게 됨으로써 자존감을 높이고 자신의 심리에너지를 온전히 자아성장에 쓸 수 있도록 돕는다. 이를 위해 상담과정에서 죄책감으로 인한 내담자의 불안을 다룬다. 상담이라는 안전한 공간에서 내담자의 구체적인 두려움에 접촉해 이를 재경험하도록 도움으로써 두려움을 견디는 힘을 기르게 한다.

영화에서는 이러한 과정이 다음과 같이 표현된다. 먼저 내담자가 자신의 감정을 인식할 수 있도록 하기 위해 끊임없이 상담자는 내담자에게 "지금 기분이 어때?" 라고 묻는다. 이러한 질문은 또한 내담자의 주의 초점을 타인이 아닌 자기에게 향하게 함으로써 내담자가 주변의 평가와 인정에 휘둘리기보다 자신의 느낌을 믿고 신뢰할 수 있도록 돕는다. 자신을 신뢰하고 긍정적으로 바라볼 수 있을 때 자아의 힘은 더욱 강해진다. 상담에서 감정을 다루는 것은 매우 중요한데 감정이란 심리적 에너지이며, 인간 행동의 동기와 욕구의 근간이 되기 때문이다. 따라서 감정을 인식하지 못할 경우 자신이 무엇을 원하는지 알지 못하며, 삶을 살아가는 에너지가 적다. 이런 사람은 흔히 무기력하고 매사에 시큰둥한 반응을 보이기 쉽다. 이 영화 속 내담자도 학교에서의 생활, 수영부 활동, 심지어 친구들과의 놀이에조차 즐거워하거나 충분히 참여하는 모습을 보이지 않는다. 상담 장면에서도 축 늘어진 매우 무기력한 모습을 보인다.

상담의 과정에서 주요한 작업은 바로 보트 사고에 대한 트라우마를 다루는 것이다. 마지막 회기에서 결국 보트 사고를 다루게 되는데 이 세션은 일종의 위기상담이다. 일상 속에서 죽음과 관련된 사건을 겪으면서 내담자는 갑자기 자신의 트라우마가 떠오르고 극심한 공포상황에 빠지게 된다. 내담자는 보트 사고에 죄책감을 가지고 있다. 자신의 잘못이라는 죄책감. 죄책감은 내가 나쁘고 흠 있는 사람이 되게 만드는데 이는 심리적 죽음 상태와 비슷하다. 내담자가 생각하는 잘못은 폭풍의 상황에서 밧줄이 꼬여 닻을 내리지 못한 것이다. 또 다른 죄책감은 형에 대한 분노이다. 내가 잘못해서 죽게 된 형인데 미안은커녕 화까지 내니 나는 정말 나쁜 사람이 되어버리는 구조인 것이다. 형에 대한 분노의 원인은 형이 잡은 손을 놓아 결국 죽어버리게 된 사실 때문이다. 인간이라 실수할 수 있다는 것을 받아들이는 것이 내담자에겐 너무 어렵다. 특히 집 안과 밖에서 늘 인정받고 우수했던 형이기에 더욱 형의 실수를 인정하기 어렵다. 무엇보다 형을 사랑하기에 형이 잘못할 수 있는 사람이란 걸 받아들이기 어렵다. 우리는 보통 잘못은 나쁜 것이라고 믿기 때문이다. 그래서 잡은 손을 놓은 형의 실수를 실수가 아닌 옳지 못한 행동, 나쁜 행동으로 해석하고 화를 내는 것이다. 또한 내담자의 이런 말을 사람들이 아무도 공감해주지 않을 거 같아 이 또한 억울하고 화가 난다.

배를 잡고 있었던 내담자. 그래서 살 수 있었지만 그 사실이 너무 두렵다. 나 혼자 살아났다는 사실이 이기적으로 느껴지고 나쁜 것처럼 생각되기 때문이다. 상담자는 이 모든 사실을 담담히 수용해준다. 옳고 그름을 판단하지 않는다. 이 세상에 절대적인 옳고 그름은 없다. 누가 누구를 판단할 수 있을까? 이 질문에 대한 답은 어떤 것도 완벽하지 않다. 틀린 것, 나쁜 것이 아닌 두렵고 아프고 고통스러운 것이다. 상담자는 내담자의 보트 사고를 〈잘 했다, 잘못했다〉로 판단하지 않고 아프고 고통스러웠던 사건으로 받아들여준다. 누군가 나의 고통에 함께 아파해줄 때 고통은 참을 만한 것이 되고 그렇게 점차적으로 치유된다. 이는 내담자의 힘이 된다.

(3) 종결 단계

상담의 종결은 내담자의 문제가 완전히 해결된 다음에 이루어진다기보다는 처음에 기대했던 행동변화, 그리고 상담 과정에서 도달한 한계와의 타협점에서 이루어진다. 나의 인간적 한계, 현실에 대한 수용이 이루어질 때 자연스럽게 상담은 종결을 하게 된다. 더 이상 할 작업이 없기 때문이다. 특히 상담의 종결에서 무엇보다 중요한 것은 이에 대한 서로의 합의이다.

이 영화에서는 종결 회기를 구체적으로 다루고 있지는 않지만 종결할 수 있음을 알 수 있는 몇 가지 사인이 있다. 7회기 상담의 촉발적 사건이 된 병원 친구 카렌의 자살사고. 평소의 내담자 패턴이라면 카렌의 사고를 자신의 책임으로 생각하고 죄책감에 빠졌을 것이다. 그러나 내담자는 말한다. "이 일이 슬퍼요. 정말 안됐어요."라고 말하며 그 사건을 자기의 잘못으로 가져오지 않고 담담히 수용한다. 이러한 내담자의 변화는 상담의 종결을 알리는 신호이다.

상담이 잘 진행되었기 때문에 종결해도 괜찮음을 알게 해 주는 건 상담 장면보다는 일상생활 속이다. 영화의 마지막 장면. 내담자의 어머니가 떠나고 혹시 자기 잘못은 아닌지 아버지는 자책을 한다. 이 때 내담자는 상담자가 자신에게 해주었던 방식 그대로 따뜻하게 아버지를 공감하고 위로한다. 또 내담자를 충분히 보살펴주지 못했음을 말하며 자책하는 아버지에게 내담자는 이렇게 말한다. "공평하진 않았지만 잘 되게끔 해주셨어요. 아빠를 존경해요." 완벽한 아버지는 아니지만 지금 이대로의 아버지를 수용하고 존경하게 된 것이다. 이에 아버지는 "사람들을 너무 존경하지는 마라. 실망시킬 때도 있으니."라고 말한다. 아들은 이야기한다. "실망하지 않아요. 사랑해요." 아들은 안 것이다. 사람이란 원래 불완전하기에 실망시키는 것이 당연하다는 것. 그래서 역설적으로 실망시켜도 실망하지 않는다. 실망시키지만 여전히 사랑할 수 있다. 현실적 사랑만이 우리를 현실에 발 딛고 살아갈 수 있도록 힘을 준다.

참고한 자료

- 김병석(1997). 상담의 과정과 기법. 청소년상담사 전문교육교재
- 김준형(2009). 중년여성의 죽음 의미 발견을 위한 영화치료 프로그램 개발 및 효과 검증. 서울불교대학원대학교 박사학위논문
- 스티븐 제이 슈나이더(2008). 정지인역. 501 영화배우. 서울: 마로니에북스
- 이경록(2011). 이미지연상학습법을 이용한 읽기능력신장연구. 한양대학교 교육대학원 석사학위논문
- 이장호, 정남운, 조성호(2012). 상담심리학의 기초. 서울: 학지사
- 하승희(2001). 영화이론의 감성적 지평을 위한 소고. 중앙대학교 대학원 석사학위논문

2. ‘인셉션(Inception, 2010)’ : 정신분석이론

<영화 속 이야기 한줄>

모리스 "나는...실망...실..실망했다..."

로버트 피셔 "알아요, 아버지. 아버지처럼 되지 못해 실망하신 거 알아요."

모리스 "아니..아니야..내가 실망한 건 네가, 나처럼 되려 해서다."

– ‘인셉션’ 中에서–

영화 '인셉션(Inception, 2010)'과 만나기

1. 영화 감독 : 크리스토퍼 놀란(Christopher Nolan)

크리스토퍼 놀란(Christopher Nolan, 1970년 7월 30일, 런던)은 영국의 영화 감독, 각본가, 제작자이다. 유니버시티 칼리지 런던(UCL)을 졸업했다.《미행》(Following, 1998년)으로 데뷔하여 두 번째 작품 《메멘토》(Memento, 2000년)로 크게 성공했다. 작품으로는 《인셉션》(Inception, 2010년)과 다크 나이트 시리즈 (배트맨 비긴즈, 다크나이트, 다크 나이트 라이즈)세 편 등이 있다(위키백과 인용).

2. 영화 내용

드림머신이라는 기계로 타인의 꿈과 접속해 생각을 빼낼 수 있는 미래사회. '돔 코브'는 생각을 지키는 특수보안요원이면서 또한 최고의 실력으로 생각을 훔치는 도둑이다. 우연한 사고로 국제적인 수배자가 된 그는 기업 간의 전쟁 덕에 모든 것을 되찾을 수 있는 기회를 얻게 된다. 하지만 임무는 머릿속의 정보를 훔쳐내는 것이 아니라, 반대로 머릿속에 정보를 입력시켜야 하는 것! 그는 '인셉션'이라 불리는 이 작전을 성공시키기 위해 최강의 팀을 조직한다(NAVER). 한편, 피셔와 사이토는 세계 1위를 서로 다투는 에너지 회사의 CEO들이며, 코볼은 남아프리카 지역의 에너지 회사로서 피셔 회사의 하청업체이다. 코볼은 피셔의 회사로부터 파이프라인 공사 수주를 따내기 위해서 피셔 회사의 라이벌인 사이토의 회사 기밀을 캐내기 위해 돔 코브의 산업 스파이 팀을 고용한다. 코볼 사는 사이토의 회사 기밀을 수석 엔지니어가 가지고 있을 거라 생각하고 코브 팀을 꿈속으로 침투시켜 정보를 빼내 오려고 하지만, 정작 중요한 정보는 사이토가 다룬다는 것이 밝혀지며 임무는 실패하고 만다. 코볼 사의 부정확한 정보 제공으로 인해서 임무가 실패하고, 코브 팀은 손을 떼려고 하지만 코볼 사의 협박으로 인해서 코브의 팀은 결국 사이토의 꿈에 침투하기로 결정하고 도쿄로 떠난다. 코브의 '인셉션' 작전은 대상자의 무의식에 생각을 심기 때문에 일반적인 정보 탈취 작전보다 정교한 꿈의 미로 설계를 요구한다. 때문에 코브는 재능 있고 명석한 건축 설계자인 아리아드네에게 꿈의 설계를 부탁한다.

3. 캐릭터 이해

돔 코브 (레오나르도 디카프리오)

영화 속에서 코브는 침입자 겸 추출자의 역할로 다른 사람의 머릿속에 침투하여 생각을 훔치는 사람이다. 기업들은 코브를 고용해서 자신들이 절대 접근할 수 없는 비밀을 훔쳐오도록 의뢰한다.

아서 (조셉 고든-레빗)

포인트 맨의 역할로 코브의 가장 오랜 친구이며 그가 가장 신뢰하는 인물로 코브가 주요 계획을 짜면 세부 사항을 담당한다. 또한 제작자로서 체계적으로 모든 것이 제대로 갖춰졌는지 확인하는 역할을 하며 팀원들이 꿈의 세계에 들어가거나 나오는 것을 책임진다.

아리아드네 (엘렌 페이지)

건축을 공부하는 수재로 꿈의 세계를 창조하는 설계자의 역할이다. 현실에서는 존재할 수 없는 장소를 설계하고 세우는 일을 맡아 창의력을 발휘하고 사고를 넓히면서 코브가 목표를 이루는 데 큰 도움을 준다.

임스 (톰 하디)

페이크 맨으로 꿈의 세계에서 다양한 모습으로 변장해 신원을 위조하여 표적이 믿도록 속이는 일을 한다.

맬 (마리온 코티아르)

코브가 가장 사랑하는 아내이면서 코브의 무의식 속에 자리 잡아 그를 괴롭히고 자극하며 작전을 방해한다. 강함과 약함, 희망과 상심을 동시에 표현하는 모순적인 감정의 변화를 계속한다.

사이토 (켄 와타나베)

의뢰인이다. 재력과 막강한 능력을 가진 기업의 거물로서 코브에게 집으로 보내준다는 제안으로 설득하여 '인셉션'이라는 특수 임무를 맡긴다.

로버트 피셔 (킬리언 머피)

인셉션의 표적이며 곧 세상을 떠날 아버지에게서 수십억 달러 가치의 기업을 물려받게 된 후계자이다. 어마어마한 재력가지만 따뜻하지 못했던 아버지의 권위적인 그림자 속에서 자라 불안함으로 가득하다. 그의 무의식에 아버지와의 관계에 대한 거짓된 추억을 심어 기업을 합병하지 못하도록 하는 것이 '인셉션' 작전의 목적이다.

유서프 (딜립 라오)

약제사로 특수한 약물을 만들어 사람들이 꿈의 세계로 접속할 수 있도록 돕는다.

<정신분석 이론>에 대해 알아보기

1. 정신분석이론의 특징

정신분석은 무의식의 발견에 기초하여 프로이트가 창설한 이론이다. 정신분석에서는 인간을 비합리적이고 비관적인 결정론적인 존재로 본다. 인간의 행동은 기본적인 생물학적인 충동과 본능을 만족시키려는 욕망에 의하여 동기화된다. 과거의 생활 경험들에 의하여 특히 출생에서부터 5세 사이의 어린 시절에 경험한 무의식 속에 잠재해 있는 심리 성적인 사건들에 의하여 결정되는 존재로 본다.

2. 정신분석이론의 주요 개념

(1) 무의식

프로이트 이전의 심리학자들은 정신생활과 의식을 동의어로 생각했다. 그러나 프로이트는 인간의 사고와 행동을 설명하고 이해하기 위해서는 무의식적 과정의 작용과 그 내용에 대해 알 필요가 있음을 보여주었다. 프로이트에 의하면 우리의 감정, 공포, 사고 및 행동의 대상이나 이유는 겉으로 보기보다 훨씬 더 복잡하고 흥미롭다. 그는 정신생활에서 의식은 아주 작은 부분일 뿐이고, 한층 더 깊이 경계를 넘어 들어가면 의식에서 억압된 무의식이라는 부분이 존재한다고 보았다. 무의식은 크게 일차과정과 쾌락원칙의 영역이다.

① 일차 과정의 원리

– 우리에게 친숙한 논리가 아닌 이상한 종류의 논리가 작동한다. 즉, 상호 모순이나 상호 배제의 개념이 없다. 예를 들어, 엄마를 죽이고 싶으면서도 엄마가 나를 사랑해 주기를 바랄 수 있다.

- 한 가지 생각이 비슷한 다른 생각이 될 수도 있고, 한 가지 생각이 완전히 다른 생각으로 대체될 수도 있으며, 한 가지 생각이 여러 생각들의 전체 집합이 되기도 한다. 예를 들어, 죽음에 대한 두려움이 고래에 대한 두려움이 될 수 있다. 이것이 일차과정에서 일어나는 전형적인 연합의 예시이다.
- 시간을 초월하기 때문에 과거와 미래의 구별이 없다. 10년 전에 두려웠던 일은 아직도 무섭다. 오래 전에 부모님이 나의 나쁜 생각이나 행동에 대해 벌줄까 봐 두려워했었다면 그 처벌에 대한 두려움은 내가 어른이 되어도, 부모님이 돌아가신 후에도 그대로 남아 있다.
- 환상과 현실의 구분이 없으며 소망과 행동의 구별도 없다. 만약에 내가 엄마가 죽기를 바랐는데, 엄마가 나와 전혀 상관없는 이유로 죽었다면 나는 내가 엄마를 죽였다고 굳게 믿게 될 것이고 죄책감이 커질 것이다.

② 쾌락 원칙 [pleasure principle]

무의식은 욕구충족을 지연시키지 못하고 지금 당장 쾌락을 원한다. 프로이트에 의하면 인간은 오직 희열과 쾌락을 추구하며 고통이나 불편을 회피하는 삶을 시작한다. 결과적으로 어린이는 자라면서 눈앞의 희열을 때때로 억제해야만 한다는 것을 배우게 되는데, 이때 현실원리(reality principle)가 모습을 나타낸다.

(2) 마음의 구조론

프로이트는 인간의 마음을 하나의 장치, 심적 장치라고 생각했다. 그 장치는 3개의 영역으로 구성되어 있는데, 바로 이드, 자아, 초자아의 영역이다. 이드(Id)는 인간이 지닌 생득적인 충동, 본능적 에너지의 원천을 말한다. 초자아(superego)는 부모가 가르치는 예의범절이나 사회의 규칙에 의해 몸에 배인 규범이나 가치관으로 충동을 억누르려고 하는 기능이 있다. 그리고 이드와 초자아 사이를 조정하고 현실에 대응하려고 노력하는 것이 바로 자아(ego)이다(크리스라반, 2014).

① ID (이드, 원욕)

쾌락의 원리에 따라 본능적 욕구를 만족시키려는 일념만을 갖고 움직이며 정신적 에너지의 저장소이다.

② EGO (자아)

현실의 원리에 입각하여 욕구 충족을 위해 적합한 대상이 발견될 때까지 긴장 해소를 보류할 수 있다. 현실을 무시하고 쾌락의 원리에 입각하여 작용하는 ID와 이상지향적 작용을 SUPEREGO를 통합, 조정하는 중재자 역할을 한다.

③ SUPEREGO (초자아)

사회의 전통적 가치와 이상의 내적 기준으로 성격의 도덕적 측면으로 현실보다는 이상을, 쾌락 보다는 완성을 위해 작용한다. 부모가 자녀에게 설명해 주고, 아이에게 주는 보상이나 처벌에 대한 반응으로 발달한다. 특히 양심은 부모가 자녀의 행동에 대하여 부적합하다 하거나 벌하는 것으로 발달하며, 자아 이상은 자녀의 행동을 승인, 칭찬해 주는 것으로 발달한다.

(3) 불안과 방어기제

이드가 너무 강해지면 감정적, 충동적인 행동을 하려는 경향이 짙어지며, 초자아가 강해지면 내부로부터 선악의 판단이 엄격해져 자신을 다스리는 도덕적인 행위를 하게 된다. 이드와 초자아가 서로 갈등을 일으킬 때, 의식에서 금지하는 욕구들로 인해 자아는 불안에 빠지게 된다. 이때 자아는 불안으로부터 자신을 보호하기 위해 방어기제를 작동하게 된다. 또한 방어기제는 자아가 이드의 본능적인 충동을 자신 또는 사회에게 해가 되지 않도록 처리해 나가는 기능도 한다. 이처럼 자아는 방어기제를 이용해 한편으로는 불안을 피하고, 다른 한편으로는 본능 욕구를 부분적으로나마 충족시킨다. 이 과정에서 본능적 욕구와 초자아의 요구 사이에서 타협이 일어나고 절충형성이 이루어지는데, 이 절충형성의 결과가 행동으로 나타나는 것이 증세이고 성격 특성이다.

① 억압 방어기제

의식에서 감당하기 어려운 수치심을 유발하는 것들, 죄책감, 열등감, 성적 욕구, 공격 욕구 등이 의식에 올라오면 심한 불안을 일으킨다. 그래서 의식으로 나오지 못하도록 자아가 억압해 버린다. 의식과 무의식이 나누어지는 것은 억압 때문이다.

② 투사 방어기제

자신이 스스로 받아들일 수 없는 충동이나 태도 등을 무의식적으로 타인이나 환경의 탓으로 돌리는 행동 기제로써 자신의 결점을 다른 사람이나 사물에 전가시켜 비난함으로 자신의 결함이나 약점 때문에 갖게 되는 위험이나 불안으로부터 자아를 보호한다.

③ 합리화 방어기제

현실을 왜곡하여 자존심을 보호하는 행동 기제로써 현실적으로, 사회적으로 용납되지 않는 동기를 용납되는 동기로 바꾸는 것이다.

④ 치환 방어기제

본능적 충동을 재조정해서 위협을 덜어주는 상대로 대치하는 행동 기제이다. 예를 들어, 동대문에서 뺨 맞고 서대문에서 화풀이한다.

⑤ 승화 방어기제

억압된 충동이나 욕구의 발산 방향을 사회적으로 인정받고 존경받는 가치있는 목표로 옮겨 그것을 실현함으로써 그 충동이나 욕구를 만족시키는 행동 기제이다.

(4) 심리성적발달단계

프로이트는 인간의 활동 중 가장 기본이 되는 원동력은 성본능이라고 생각했다. 프로이트에 따르면 유아에게도 성욕이 있는데, 유아이 성욕은 성인의 성욕과는 다르며 신체의 특정 부위로 집중되어 있다. 유아의 발달단계에 따라 일정한 순서로 성욕이 집중되는 부위가 그 위치를 이동해 나간다. 그리고 발달단계에 따라 성욕이 채워지거나 채워지지 않는 것을 통해 사람의 성격이 형성되어 나간다는 것이 바로 심리성적발달단계 이론이다(크리스 라반, 2014).

① 구강기 (Oral stage) : 생후 1년 사이

전적으로 타인에게 의존하며 빨고, 삼키고, 뱉고, 깨무는 것과 같은 활동으로 충동적이고 즉각적인 만족을 얻으며 그 기능을 하는 부위인 구강이 성격 발달에 중요한 의미를 갖는 시기로 대부분의 성적 에너지를 포함한다.

② 항문기 (Anal stage) : 1.5세~3세

성적 에너지가 구강에서 항문으로 옮겨간다. 대변의 배출과 보유가 만족의 원천이며 쾌락에 대해 즉각적으로 반응하지 않고 지연시킬 수 있다. (자기 통제와 지배의 출발점)

③ 남근기 (Phallic stage) : 3세~5세

아동의 성적 에너지의 관심이 생식기로 옮겨간다. 자신의 성기를 자세히 관찰하고 자위 행위를 하며 출생과 성에 관한 관심을 나타낸다.

④ 잠복기 (Latency period) : 6 / 7세~12 / 13세경

성적 에너지는 억압 또는 승화되어 지적 관심, 운동, 친구간의 우정 등으로 나타나며 새로운 성감대가 나타나지 않고 성적 본능이 대부분 수면상태에 있다.

⑤ 생식기 (Genital stage) : 여아는 약 11세경, 남아는 약 13세경

새로이 나타나는 성적 에너지는 사춘기 초기에는 동성에게로 향하나 차츰 이성에게로 옮겨간다. 이 시기의 인간은 쾌락추구적이고 자애적인 경향에서 현실 지향적이고 사회화된 성인으로 바뀌게 된다. 즉, 아들의 경우 어머니와의 연결된 끈을 풀고 자기 자신의 여자를 발견하고, 아버지와의 경쟁심을 버리고 아버지의 지배로부터 자유로워져야 한다.

(5) 외디푸스 콤플렉스 (Oidipus complex)

남아는 어머니를 성적 애착의 대상물로 바라게 되나 아버지가 어머니의 사랑을 얻은 성공적인 경쟁자라는 것을 알게 되면서 아버지와 비교하여 열등감을 느끼며, 이러한 자신의 생각에 대한 아버지의 보복에 대한 두려움은 거세불안으로 나타난다. 따라서 남아는 이러한 어머니에 대한 욕망을 억압하고 아버지와 동일

시하기 시작함으로써 외디푸스의 갈등을 해결한다. 동일시 과정을 통해서 아버지의 도덕률과 가치체계를 내면화함으로써 양심과 남성적 역할을 습득하고 자아 이상을 발달시킨다.

① 외디푸스적 감정

아버지를 사랑하지만 라이벌이 됨으로써 가지는 애정과 분노의 양가감정 및 아버지는 매우 강한 인물이기에 아버지와 경쟁하는 것에 대한 두려움, 그리고 경쟁자인 아버지를 죽이고 싶은 소망을 품은 것에 대한 무의식적인 죄책감이 외디푸스적 감정이다.

② 외디푸스 콤플렉스의 결과

외디푸스 콤플렉스의 결과 남아는 아버지와 자신을 동일시한다. 그렇게 함으로써 자신에게도 아버지 같은 힘이 생겼다는 느낌을 갖게 된다. 또한 동일시를 통해 초자아가 형성되고 공고화된다. 즉, 아이의 내면 안에 입법자와 집행자로서의 부모의 기능을 하게 되는 초자아가 형성되는 것이다. 예를 들면, "너는 ~해서는 안된다."라고 말하고, 이를 어겼을 경우 고문하거나 처벌한다.

③ 외디푸스 콤플렉스의 극복

외디푸스 콤플렉스를 잘 극복하게 되면 남아들은 아버지와의 위험하고 경쟁적인 투쟁을 포기한다. 어머니가 더 이상 자신에게 적임자가 아님을 분명히 알게 된다. 부모에 대한 사랑과 동일시는 나의 독립성과 자율성을 위협한다. 외디푸스의 극복은 부모와 나 간의 차이점과 유사점을 인정하게 하며 자신만의 정체성을 확립할 수 있게 해 준다. 또한 부모에 대한 애착관계에서 벗어나 적합한 새로운 사람들을 향해 에너지를 쏟게 된다. 즉, 부모에 대한 무의식적 고착에 얽매이지 않고 새로운 사람들과 관계를 맺을 수 있다.

영화를 정신분석적으로 관람하기

1. 무의식의 영화적 표현

영화 '인셉션'은 드림머신이라는 기계를 통해 타인의 꿈과 접속하여 생각을 빼낼 수 있는 미래사회를 표현한다. 영화의 대부분이 꿈을 다루고 있는 점은 무의식을 구체적으로 탐색하기에 이롭다. 특히 주인공 '코브'는 자신의 무의식 세계를 우리들에게 시각적으로 자세히 보여줌으로써 무의식에 대한 깊은 통찰을 준다. 코브가 건축가 여학생인 아리아드네에게 꿈에 대해 이야기를 하는 장면은 무의식의 특징을 객관적으로 관찰할 수 있는 중요한 포인트이다.

① 시간에 구애받지 않음

무의식의 과정은 시간적 순서가 없고 시간이 흘러도 변하지 않는다. 시간과는 전혀 관계가 없다. 그래서 어릴 때의 사건을 마치 '지금–여기'에서 일어나는 사건으로 착각을 일으킨다. 코브는 꿈 속, 즉 자신의 무의식 안에서 아내와 관련된 사건들을 많이 경험하게 되는데 오랜 시간이 흘렀음에도 불구하고 여전히 지금 여기에서 죽은 아내가 살아있는 것처럼 경험된다. 이런 무의식적 경험으로 인해 코브는 더욱 아내의 죽음을 받아들이지 못한다.

② 현실 무시

무의식은 비합리적이고 유아적인 본능, 소망의 충족을 집요하게 요구한다. 현실상황이나 형편은 알 바 아니라고 무시한 채 집요하게 욕구의 충족만을 요구한다. 코브의 무의식은 아내가 살아있기를 바라고, 끊임없이 꿈속에서 아내를 살려낸다. 이런 상황으로 인해 아내가 자신이나 동료를 위험한 상황에 빠뜨림에도 불구하고 아내가 죽었다고 생각하지 못한다. 현실을 받아들이지 않는 것이다.

③ 심리적 현실

무의식 안에서는 실제 사건에 대한 기억과 심리적인 상상경험이 구분되지 않는다. 어떤 사건을 단지 상상했을 뿐인데도 마치 실제로 경험한 사건처럼 기억하게 되는 것이다. 아리아드네는 꿈을 처음 경험하게 되는데 코브가 설명해 주기 전에는 자신이 꿈속에 있었다는 것을 자각하지 못한다. 꿈에서의 일을 실제 경험한 사건으로 기억하는 것이다. 즉, 심리적 세계를 경험했음에도 불구하고 그것이 현실인 양 느낀다는 것이다. 물론 반대의 경우도 성립이 된다. 현실 속에 있으면서도 심리적 세계인양 느낄 수 있다. 이 경우 무의식과 의식의 경계가 희미해지고 위험해 질 수 있다. 그래서 아리아드네가 자신의 현실적 경험을 꿈속으로 가져와 건축물을 짓자 코브가 깜짝 놀라며 절대 안된다는 반응을 보였던 것이다. 이에 대한 예방책, 즉 현실과 무의식 세계를 경계 짓기 위해 영화 속 인물들은 모두 토템(자기만의 상징물로 작은 소품)이라는 것을 갖고 있다.

④ 모순이 없음

무의식에서 모순이 없다는 것은 소위 '상반의 동일성' 형태로 존재한다. 즉, 큰 것과 작은 것이 같은 것으로 취급된다. 서로 반대되는 내용들이 대립하는 것이 아니라 마치 동일한 내용처럼 취급되는 것이다. 따라서 거룩함과 흉악함이 같고 움직인다와 정지한다가 같은 것으로 취급되어 바꿔서 표현되기도 한다. 영화 속에서 코브의 아내는 코브를 매우 사랑하고 걱정하는 아름다운 여성으로 표현되었다가 갑자기 코브를 위험에 빠트리는 위험하고 난폭한 여성으로 표현되기도 한다. 코브의 아내는 무의식 속의 대상이기 때문에 긍정적인 측면이나 부정적인 측면으로 나누어지지 않으며 두 가지 측면을 모두 갖는다. 이런 코브의 아내는 모순적 대상이 아닌 무의식적 대상인 것이다.

2. 영화 속 인물의 성격구조

(1) 이드적 인물 : 임스

페이크 맨으로 꿈의 세계에서 다양한 모습으로 변장해 신원을 위조하고 속이는 일을 한다. 임스는 특히 고도의 집중력을 요하는 인셉션 작전을 위해 계산적이고 지극히 이성적인 팀원들 사이에서 유독 여유로운 듯한 말투와 뻔뻔한 모습을 보여 준다. 또한 근육질 몸매, 남성스러움을 강조하는 모습을 갖고 있다. 그가 피셔에게 생각을 심는 방식, 즉 인셉션의 방식은 매우 창의적이고 독특하다. 이처럼 영화 속 임스는 매사 진지함이 결여되어 있고 지나치게 자유분방하지만 카멜레온처럼 변신을 거듭하는 실력만큼은 뛰어나다. 이러한 모습은 프로이트의 성격 구조적 측면에서 볼 때 원초아가 두드러지는 사람의 성격 특성으로 볼 수 있다. 영화 속에서 임스는 도덕성이나 윤리적 기준보다 자신이 원하는 것에 더 중점을 둔다. 그래서 꿈에 접속해서 하는 일이 상대방을 속여 돈을 버는 방식인 것이다. 그러나 이럴 때조차 천진하고 유쾌하며 열정적인 모습인데 바로 원초아의 특성이다. 인셉션의 영화 속 캐릭터 중 임스가 가장 열정적인 인물로 표현되는 것 또한 원초아의 특성과 일맥상통하는 것이다. 원초아는 에너지의 샘이기 때문이다.

(2) 초자아적 인물 : 아서

코브의 가장 오랜 친구이며 그가 가장 신뢰하는 인물로 코브가 주요 계획을 짜면 세부 사항을 담당한다. 코브가 예술가라면 아서는 제작자로 체계적으로 모든 것이 제대로 갖춰졌는지 확인하는 역할을 한다. 꼼꼼하고 전문적인 능력과 재능을 꿈의 세계에 접속하는 일에 쓴다. 감독인 고든 레빗의 표현대로라면 "코브가 예술가라면 아서는 프로듀서"이다. 프로듀서는 모든 것을 책임지고 총괄한다. 또한 아서는 팀원들이 언제 꿈에서 깨야할지를 판단하고 깨우는 역할을 냉혹하리만큼 철저하게 수행한다. 이처럼 판단하고 책임지는 특성은 초자아적 성격이다. 초자아는 아동이 내면화한 부모이다. 아동은 초자아의 판단에 의지한다. 마찬가지로 인셉션의 팀원들은 아서의 판단에 자신을 맡긴다. 언제 꿈에서 깨어나야 하는지, 이러한 선택의 옳고 틀림을 판단하고 끊임없이 보다 이상적인 선택을 하려고 함으로써 인셉션을 성공하도록 돕는 것이 초자아, 아서의 역할인 것이다.

자유분방한 옷차림과 본능적인 남성성을 마음껏 드러내는 모습의 임스와는 달리 왜소하지만 균형 잡혀 있는 몸과 깔끔한 머리스타일, 그리고 완벽하게 슈트를 입은 외양의 아서. 이처럼 영화는 원초아와 초자아의 외양적 특징도 이미지적으로 잘 보여주고 있다. 또한 이 둘은 영화 속에서 자주 투닥이며 앙숙처럼 묘사되는데 이는 원초자와 초자아의 갈등을 표현한 것으로 해석할 수 있다.

3. 영화 속 인물의 불안과 방어기제

(1) 주인공의 불안

주인공 '코브'는 아내 맬에 대한 양가감정으로 인해 죄책감을 느끼고 두렵다. 아내를 사랑하지만 한편으론 자신과 함께 죽으려고 했으며 아이를 돌보지 않고 무의식 세계에 얽매여 있었고 자신을 두고 자살해 버린 아내이기도 하다. 이러한 아내 맬에 대해 화가 나지만 아내는 자신 때문에 죽었다고 생각하기에 화를 낼 수 없다. 또한 아내는 죽는 순간까지도 자신을 사랑했기에 더더구나 화를 낼 수 없다. 아내에 대한 분노가 올라올 때마다 코브의 죄책감은 더욱 커지고 그래서 불안해진다. 자기의 실수를 대면할 수 없기 때문이다. 자기의 실수를 인정하는 것은 자기 때문에 아내가 죽었다는 것을 인정하는 것이며 이는 참을 수 없는 고통이다. 그래서 코브는 아내를 사랑한다는 감정에 충분히 머물 수도 없고 아내에게 진솔되게 화를 낼 수도 없다. 사랑한다면 자기의 실수를 더욱 용서할 수 없고, 화를 낸다는 것 또한 안되는 일이다. 이럴 수도 저럴 수도 없는 코브는 무력감 속에 매우 불안정한 캐릭터가 되어 버린 것이다.

(2) 주인공의 방어기제

주인공 '코브'가 주로 쓰고 있는 방어기제는 바로 억압이다. 영화 속에서 코브의 아내 맬은 코브에게 화난 감정을 품고 있으며 자주 코브를 위험한 상황에 빠뜨려 죽이려고 한다. 맬이 코브의 무의식적 인물이라는 점을 감안할 때 이것은 코브가 아내에 대해 품고 있는 욕망이 투사된 것으로 볼 수 있다. 그러나 이러한 사건들은 철저하게 꿈속에서 이루어진다. 즉, 무의식적으로 이루어진다. 죽은 아내에 대한 죄책감과 분노는 억압되고, 이러한 억압으로 인해 맬이라는 무의식이 생기고 점차 코브를 잠식하게 된다. 억압은 그 특성상 해소를 전제로 한다. 그 결과 맬은 끊임없이 코브의 꿈속에 등장함으로써 다루어지려고 한다. 코브는 맬이 보이면 왜 자신이 불안하고 두려워지게 되는지 알 수 없다. 이는 알 수 없는 무의식적 위험에 대한 공포이기 때문에 두려운 이유를 알 수 없는 것이다. 이렇게 맬과 관련된 모든 것들을 억압하다보니 현실에서 생활할 수 있는 에너지가 고갈되고 삶이 불완전하게 되었다. 그래서 영화 속 코브는 현실 속의 직업을 갖지 못하고 계속 이 나라 저 나라를 떠돌며 무의식 세계 속에서 산다.

4. 영화 속 외디푸스 콤플렉스

(1) 피셔와 아버지의 관계

피셔와 아버지의 관계는 좋지 못하다. 11살 때 어머니가 돌아가셨는데 이 때 아버지가 피셔에게 해 준 말은 '너에게 해줄 말이 없다'라는 것이었다. 자신의 임종 때도 하나 밖에 없는 아들인 피셔에게 '실망스럽다'라는 말을 했을 뿐이다. 피셔가 병 든 아버지에게 소중한 기억이 담긴 사진을 놓아두었지만 아버지는 그런 아들의 마음을 전혀 헤아려주지 않는다. 이런 아버지와의 관계는 좋을 수 없으며, 아버지에 대한 감정 또한 부정적일 것이다.

(2) 피셔의 외디푸스 콤플렉스

피셔의 아버지는 세계적인 사업가로 일과 성공을 중시하는 인물이었을 것으로 보인다. 따라서 아버지는 가정에 소홀했을 것이며, 그 결과 피셔와 어머니는 상대적으로 많이 밀착되었을 것으로 보인다. 외디푸스기에 충분히 아버지를 동일시할 수 없었을 것으로 유추된다. 아버지의 빈자리는 심리적 결핍이 되었고, 피셔로 하여금 끊임없이 아버지로부터 인정과 사랑을 받으려는 시도를 하게 했을 것으로 보인다. 즉, 피셔는 외디푸스 콤플렉스를 잘 극복하지 못한 것으로 보인다. 외디푸스 콤플렉스에 빠져있는 사람들의 특징 중 하나는 어머니에 대한 강렬한 집착, 그리고 심리적 경쟁자인 아버지에 대한 분노와 두려움이다. 이렇게 외디푸스 콤플렉스에 빠져있는 피셔는 아버지로부터 심리적 독립은 물론 물리적, 경제적 독립도 이루지 못한 것으로 보인다. 영화 속 아버지와의 대화에서 피셔는 '아버지처럼 못돼서 실망시켜 드려 죄송하다'는 말을 한다. 아직도 마음속에 남근기의 아이가 있는 피셔는 아버지라는 강력한 존재를 닮는 것이 가장 안전한 상태라고 생각한다. 겉으로는 강하고 어른스러워 보이지만 속으로는 유년기의 애정에 대한 결핍이 여전히 존재하고 있다. 그러나 기억해야 할 것은 콤플렉스 자체는 나쁜 것이 아니며, 인간에게 찾아온 가장 최대의 위기이자 기회라는 사실이다.

(3) 피셔의 인셉션

피셔의 인셉션은 바로 외디푸스 콤플렉스의 극복이라고 볼 수 있다. 왜냐하면 피셔의 인셉션 메세지가 '난 아버지의 발자취를 따르지 않겠다.' '나 스스로 뭔가 이루어보겠다.' 그리고 '아버지는 내가 자신처럼 되는 것을 원하지 않는다.'라는 내용이기 때문이다. 바로 아버지로부터 벗어나 온전한 한 명의 남자가 되는 것, 이게 바로 피셔의 인셉션이다. 피셔의 인셉션 마지막 장면에서 피셔는 자신이 그렇게 소중히 여겼던 아버지와의 기억을 아버지도 소중히 간직했다는 사실을 알게 된다. 그토록 원했던 아버지의 사랑과 인정이 채워지면서 피셔는 아버지의 그늘에서 자유로워진다. 바로 인셉션이 성공하는 순간이다. 강가에서 피셔는 이렇게 말한다. "아버진 내가 나로 살길 바라셨어요. 아버지를 위해 살지 말라 구요. 이제 그렇게 하려 구요." 아버지에 대한 분노가 사라지면서 아버지를 온전히 수용하게 된다. 아버지의 그늘에서 벗어나 독립적 존재가 된다는 것은 아버지와 거리를 두는 것도 아니며 아버지와 밀착되는 것 또한 아니다. 아버지라는 영역에서 편안하고 자유로워지는 것. 영화 속 피셔의 표정이 매우 편안하고 보드라워졌으며 생기가 생겼다. 짙게 드리워졌던 아버지의 그림자를 걷어내고 '소년에서 남자'로 자신의 인생을 개간하기 시작하는 피셔의 성장은 그렇게 시작된다.

참고한 자료

- 김상준(2008). 프로이트와 영화를 본다면. BG북갤러리
- 이무석(2006). 정신분석에로의 초대. 이유
- 정신선, 문미란(2008). 인간관계의 심리. 시그마프레스

3. '더블 : 달콤한 악몽 (The Double, 2013)' : 분석심리이론

<영화 속 노래 한줄>

"하얀 물결 위에 빨갛게 비추는 햇님의 나라로 우리 가고 있네.
눈물로 솟는 해 웃으며 솟는 해, 높은 산 위에서 나를 손짓하네.
따뜻한 햇님 곁에서 우리는 살고 있구나."

– '더블' 엔딩송 〈햇님〉 中에서–

영화 '더블(달콤한 악몽 : The Double, 2013)'과 만나기

1. 영화 감독 : 리차드 아요아데 (Richard Ayoade)

1977년생으로 영화배우이자 감독이다. 영국 태생이며 30대 중반의 젊은 나이에도 불구하고 독보적인 필모그래피를 가진 남성 감독이다. 영화 더블은 '서브 마린'에 이은 두 번째로 연출한 장편 영화로 아직 시작하는 초짜 감독임을 감안할 때 그의 연출력에 조목해볼 필요가 있는 작품이다. 특히 감독은 동양적 세계관에 관심이 많다고 밝혔는데, 기묘하고 이국적인 배경으로 시공간을 알 수 없는 '더블: 달콤한 악몽'의 독특한 미장센을 완성한 것은 바로 60~70년대 동양 대중음악이다. 감독은 영화의 엔딩 크레딧으로 한국 록의 대부 신중현 작곡, 김정미 보컬의 '햇님'을 엔딩곡에 삽입하였다.

2. 영화 내용

숫기 없고 요령 없는 존재감 제로의 남자 사이먼(제시 아이젠버그). 7년째 같은 회사를 다니고 있음에도 아무도 그의 존재를 인지하지 못할 정도이다. 그래서 회사의 상사, 동료, 심지어 가족에게까지도 투명인간 취급을 당하며 무기력한 일상을 보내던 사이먼은 우연히 지하철에서 꿈의 이상형 한나(미아 바시코브스카)를 만나지만 소심한 성격 탓에 제대로 된 말 한마디 건네지 못한다. 그러던 어느 날, 사이먼과 정반대의 성격을 가졌지만 완벽하게 같은 모습을 한 '분신' 제임스(제시 아이젠버그)가 회사에 입사하게 된다. 자신감 넘치는 성격과 섹시한 매력을 가진 제임스는 순식간에 회사의 인기남이 되고 사이먼의 멘토를 자청하며 그를 돕지만, 이내 사이먼의 삶까지 파고들며 모든 것을 빼앗으려 한다. 같지만 서로 다른 사이먼과 제임스, 그리고 한나. '사랑' 이라는 달콤한 악몽에 빠져버린 이들의 운명은 점차 복잡해져 가고 미스터리한 삼각관계가 된다.

※ Tip: 영화 더블은 도스토예프스키의 〈분신〉이란 소설작품을 원작으로 영화화한 작품이다.

3. 캐릭터 이해

사이먼

영화의 주인공으로 존재감이 거의 없다. 숫기없고 모기만한 목소리로 재잘재잘 말을 한다. 한나에게 반했지만 워낙 존재감이 없다보니 자신의 삶도 무기력하기 때문에 여자를 사귀는 것이 매우 어렵다.

제임스

사이먼의 도플갱어로 외모는 같지만 성격이 매우 다르다. 자신감 넘치는 캐릭터로 속사포 같은 랩대사를 뿜어낸다. 처음에는 사이먼에게 좋은 충고를 해주는 친구 같았지만 결국에 제임스는 사이먼의 집부터 여자 그리고 회사까지 모든 것을 대신하기 시작한

한나

사이먼이 반한 회사의 복사사무원이다. 옅은 금발에 호리호리한 몸매와 신비스러운 분위기를 가졌다. 매우 감성적이며 혼자 살고 있다.

<분석심리 이론>에 대해 알아보기

1. 분석심리이론의 특징

융은 인간의 정신을 의식과 무의식으로 나뉘며, 인간 정신의 소인인 원형이 유전된다는 것과 원형들로 구성된 집단무의식의 개념을 바탕으로 분석심리학을 개발하였다. 인간은 생물학적 유전뿐만 아니라 문화적, 정신적 유전도 선조로부터 물려받았으며 문화나 민족에 따라 다소 다르긴 하지만 집단무의식을 통해 인간이 갖는 기본적인 정신이 유전된다고 보았다. 따라서 인류가 보다 발전하기 위해, 각 개인이 자아실현을 이루기 위해 필요한 것은 인류의 뿌리인 집단무의식을 이해하는 것이다.

2. 개인 무의식과 콤플렉스

개인 무의식에는 괴로운 생각, 해결되지 않는 문제, 개인적인 갈등, 도덕적인 문제 등과 같이 일단은 의식적 경험이었으나 여러 이유로 억압되거나 방치되고 있는 것들이 포함된다. 또는 경험할 당시 신빙성이 없거나 별로 중요하지 않은 것으로 판단되어 간단하게 잊히는 것들도 포함되어 있다. 너무 약하기 때문에 의식에 도달하지 못하거나 의식 속에 머물러 있지 못하는 모든 경험도 개인 무의식에 저장된다. 개인 무의식의 내용은 필요할 때는 언제나 쉽게 의식화될 수 있다.

개인 무의식의 내용물들 중 몇 가지가 모여 하나의 집단을 형성하는데 이것이 바로 '콤플렉스'이다. 어떤 사람이 콤플렉스를 가지고 있다는 말은 그의 마음이 무엇인가에 사로잡혀 있어서 다른 것은 거의 생각할 수 없다는 것을 의미한다. 현대적 어법으로 말하면 '빠져 있다'는 말이 될 것이다. 강한 콤플렉스는 자신은 잘 알아차리지 못해도 남은 쉽게 알아차릴 수 있다. 그러나 콤플렉스가 항상 개인의 적응을 방해하는 것만은 아니다. 종종 뛰어난 업적을 쌓는데 필수적인 영감과 욕구의 원천이 될 수도 있다(김형섭, 2004). 예를 들어, 영화 〈향수〉의 주인공은 냄새에 사로 잡혀 결국 극단적인 방법을 사용하긴 했지만 인류 최고의 향수를 만들어내는 것과 같다.

3. 집단 무의식

집단무의식은 개인적 경험이 아니라 사람들이 역사와 문화를 통해 공유해 온 모든 정신적 자료의 저장소이다. 정신적 소인은 수없이 많은 원형(archetypes)으로 구성되어 있다. 원형은 인간이 갖는 보편적, 집단적, 선험적인 심상들로 심상이나 이미지이지 내용은 아니며 꿈, 신화, 동화, 예술 등에서 나타나는 상징을 통해서 표현된다. 이러한 원형은 인간 성격의 주요한 구성요소이다. 융이 언급한 대표적인 원형에는 페르소나, 아니마와 아니무스, 그림자 등이 있다.

(1) 페르소나

페르소나는 인간이 집단 속에서 살아가는데 있어서 여러 개의 가면을 썼다가 벗었다가 하면서 살고 있다는 뜻으로 인간이 사회의 인습과 전통의 요청에 부응해서 채택한 가면이다. 페르소나는 내가 나로서 있는 것이 아니고 남과 다른 사람에게 보이는 나를 더 크게 생각하는 특징을 가지고 있으며 주위의 일반적 기대에 마주어 주는 태도로서 진정한 자기와는 다른 것이다. 집단과의 관계를 유지하는 동안 자아는 차츰 자기도 모르게 집단정신에 동화되어 그것이 자기의 진정한 개성인 것으로 착각하는 경우가 있다. 자아가 페르소나와 동일시되는 것이다. 동일시가 심해지면 자아는 그의 내적인 정신세계와의 관계를 상실하게 하게 된다. 즉 자기 자신을 돌보지 못하게 되고 그 존재조차도 잊어버리게 된다. 그러나 페르소나는 없애야 할 것이기보다는 구별되어야 할 것으로 페르소나가 제대로 기능하지 못하면 사회에 걸맞는 기능을 하지 못하고 자기의 기분에 의해 행동하는 완고하고 무자비한 인격이 나타난다. 이로 인해 도덕적인 혼란을 유발시킬 수 있기 때문이다.

(2) 아니마와 아니무스

융은 인간이 태어날 때 본질적으로 양성을 가지고 태어났다고 본다. 모든 남성의 정신에는 여성적인 요소가 들어 있고, 모든 여성의 정신에는 남성적인 요소가 들어 있다. 남성의 내부에 있는 여성성을 아니마라고 하고, 여성의 내부에 있는 남성성을 아니무스라고 한다. 이처럼 아니마와 아니무스는 사람들의 인격에 있는 정신적인 요소로서 그의 자연적인 성과 반대되는 성적인 특성을 나타낸다. 사람들이 그의 내면에 있는 아니마와 아니무스를 인식하지 못하면 그것은 미분화되어서 원시적인 형태를 띠게 되고 그림자의 경우와 마찬가지로 외부의 대상에 투사되며 그것은 다시 사람들을 파괴적으로 만든다. 남성들에게 아니마가 미분화되면 여성의 성격이 잘못된 형태로 나타나고 아니무스 역시 여성들에게 충분히 발달하지 않을 경우 완고하고 고집스러우며 냉혹한 성격의 모습으로 나타나는 파괴성을 지니게 된다. 그러나 아니마와 아니무스의 내용들이 의식화되기만 하면 투사작용에 쓰이던 에너지들이 인격발달을 위해 사용할 수 있게 된다.

① 아니마 (anima) : 마음속의 여성

아니마는 남성의 마음속에 여성적 심리경향이 인격화한 것을 말한다. 즉 막연한 느낌이나 기분, 예견적인 육감, 비합리적인 것에 대한 감수성, 개인적인 사랑의 능력, 자연에 대한 감정, 그리고 무의식 등이 바로 이러한 심리경향이다.

② 아니무스 (animus) : 마음속의 남성

아니무스는 여성의 무의식이 인격화한 남성상을 말한다. 아니마와 달리 눈에 보이지 않는, 어떤 거룩한 것의 확신이라는 모습을 취하는 경우가 많다. 예를 들어 어떤 거룩한 것에 확신을 가지고 남성의 음성으로 남을 설득하거나 잔인하고 격정적인 태도를 내보이면서 다른 사람을 지배하려는 여성의 경우가 아니무스의 성격을 나타낸 것이다.

(3) 그림자

그림자는 바로 나의 어두운 면, 즉 무의식적 측면에 있는 나의 분신이다. 이것은 의식의 바로 뒷면에 있는 여러 가지 심리적 내용으로 의식되지 못하고 미분화된 채로 남아있는 원시적인 심리적 경향, 심리적 특징들이다. 따라서 그림자는 우리 인격에 있는 부정적이며 열등한 측면들과 우리가 받아들이기 어려운 부도덕한 요소들로 구성되어 있다. 그림자는 다른 어떤 원형보다도 인간의 기본적인 동물적 본성을 많이 포함하고 있다. 진화의 역사속에 깊은 뿌리를 가지고 있으므로 모든 원형 중에서도 가장 강하며 잠재적으로 가장 위험할 것이다. 이와 같이 그림자의 이미지가 부정적인 인상을 주는 까닭에 자아가 처음 그림자를 의식 할 때는 자기의 일부로 받아들여지기를 꺼려한다. 그러나 그림자는 본래부터 악하고 부정적이고 열등한 것이 아니라 그늘에 가려 있어서 다시 말해서 무의식 속에 버려져 분화될 기회를 잃었을 뿐이며, 그것이 의식되어 나오는 순간 그 내용들은 곧 창조적이며 긍정적인 역할을 하게 된다.

(4) 원형

원형은 인간이면 누구의 정신에나 존재하는 인간정신의 보편적이며 근원적인 핵이다. 그것은 태어날 대 이미 부여되어 있는 인간의 선험적 조건이다. 인간으로 하여금 인간답게 하는 가장 기본적인 조건이라 할 수 있다. 태고 적부터 현대에 이르는 긴 시간에 수없이 반복되었으며, 또한 반복되어 갈 인류의 근원적인 행동 유형을 가능하게 하는 선험적 조건이다. 어떤 나라의, 어떠한 문화권의, 어떠한 종족의 인간도 어떠한 시대의 사람도 한결같이 생각하였고, 느꼈고, 행동했고, 말한 것의 유형들이다. 인류가 죽음에 대하여, 사랑과 미움에 대하여, 어둠과 광명에 대하여, 어린이에 대하여, 또한 노인에 대하여, 위대한 부모의 힘에 대하여, 남성이 여성에, 여성이 남성에 대하여 느끼고 생각하고 행동해 온 모든 것. 그 태초로부터의 침전이 바로 원형이다. 여기에 이를 어린이 원형, 영웅원형, 태모원형, 삶의 원형, 현자원형, 정신의 원형 등으로 부르기도 하나, 이것은 그 근원적 조건의 여러 유형의 특징을 표시하는 것으로 단순한 언어상의 개념 또는 문학적인 용어가 아니다. 원형은 보편적이고 반복적인 체험을 시간과 공간을 넘어 항상 재생할 수 있는 인간 속에 있는 그러한 가능성이며 그런 가능성을 지닌 틀이다.

4. 자기와 개성화

(1) 자기

융의 '자기' 라는 개념은 의식의 중심인 자아(Ego)와 구별되는, 무의식계까지 포괄하는 전체정신으로서의 자기(Self)를 말하는 것이다.

(2) 개성화

융에 있어서 '개성'(personality)이란 의식과 무의식을 통합하는 전체로서 한 사람의 성품을 말하므로, 개성화는 그 사람의 전체 인격을 실현한다는 의미로 '자기실현'이라고도 한다. 따라서 개성화란 분리되지 않은, 한 사람의 통일된 개체가 됨을 의미한다. 개성을 우리의 가장 내적이며 궁극적인 비길 데 없는 유일한 것으로 이해할 때 개성화란 본래의 자기가 되는 것이다. 그러므로 우리는 개성화를 "자기화"나 "자기실현"이라고 옮길 수 있다.

(3) 개성화 과정

개성화 과정이란 전체성의 중심인 자기에 도달하기 위해 의식과 무의식의 통합을 지향하는 인간의 정신작용을 일컫는 말이다. 융에 의하면 인간의 정신을 구성하고 있는 수많은 정신요소들은 각각의 대극 쌍으로 구성되어 있다. 즉 의식과 무의식, 자아와 그림자 등이 바로 그것이다. 이러한 대극적 정신요소들이 각각의 단계를 거쳐 인식과 통합을 이룸으로 전체성을 이룬 자기에 도달해가는 과정이 바로 개성화 과정이다.

융이 개성화 과정이라고 언급한 과정 속에는 수많은 단계들과 만남이 있다. 그 중에서 세 가지 단계는 반드시 거쳐야 하는 것이다. 첫째 단계는 그림자와의 만남이고, 둘째단계는 아니마/아니무스와의 만남이고, 마지막은 자기원형과의 만남이다.

영화를 분석심리학적으로 관람하기

1. 주인공의 페르소나

이 영화에서 사이먼은 페르소나이다. 페르소나는 일종의 '순응'원형으로 사람들에게 나를 정의해주는 외관이며 외부에 의해 정의되는 내 모습이기 때문이다. 영화 속 등장인물들은 사이먼을 소심하고 약하며 매우 순종적인 남자로 본다. 사회생활과 공동생활에서 순종은 최고의 미덕이다. 사이먼은 상사의 말이 비합리적이고 자신을 무시할지라도 상관하지 않은 채 순종하며 절대로 자신의 주장을 내세우지 않는다. 그저 묵묵히 회사의 일을 부지런하고 성실하게 수행할 뿐이다. 그런데 사이먼의 문제는 회사에서 나와 개인생활을 할 때조차 페르소나의 가면을 쓰고 있다는 점이다. 사이먼은 개인생활을 할 때조차 회사의 양복을 벗지 않고 늘 똑같은 옷차림을 하고 있으며, 상사에게 순응하듯 레스토랑의 여종업원에게도 자기주장을 하지 못한다. 다른 사람에게 너무 좋은 인상을 주려고 하다 보니 페르소나에 압도되어 점차 개인의 욕구는 무시된다. 사회적 인간이지만 직장에서 나오는 순간 페르소나의 가면을 벗어버리고 좀 더 자신에게 충실한 활동을 할 수 있어야 건강하고 균형잡힌 삶을 살 수 있다. 많은 사람들이 한편으로는 페르소나의 지배를 받고 있지만, 또 한편으로는 다른 정신적 욕구들을 충족시키기 위해 애쓰는 생활을 하고 있다. 핵심은 조화와 균형감이다. 특히 페르소나가 팽창될 때 기대했던 만큼의 삶을 영위하지 못할 경우 심한 열등감이나 자책감을 느끼게 된다. 영화 속 사이먼도 페르소나가 삶의 전반에 팽창되어 있지만 사회에서 성공한 이미지라기보다 열등감에 휩싸여있다. 그 결과 사이먼은 사회에게 따돌림을 받고 있다고 생각하고 고독감과 소외감을 경험한다.

2. 주인공의 아니마

남성의 내부에 있는 여성성을 아니마라고 한다. 성숙한 인간이 되기 위해서는 남자는 아니마, 즉 자기 내면의 여성성을 이해하고 개발해야 하는 것이 필수적이다. 미성숙한 주인공 사이먼은 한나라는 여성을 만난 첫눈에 사랑에 빠지게 되면서 자기 내면의 아니마 원형을 발달시키기 시작한다. 사실 사이먼은 한 번도 여자를 사귀어본 적이 없다. 여자를 모르는 것이다. 여자를 모른다는 것은 자기 안의 여성성을 만난 적이 없다는 메타포이다. 그런 사이먼이 여성을 만나고 여자로부터 영향을 주고받으며, 이성에게 적절히 반응하고 이해하는데 유용한 특징을 획득하기 시작한다. 이렇게 사이먼이 사랑을 하게 되면서 자기 내면의 여성성이 발현되고, 고립되었던 상황에서 점차 사람들과 교류하기 시작한다.

남자가 자기 인격의 여성적 측면을 억압하고 남성적 성향만을 나타내게 되면 그의 여성적 특성은 무의식에만 머물게 되며, 원시적 상태로 남게 된다. 성격의 외적인 측면인 페르소나가 우선시되면 성격의 내적인 측면인 아니마를 억누르게 되기 때문이다. 이는 무의식에 나약함과 민감성을 만든다. 영화 초반 사이먼이 남자임에도 불구하고 매우 약하고 민감성이 높은 캐릭터로 표현되는데 이는 그의 여성성이 무의식 세계에서 원시적인 형태로 작동하고 있기 때문이다. 억압된 무의식은 외부에서 출구를 찾음으로써 해소되려고 한다. 그 결과, 사이먼의 자신의 아니마적 특성이 반영된 한나에게 첫눈에 반하고 이끌리게 된 것이다. 무의식적으로 사이먼은 한나에게 깊이 빠지게 된다.

3. 주인공의 그림자

그림자란 페르소나가 지키고자 하는 사회의 이상이나 규범에 맞지 않는 경향, 욕망, 기억, 경험이 거부되어 의식으로부터 억압된 것이다. 페르소나가 강할수록 우리 자신의 많은 부분을 억압하게 되므로 그림자가 커질 수 있다. 영화에서도 사이먼의 페르소나가 매우 팽창되어 회사에서의 생활과 개인생활의 경계가 희미해질 때 그림자인 제임스가 나타난다.

순종적인 사이먼과는 달리 그림자인 제임스는 자기가 원하는 것이 있다면 규칙이나 규율은 무시하고 때로 자기주장이 너무 강해서 공격적으로 보이기도 한다. 이러한 점이 바로 그림자의 미성숙한 측면이다. 예를 들어, 식당에 가서 시간 때문에 시킬 수 없는 메뉴임에도 불구하고 자기가 먹고 싶다며 당당하게 주문하고 요구하는 장면, 웨이트리스한테 소리 지르며 빨리 음식을 가져오라고 하는 모습, 그리고 사이먼에게 자기 대신 회사의 적성 검사를 해달라고 요구하는 모습 등에서 그림자의 미성숙함을 확인할 수 있다. 무엇보다 지하철 안에서 한나를 사랑한다는 사이먼에게 제임스는 이렇게 말한다. "사이먼, 네가 원하는 걸 쟁취해. 난 원하는 여잘 갖기 위해선 뭐든 해." 그러나 이런 제임스의 말에 사이먼은 "대화를 하려고 할 때마다 자신감이 없어져...애는 쓰는데 뭔가 할 수 있는 능력이 없어. 난 피노키오같아. 진짜 인간이 아닌 나무로 된 인형 같다고. 너무 우울해."라고 말한다. 사이먼이 약해질수록 그림자는 점점 강해지고 사이먼을 잠식하게 된다.

사실 그림자는 중요하고 가치 있는 원형이다. 개인에게 유리한 것이 될지도 모르는 생각을 주장하는 힘을 가지고 있기 때문이다. 이처럼 그림자는 그 강인성에 의해 개인을 더욱 만족스러운 그리고 창조적인 활동을 하도록 해준다. 신체적으로도 생동감과 활기가 넘친다. 그래서 그림자 캐릭터인 제임스는 사이먼과 똑같은 무채색 옷과 가녀린 몸을 가졌음에도 불구하고 넘치는 활기와 생동감이 느껴진다. 또한 그림자는 생존을 위해 유용한 원천이기도 하기에 사이먼의 심리, 사회적 생존이 위험에 처하자 무의식적으로 제임스가 출몰하게 된 것이다.

4. 주인공의 개성화 과정

사이먼은 처음에는 제임스를 자신의 그림자로 인식하지 못하고 혼란스러워하다가 하나의 독립적인 개체로 받아들인다. 그러다 영화의 종반부로 가면 비로소 자신의 일부로 제임스를 인식하게 된다. 우리가 외부로 향했던 시선을 자기 무의식의 세계로 돌렸을 때 처음 만나게 되는 것은 개인적 그림자(shadow)이다. 개성화 과정에는 그림자를 모두 없앤 완벽한 사람이 되려고 하기보다는 자신의 내면에 얼마든지 무서운 그림자가 있을 수 있다는 가능성을 인정하는 자세가 더욱 필요하다. 자기 인식은 자기실현으로 가는 지름길이기 때문이다. 영화 속에서 사이먼은 온통 다른 사람의 시선만 신경 쓰며 살다가 제임스를 만나게 되면서 오히려 자신이 원하는 것을 표현하고 관심을 갖게 된다. 한나에게 데이트 신청을 하기도 하고, 끊임없이 그녀와의 관계 형성을 위해 애쓰며 회사에서 자신의 존재를 인정받기 위해 고군분투한다.

자기 안의 여성성인 아니마와의 통합도 중요한 개성화 과정이다. 사이먼은 수많은 교통수단 중 타기 위해서 땅 밑으로 내려가야 하며 어두운 곳에 있는 지하철을 타게 되는데 이는 바로 아직 의식화되지 못한 무의식을 상징한다. 따라서 무의식 세계에서 만나게 되는 한나는 바로 사이먼의 아니마 원형으로 볼 수 있다. 한나는 막연한 느낌, 비합리적인 것에 대한 감수성, 사랑의 능력 등으로 영화 속에서 표현되는데 이것이 바로 사람들 마음속에 깃들어 있는 여성성, 아니마 원형이다. 영화에서 한나는 페르소나인 제임스에 대항하여 화합을 추구하는 상징으로서 위기에 처한 사이먼을 구하는 잠재된 내적 인격의 발현인 것이다. 사이먼이 영화 결말에서 한나와 사랑을 이루게 되는 것은 바로 아니마와 아니무스의 통합이라 할 수 있다. 특히 한나는 복사 업무를 하는 사무원이고, 그런 한나에게 사이먼은 첫 눈에 반한다. 영화의 제목은 더블이다. 복사와 더블. 바로 사이먼이 자신의 정체성을 잃고 페르소나에 매몰되어 분열되어가는 상태를 상징하는 것으로 볼 수 있다. 대체 불가능한 사람, 자기를 실현하고 싶은 소망이 반영된 영화 제목이다.

참고한 자료

- 김서영(2010). 프로이트의 환자들. 서울: 프로네시스
- 장은실(2010). 상징의 기독교 교육 적용 가능성 연구. 장로회신학대학교 석사학위청구논문
- 정신선, 문미란(2008). 인간관계의 심리. 시그마프레스
- 캘빈 S. 홀(2004). 김형섭 역. 융 심리학 입문. 서울: 문예출판사

4. '굿 윌 헌팅(Good Will Hunting, 1997)' : 인간중심이론

<영화 속 이야기 한줄>

"You don't know about real loss, because that only occurs when you love something more than you love yourself."

"넌 진정한 상실감이 뭔지 몰라,
왜냐면 그건 타인을 자기 자신보다 더 사랑할 때 느끼는 거니까."

- '굿 윌 헌팅' 中에서-

영화 '굿 윌 헌팅(Good Will Hunting, 1997)'과 만나기

1. 영화 감독 : 구스 반 산트(Gus Van Sant)

미국의 영화감독으로 로드아일랜드 디자인학교(Rhode Island School of Design)를 다녔다. 청소년기에 뉴욕의 앤디 워홀의 전위영화 《엠파이어 빌딩 Empire Building》을 통해 처음으로 영화를 접했고, 그것은 이후의 그의 영화세계의 토대가 되었다고 한다. 스스로 동성연애자임을 밝힌 반 산트의 영화는 사회의 변경에서 살아가는 소외된 인간들의 기록이라고 할 수 있다. 그는 동성연애자의 커뮤니티와 10대 문화와 부랑아들의 혼란된 사회를 애정 어린 시선으로 바라보며 그린다.《말라 노쉬》로 LA비평가협회 인디영화 작품상을 받았고 《아이다호》를 만들어 호평을 받았다. 《굿 윌 헌팅 Good Will Hunting》(1997) 역시 반 산트의 아웃사이더에 대한 애정이 메이저식으로 완화된 영화다(두산백과사전 인용). 또한 이 영화로 아카데미 감독상 후보에 올랐다.

2. 영화 내용

보스톤 남쪽의 빈민 거주 지역에서 살고 있는 윌 헌팅(Will Hunting: 매트 데이몬 분)은 노동자계층의 친구들과 마찬가지로 비천한 일을 살며 산다. 윌은 MIT 공대에서 교실 바닥 청소 일을 할 때 말곤 대학교 정문 근처에도 가본 적이 없다. 어느 날 그는 우연치 않게 교수들마저 풀지 못하고 학생들에게 풀어보라고 칠판에 적어 놓은 까다로운 문제를 싱겁게 풀어버린다. 수학과 교수와 학생들은 놀라운 숨은 천재가 누구인가에 대해 궁금하게 되고, 수학과 교수 제럴드 램보는 그것이 청소부로 일하고 있던 윌이라는 사실을 알게 된다. 그러나 그토록 머리가 비상한 윌도 어쩌지 못 하는 게 한 가지 있다. 폭행죄로 재판을 받게 된 윌은 수감될 위기에서 벗어날 수가 없다. 한편, 램보 교수는 이 천재 청년을 세상으로 끌어내기 위해 수감 대신 상담을 받게 한다. 하지만 윌은 그러한 교수의 기대에 부응하지 않고 거부반응을 일으킨다. 어떻게 해서든지 윌을 세상에 알리고 싶은 램보 교수는 친구인 심리학 교수 숀(Sean McGuire: 로빈 윌리암스)에게 상담을 부탁하게 된다. 숀은 현란하고 요사스러운 심리학 이론이 중요한 것이 아니라 내담자와 상담자가 맺는 '신뢰'만이 내담자 마음의 문을 열게 한다는 것을 믿었다. 또한 윌이 가진 내면의 아픔에 깊은 애정을 갖고 관찰하면서 윌에게 인생과 투쟁하기 위해 필요한 지혜를 가르쳐 준다. 그는 윌의 상처를 보듬어 안고 '진정한 친구(Soul mate)'가 되어 주고자 한다. 그렇게 숀과 윌이 만나게 되고 숀의 그를 향한 진심을 시나브로 느끼면서 마음의 문을 조금씩 열게 된다.

3. 캐릭터 이해

윌 헌팅

천재적인 두뇌와 재능을 가졌지만 불우한 환경 속에서 성장하게 된 탓에 마음의 문을 닫아버린 채 살아가는 청년. 하층 노동자인 아버지의 폭력에 시달리고 얼마 지나지 않아 부모 모두를 잃어버리는 큰 고통을 겪으며 성장한다. 그 피해의식으로 그는 타인의 애정을 잃어버리는 것, 버림받는 것이 두려워 다른 사람과 친밀한 관계를 맺는 것이 어렵다.

숀 맥과이어

심리학과 교수이자 윌의 상담자. 사랑하는 아내의 병 때문에 오랜 시간 상담을 그만 두었던 경력이 있다. 상담을 할 때 특정한 이론보다는 내담자의 경험을 중요하게 생각한다.

램보 교수

윌의 천재성을 알아주는 최초의 사람으로 MIT 공대의 수학의 대가이다. 숀과 기숙사 룸메리트였으며 훗날 수학계의 노벨상이라고 불리우는 필즈상을 수상한 이른 바 성공적인 학자의 길을 걷고 있는 사람이다. 성공에 대한 야망이 큰 만큼 윌에게 거는 기대가 크다.

스카일라

물려받은 유산으로 유복한 환경에 하버드를 다니고 있는 재원. 자신의 행운을 별로 좋게 생각하지 않으며 메디컬 스쿨에 진학하기 위해 공부를 하고 있다. 우연히 하버드 바에서 윌을 만나 그의 천재성에 끌리게 된다.

<인간중심 이론>에 대해 알아보기

1. 인간중심이론의 특징

인간중심이론은 칼 로저스(Carl Rogers, 1902~1987)에 의해 창시되었으며, 상담에 있어 비지시적이고 내담자 중심의 접근방법을 주장했다. 인간중심이론에서 존재의 의미는 지금 여기에 있기 때문에 현재의 자기 속에서 참된 가치와 의미를 발견하는 것이 중요하다고 본다.

2. 인간중심이론의 인간관

(1) 유기체

유기체란 생명체를 말하는데, 특히 각 부분이 유기적으로 연결되어 전체적으로 조화로운 기능을 하는 생명체이다. 로저스는 인간을 조직화된 전체로서 기능하는 유기체로 본다. 전체로서의 개인, 그러니까 우리 인간은 경험에 대하여 유기체적으로 반응한다. 다시 말해서 어떤 자극이 있을 때 그 자극에 대하여 우리의 전 존재가 반응을 한다.

(2) 실현화 경향성

인간 유기체에는 하나의 중심적인 에너지 원천이 있는데 바로 유기체를 충족시키고, 실현시키고 보존, 향상시키려는 경향성이다. 따라서 유기체의 본성은 그 자체를 실현시키려는 것이다. 유기체가 가진 실현화 경향성은 타고난 것으로 개인이 가진 모든 생리적, 심리적인 욕구와 관련된다. 이는 유기체가 극단적이고 적대적인 조건하에서도 생존하게 할 뿐만 아니라 적응하고 발달하고 성장하도록 하는 생의 집착 및 생의 추진력이다. 특히 인간은 자아실현경향성, 즉 자신의 고유한 가치를 건설적인 방향으로 실현시키기 위해 끊임없이 움직이고 있으며, 자신의 잠재력을 발현시키려는 경향성을 가지고 있다.

(3) 유기체적 평가과정

인간은 태어날 때부터 자신의 잠재력을 실현하려는 경향성을 가지고 있으며, 유기체로서 계속 변화하는 경험인 현상의 장에서 살아가고 있다. 자아실현경향에 이바지하는 경험은 바람직한 것으로 평가되고 가치가 부여되는 반면, 자아실현경향을 방해하는 경험은 바람직하지 못한 것으로 평가되고 부정적인 가치가 부여된다. 충만한 삶을 위해 무엇이 필요한지, 스스로에게 무엇이 중요한지를 아는 인간의 타고난 능력을 유기체적 평가과정이라 한다. 유기체적 평가과정을 통해 자아개념이 형성된다.

3. 자기실현이 방해받는 이유

(1) 긍정적 존중에 대한 욕구

인간이 자아에 대한 의식이 생기면 타인으로부터 온화함, 존경, 수용 그리고 사랑을 받고 싶은 욕구가 강해진다. 사람들은 성장해 가는 과정에서 자기 자신에 대해서 긍정적 자기개념을 가지고 싶어 하기 때문이다. 이와 같은 긍정적 관심을 받고자 하는 욕구의 충족은 타인에 의해서 가능하기 때문에 아동은 성장하면서 점점 더 다른 사람으로부터 긍정적 관심을 받으려 한다. 그러면서 점차 주요 타인들의 자기에 대한 기대와 태도에 영향을 받고 민감해진다.

(2) 가치의 조건화

가치의 조건화란 가치가 있고 없음을 규정짓는 외적인 조건들을 말한다. 외적으로 규정된 조건들에 들어맞을 때 가치가 있으며, 반대로 부합하지 않으면 가치가 없다. 조건적인 긍정적 관심, 즉 조건적 가치 부여인 것이다. 경험을 통해 가치를 형성하는 것이 중요하지만 연약한 존재로서 아동은 그에게 가장 영향력이 있는 부모의 양육태도에 따라 가치의 조건화를 형성한다. 아동은 기본적인 욕구인 긍정적 자기존중을 얻기 위해 부모가 원하는 것을 하게 되고 부모가 원하지 않는 것을 하게 되면 나쁜 아이가 된다. 이 때 아동은 나쁜 아이가 되지 않기 위해 자기가 경험하는 사실을 왜곡하고 부정하게 된다. 이 과정에서 자신의 내부적인 욕구충족과 외부적인 가치만족 사이에서 갈등하게 되고 대개는 자신의 욕구를 억압하고 타인으로부터 인정받는 쪽을 선택하게 된다. 심리적으로 건강한 사람은 모든 경험에 개방되어 거기에 대한 가치화 과정을 이루어간다.

(3) 자기와 경험의 불일치

나의 가치가 있고 없음이 외부의 조건에 달려 있게 되면 자신의 내적 경험보다는 외적인 요인을 더 우선시하게 된다. 하지만 이렇게 형성된 가치의 조건화는 유기체가 경험을 통해 자기실현경향성을 성취하는 것을 방해한다. 왜냐하면 가치의 조건화는 아동이 주관적으로 경험하는 실체를 왜곡하고 부정하게 만들기 때문이다. 착한 아이가 되기 위해 자신의 내적 경험을 무시하게 되며 이는 자기실현을 방해한다. 가치의 조건화에 따른 행동은 어떤 경험을 회피하고 왜곡하고 부정하며, 실현화 경향성을 이루려는 유기체의 경험과 마찰하게 되고, 이러한 마찰은 위협으로 느껴져 갈등과 불안을 야기한다. 의미 있는 대상으로부터 어떤 행동을 할 때 '나쁜 아이'라는 가치를 주입받게 되면 주관적인 내적 경험과 불일치를 이루며, 이는 긍정적 자기존중을 잃지 않을까 하는 위협으로 느껴져 불안을 야기한다.

4. 자기실현을 도울 수 있는 방법

(1) 진솔성(일치성)

진실성(genuineness)은 가식이나 왜곡, 겉치레가 없이 진실하고 솔직하게 대하는 것이다. 즉, 상담자가 내담자와의 관계에서 나타내는 반응이 순간순간 그가 내적으로 경험하고 느끼는 바와 합치되는 상태를 의미한다. 상담자는 상담관계 속에서 내담자에게 단순히 상담자의 역할을 수행하는 행동을 취하며 가식하거나 "-체"하지 않고 인간으로서의 자신의 모습을 진솔하게 나타내는 것을 말한다. 진실성이 있는 상담자는 속으로 생각하고 느끼는 것과 드러나는 언행이 같다. 진솔성은 내담자가 자기와 경험간의 불일치를 줄여 자신의 경험과 접촉할 수 있도록 한다.

(2) 무조건적 긍정적 존중

무조건적 긍정적 존중이란 가치의 조건화를 버리고 조건 없이 상대방을 수용하는 것이다. 그러기 위해서는 실현경향성을 가진 존재로 상대방을 믿어야 한다. 따라서 우리는 관계를 맺을 때에 자신의 가치 기준에 근거해서 상대방을 평가하거나 자신의 가치조건을 상대방에게 강요할 것이 아니라 상대방을 있는 그대로 무조건적으로 긍정적으로 존중해줄 수 있어야 한다.

(3) 공감적 이해

공감적 이해는 상대방의 주관적 세계를 정확하고 민감하게 이해하고 함께 경험하는 것이다. 나의 입장에서 상대방을 이해하는 것이 아니라 상대방의 입장에서 봄으로써 그가 느끼고 경험하는 것을 민감하게 함께 느끼는 것이다. 상담에서 공감의 중요성은 다음과 같다.

첫째, 공감은 상담자가 내담자를 잘 이해하고 있다는 사실을 말해주는 것이기 때문에 이 사실이 바로 내담자의 자기존중감을 증진시킨다.

둘째, 경우에 따라서 공감을 통하여 내담자의 소외감을 해소시킬 수가 있다. 왜냐하면 아주 개인적인 차원에서 자기를 깊이 이해해 주는 사람 앞에서 소외감을 느낄 수는 없기 때문이다.

셋째, 아마도 내담자는 다른 상황에서 다른 사람과의 관계에서는 그러한 공감의 경험을 못해 보았을 것이기 때문에 이 새로운 경험을 귀히 여기고, 진실로 자기를 이해해 주려고 노력하는 사람이 자기 앞에 있다는 사실을 깨닫고 흐뭇하게 느끼게 될 것이다.

넷째, 정확한 공감을 통해서 내담자의 자기각성을 증진시키고, 보다 깊이 있게 자기탐색을 할 수 있도록 격려하게 된다.

영화를 상담심리학적으로 관람하기

1. 주인공 '윌에 대한 이해

(1) 긍정적 존중에 대한 욕구

윌은 겉으로는 다른 사람의 사랑이나 존중은 필요 없는 듯 거칠게 행동한다. 그러나 이런 거친 행동은 사실 다른 사람으로부터 무시당하지 않고 존중받고 싶은 욕구가 잘못 표현된 것이다. 인간인 이상 누구나 긍정적 존중을 받고 싶은 욕구가 있기 때문이다. 그래서 아무에게도 자신의 이야기를 하지 않는다. 윌의 어린 시절은 입양과 파양, 그리고 폭력으로 얼룩져 있기 때문이다. 이런 자신을 매우 수치스럽게 여기기 때문에 자신의 속마음을 결코 표현하지 않고 화려한 언술과 뛰어난 지식으로 무장한 채 존중받으려 한다. 연인 스카일라가 윌의 형제 관계나 가정에 대해서 물었을 때의 대답은 "Well, it"s normal. Nothing special."이다. 스카일라가 진심으로 윌을 사랑하며 이해하려고 하자 오히려 윌은 헤어짐을 선택한다. 자신에 대해 알게 된다면, 자신을 무시하고 하찮게 대할 것이라고 생각하기 때문이다. 자기 존중이 무시될 거 같은 상황에 빠지지 않도록 하기 위해 윌은 관계에서 도망가는 행동을 하는 것이다

(2) 가치의 조건화

아버지로부터 폭력을 당하고 부모로부터 버려지는 경험을 통해 힘이 있어야 한다는 것과 사랑에 가치를 두지 않아야 한다는 것을 익혔다. 버림받지 않기 위해 관계를 맺으려는 시도를 포기하는 것, 그리고 내가 상처입지 않기 위해 다른 사람을 상처 주는 것이 당연하다고 학습했을 것이다. 자신이 학습한 대로 가치가 조건화된 윌은 힘 있는 사람처럼 보이기 위해 거칠게 행동하고, 특히 뛰어난 지성을 활용해 자신이 지적으로 우월한 위치에 있으려고 한다. 윌이 숀과 상담하

기 전 여러 명의 상담자와 상담했던 모습을 살펴보면 얼마나 힘 있는 사람으로 보이려 애를 쓰는지 알 수 있다. 특히 상대의 약점을 재빨리 파악하고 공격하는 모습을 자주 확인할 수 있다. 상대방이 약점을 공격당해 화를 낼 때 자신의 우월감을 경험한다. 아버지의 폭력을 동일시한 결과이기도 하다. 숀과의 첫 상담에서도 책, 운동, 그림 등 여러 방면에서 숀을 깍아 내리려고 시도하다 "잘못된 짝과 결혼했나 보군요."라는 말을 한다. 이 말에 숀이 반응하자 윌은 더욱 그 부분을 공격한다. "딴 남자랑 눈 맞아서 배신하고 도망갔나요? 휘이~" 휘파람까지 불며 조롱하는 윌에게 숀이 화를 내고 만다. 다시금 자신의 가치가 재확인 되는 순간이다. 내가 다른 사람을 먼저 공격하고 우월한 위치를 점령해야 그 사람은 날 두려워하고 함부로 대하지 않을 것이다. 그래야 내가 안전해진다. 이러한 경험만이 내가 살 만한 가치가 있다는 느낌을 만든다. 윌의 왜곡된 가치 조건화의 과정이 성인이 된 지금도 반복되고 있다.

(3) 자기와 경험의 불일치

윌은 하층 노동자인 아버지의 폭력에 시달리고 얼마 지나지 않아 부모 모두를 잃어버리는 큰 고통을 겪으며 성장하였다. 그는 타인의 애정을 잃어버리는 것에 강한 두려움을 갖고 있다. 윌은 버림받는 것에 대한 두려움 때문에 다른 사람과 진실 된 관계를 맺는 것을 두려워한다. 다른 사람이 자기를 아는 것, 자신의 마음 안으로 들어오는 것을 허용하지 않는다. 진심을 줬다가 내팽개쳐지는 것이 두려워 항상 일정 선에서 관계를 닫아버리는 것이다. 사랑받고 싶지만 관계를 닫아버리는 행동을 계속하는 윌의 불일치는 그를 불안정하게 만들고 끊임없는 법적 문제를 유발시킨다.

2. 영화 속 상담자의 역할

(1) 진솔성

내담자인 윌과의 첫 회기에서 화를 내고 상담을 마친 뒤 2회기에서 상담가 숀은 윌에 대한 자신의 진솔한 감정을 조용하게 이야기한다. “나는 너를 볼 때 자신감에 찬, 인텔리전트한 친구를 보는 느낌을 받지 않는다. 오히려 나는 거칠고 오만한 한 철부지의 모습을 본다....개인적으로, 나는 네가 떠들어 대는 얘기에 하나도 관심이 없다. 그런 얘기들은 엿 같은 책만 들추면 다 나오는 얘기들이니까. 그런 것으로부터는 너에 대해서 아무 것도 알 수가 없으니까...나는 너를 알고 싶다. 네가 누구인지, 어떤 사람인지. 바로 그런 얘기들이 내 마음을 확 잡아끈다. 그러면 나는 네 마음속으로 들어가는 것이다. 그러나 넌 그런 얘기는 안한다. 너는 너 자신에 대해 얘기하는 것에 공포를 느끼니까.”

첫 회기에서 내담자의 멱살을 잡고 화를 낸 상담자라면 2회기를 어떻게 진행할까. 물론 내담자의 경험을 탐색하는 것이 중요하겠지만 윌은 자신의 경험을 이야기하지 않는 내담자이다. 이에 숀은 자신의 경험, 마음을 솔직하게 이야기하는 법을 직접 행동으로 보여준다. 자신의 속마음을 진솔하게 이야기한다. 지난 회기에 화를 낸 행동에 대해 사과하지 않는다. 사과를 하면 상담자는 마음이 편해지겠지만, 그 행동은 내담자를 위한 것은 아니다. 또한 내담자를 비난하거나 책망하지도 않는다. 상담은 철저히 내담자를 위한 시간이다. 상담자 숀은 그저 담담하게 윌에 대한 자신의 느낌을 전달한다. “그림 한 장 달랑 보곤 내 인생을 다 안다는 듯 내 아픈 삶을 잔인하게 난도질했어. 넌 고아지? 만약 내가 "올리버 트위스트"를 읽었기 때문에 고아로서 겪었던 너의 어려움과 고아인 네가 어떻게 느끼고 있는지를 알 수 있다고 떠들면 어떻겠느냐?” 이에 대한 내담자인 윌의 반응은 상담에 지속적으로 참여하는 모습을 보여준다. 조금씩 라포가 형성되어 가는 것이다.

(2) 공감적 이해

4회기에서 윌이 스카일러에 대해 그동안 사귀었던 여자들하곤 다르게 똑똑하고 예쁘다고 말하자 숀이 전화하라고 한다. 윌은 “왜요? 그러다 똑똑하지도 않고 재미도 없는 여자란 것만 알게요? 지금 그대로가 완벽하다구요. 이미지 망치기 싫어요.”라고. 이에 숀은 윌의 말 이면의 깊은 곳을 공감하고 이해해준다. “반대로 완벽한 네 이미지를 망치기 싫어서겠지.” 내담자의 말 이면에 있는 깊은 속

마음, 두려움을 공감해준다. 그러면서 자기와 아내 이야기를 들려준다. 아내가 죽은 지 2년이나 되었지만 아내가 자신의 방귀 소리에 놀라서 깼던 그런 사소한 일들이 오히려 기억에 남고 그립다는 말을 한다. “남들은 그걸 단점으로 보겠지만 오히려 반대야. 인간은 불완전한 서로의 세계로 서로를 끌어들이니까.” 숀은 자신의 약점, 부족한 면을 보여주면 버림받을 것이라는 윌의 두려움에 대해 표면적으로 공감하지 않았다. 오히려 자신의 이야기를 솔직하게 들려주며 윌과 함께 호흡한다. 윌의 두려움에 대해 이야기하면서 모든 사람이 그럴 수 있다고 수용해준다. 윌에 대해 비난하거나 비판하지 않고 담담하게 대한다. 그의 태도는 마치 충분히 그럴 수 있다고 토닥여주는 것처럼 느껴진다. 침묵을 지키던 윌이 여자 친구 이야기를 불쑥 농담처럼 던졌지만 그 이면의 동기는 사실 어떻게 행동해야 할지 도움 받고 싶어 하는 마음도 있었을 것이다. 자기의 마음을 이야기할 줄 모르는 윌이기에 숀의 행동은 자칫 내담자에게 훈계하는 것처럼 보이지만, 그의 따뜻하고 수용적인 비언어적 태도는 윌의 의도를 공감한 것으로 보인다. 그리고 윌의 입장이라면 어떤 것이 도움이 될까? 아마 윌로 하여금 자신의 마음을 더 이야기하도록 하는 것보단 다른 사람의 경험을 듣는 것이 안전하다고 느꼈을 것이다. 그리고 상담자의 경험적 이야기는 내담자의 대리적 경험이 되고, 좋은 모델링이 됨으로써 도움이 되었을 것이다.

(3) 무조건적 긍정적 존중

상담자가 내담자를 현재 있는 그대로 받아들이는 것을 무조건적 수용이라고 한다. 영화 속 상담자는 윌을 폭력을 휘두른 젊은이로 보고 훈계하지도 않으며, 천재성에 대해 우월하게 봐 주지도 않는다. 상담 초기에 윌이 상담자를 무시하며 자기 지식의 우월함을 증명하려 할 때에도 상담자는 자신에게 중요한 사람인 아내를 무시한 윌에게 화를 낼 뿐 윌이라는 내담자의 행동에 대해 옳고 틀림을 판단하거나 평가하지 않는다. 그냥 지금 이 순간 나를 화나게 한 사람으로 진정성 있게 대할 뿐이다.

호숫가에 앉아 상담자 숀은 윌에게 말한다. “넌 천재야 그건 누구도 부정하지 못해. 그런데 넌 그림 한 장 달랑 보고는 내 인생을 다 안다는 듯 내 아픈 삶을 잔인하게 난도질했어. 너 고아지? 네가 얼마나 힘들게 살았고 네가 뭘 느끼고 어떤 아인지 올리버 트위스트만 읽어보면 다 알 수 있을까? 그게 널 다 설명할 수 있어? 솔직히 난 아는 바 없어. 어차피 너한테 들은 게 없으니까. 책 따위에서 뭐라던 상관없어. 우선 네 스스로에 대해 말해야 돼. 자신이 누구인지 말야. 그렇다면 나도 관심을 갖고 대해주마. 하지만 하고 싶지 않지? 자신이 어떤 말을 할까 겁내고 있으니까. 네가 선택해 윌." 상담에 대해 선택할 수 있는 자율권을 윌에게 준다. 윌을 문제가 있는 사람으로 보지 않고 자기에게 도움이 되는 것을 선택할 수 있는 존재로 보아 준다. 무조건적 긍정적 존중을 떠올릴 수 있는 장면이다.

3. 주인공 '윌의 자기 실현화

윌은 어린 시절 겪은 아버지의 폭력으로부터 상당히 많은 어려움, 왜곡된 삶의 태도를 가지게 된다. 아버지의 잘못된 행동은 비뚤어진 가치를 조건화시켜 폭력적 행동을 일삼게 하고, 사랑에 대해 불신감을 갖게 된 것이다. 그러나 윌은 상담자 숀과 상담을 하면서 새로운 관계 경험을 하게 된다. 숀은 박식한 심리 용어를 써 가며 윌을 겁주거나 힘을 과시하지 않았다. 숀이 선택한 방법은 윌을 그 자신의 관점에서 진정으로 이해하려고 노력하는 것이었다. 그리고 자신과 아내의 이야기를 들려주면서 사랑에 대해 새로운 가치를 부여해 주었다. 특히 상담자 숀은 윌과 비슷한 경험, 즉 어린 시절 아버지의 폭력에 시달렸던 경험을 바탕으로 윌의 고통으로 인한 부적응적 행동을 깊이 이해하고 공감해준다.

"지난날의 상처는 너의 잘못이 아니야! 윌". 그러자 윌이 웃으며 "네, 알아요."
"아니야 윌 넌 몰라! 그건 정말 네 잘못이 아니야!"

마지막 장면에서 "너 잘못이 아니야!" "너 잘못이 아니야!"을 12번이나 되풀이 하면서 죄의식에서 벗어나도록 돕는다. 오랜 시간 두려움으로 인해 잘못을 인정할 수조차 없었던 사건에 대해, 딱딱하게 굳은 마음을 열기 위해 숀은 반복해서 말한다. 혼자의 힘으로는 자기 잘못의 굴레에서 나올 수 없다. 우리는 누군가 나를 괜찮은 사람으로 보아줄 때 비로소 자기 자신을 좋은 사람으로 느낄 수 있다. 자기의 잘못으로 생각하며 아팠던 시절에 대해 윌은 슬퍼하면서 감정이 살아난다. 어린 아이처럼 우는 윌을 눈시울 붉히며 숀은 안아준다. 서로의 감정이 교류된다. 감정의 교류는 진정한 소통을 가능하게 하고 진실 된 관계를 맺게 해 준다. 진실 된 관계 속에서 비로소 윌은 진정한 자기를 볼 수 있게 된다. 뜨거운 포옹 속에 윌은 처음으로 자기 자신의 가치를 인정하게 되고 자신이 정말 원하는 것을 찾기 위해 길을 떠날 수 있게 된다.

마지막 장면. 자동차 여행을 떠나는 윌 앞에 멀리 펼쳐져 있는 길. 윌이 찾게 될 자기의 목적지는 어디일까. 청소부였던 윌이 자기의 가치를 실현하는 아름다운 순간이다.

참고한 자료

- 노안영(2005). 상담심리학의 이론과 실제. 학지사
- 안효자 외 공저(2002). 인간관계와 의사소통. 서울: 수문사
- 이장호, 정남운 외(2005). 상담심리학의 기초. 학지사
- 쥬디 윌리암스, 크리스 라반(2005). 김문성 역. 심리학의 즐거움. 서울: 휘닉스
- 김상준(1996). 프로이드와 영화를 본다면. 서울: 집현전
- 김종만(1999). 나: 정신분석학적 관점에서 본 자아의 성장과 발달. 서울: 한림미디어

5. '봄날' : 애착 이론

<드라마 속 이야기 한줄>

"말을 하면 마음이 생기구, 마음이 생겨서 그 마음을 또 말하구,
그 마음을 또 말하다 보면 또 다른 마음이 생겨요.
난 나한테 생기는 마음들이 두려웠어요. 마음이 생겼다가 다칠까봐.. 겁이...났어요.
근데, 말...말문이 터져버렸구, 마음이 생겼구 게다가,뭐가...되고 싶어졌어요.
그 뭐가 그 사람 아내라거나 연인이라거나 꼭 그런 것만은 아니에요.
은호씨가 나한테 물었던 것처럼 나는 그 사람의 중요한 사람이 되고 싶어요."

-'봄날' 中에서-

드라마 '봄날(2005)'과 만나기

1. 드라마 내용

고은섭과 고은호는 배다른 형제이다. 고은섭은 현재 어머니의 아들이고, 고은호는 이혼한 어머니의 아들. 은호는 어머니를 찾기 위해 비양도에 있는 보건소로 가는데 보건소의 의사님은 바로 아버지의 스승님이기 때문이다. 그곳에서 손녀딸인 정은을 만나게 된다. 정은은 말을 하지 않는 실어증이 있는데 그 이유는 자신을 버려둔 엄마를 찾으러 갔다가 정은의 엄마가 자신을 못알아 보게 되어 그 충격으로 말을 하지 않게 되었다. 이 안타까운 사실을 들은 은호는 정은에게 말을 할 수 있도록 도와주고 정은은 조금씩 마음을 열어간다. 그리고 마침내 은호는 자신의 엄마가 살고 있는 곳을 알아내서 엄마를 찾으러 섬을 떠나게 된다. 이때 정은은 배를 타고 가는 은호의 모습을 보면서 "가지마" 라고 말을 다시 하게 된다. 은호는 엄마를 만나고 다시 오겠다는 약속을 하고 떠난다. 은호는 피아노학원을 하고 계시는 엄마를 만나게 되는데 그만 차사고가 나게 되서 은호의 엄마는 죽고, 은호는 큰 부상을 입고 정신을 잃는다. 며칠이 지나도 은호가 오지 않자 정은은 은호를 찾으러 나서고, 곧 차사고가 났다는 소리를 듣는다. 은호가 입원했다는 병원으로 가서 식물인간처럼 되어버린 은호의 간병인이 된다. 그러다가 동생인 은섭을 만나게 되는데 은호는 피에 대한 두려움과 병원장인 아버지에 대한 무서움으로 힘들게 외과 인턴을 하고 있었다. 그런 자신을 처음으로 따뜻하게 대해주는 정은에게 사랑을 느끼게 된다. 형의 여자임에도 불구하고 자꾸 커져만 가는 정은에 대한 마음을 주체할 수 없게 되고, 형에 대한 죄책감과 정은에 대한 사랑 사이에서 갈등하게 된다. 그사이 은호가 정신을 차렸지만 차사고의 충격으로 인해13살까지의 기억밖에 하지 못한다. 정은을 알아보지 못하고, 오히려 어릴 적 친구였던 민정이를 만나 즐겁게 지낸다. 사실 민정과 은호는 예전 연인 사이. 기억이 돌아오지 않는 은호 때문에 정은은 많이 지쳐가고 힘들어 하게 되고 그 옆을 은섭이 지켜주게 되면서 정은의 마음도 흔들리게 된다.

3. 캐릭터 이해

서정은 (고현정 역)

섬마을 진료소에서 할아버지를 도와 간호조무사로 일하고 있다. 어렸을 때 어머니에게 버려졌으며 후에 다시 찾아간 어머니에게 큰 상처를 입고 함묵증에 걸리게 된다. 피아노 치는 것을 매우 좋아한다.

고은섭 (조인성 역)

은호의 배다른 남동생으로 외과의지만 피를 무서워해서 의사가 되는 것을 싫어한다. 아버지를 무서워하고 형은 좋아했으나 형으로부터 상처를 입고 미워하게 된다. 어머니의 말을 거역하지 못한다.

고은호 (지진희 역)

뛰어난 실력을 가진 외과의사였으나 아버지와의 불화와 어릴 적 헤어진 어머니를 찾아 서울을 떠나 섬마을의 진료소로 오게 된다. 어머니를 만나러 서울로 올라갔다가 불의의 교통사고로 어머니를 잃고 기억상실증에 걸린다.

김민정 (한고은 역)

매우 활달하고 털털한 성격으로 광고일을 하고 있다. 어릴 적 아버지로부터 폭력을 당했으며 그 상처를 보담아주는 은호와 사랑했다. 그러나 은호를 배신하고 은호 친구와 함께 해외로 유학, 결혼하려 하였으나 사랑이 아님을 깨닫고 돌아왔다. 은호의 사랑을 다시 얻고자 집착한다.

<애착 이론>에 대해 알아보기

1. 애착 이론의 특징

영국의 정신분석가이자 정신과 의사인 존 볼비(John Bowlby, 1907~1990)는 초기의 애착형성이 인간 본성의 가장 중요한 기본이 되고, 애착형성이 잘 되지 않으면 아동기뿐 아니라 성인기의 여러 가지 정신질환의 원인이 될 수 있다는 애착이론을 정립했다. 「어머니의 보살핌과 정신건강(Maternal Care and Mental Health)」이란 논문에서 그는 아이가 제대로 보살핌을 받지 못한 경우 성인이 된 후에도 지적·사회적·정서적 지체를 경험하게 된다고 보고했다.

2. 애착 이론의 주요 개념

(1) 애착[attachment, 愛着]

애착이란 0세-3세까지의 아이에게 해당되며 아기가 엄마에게 가까이 가려고 하는 것을 말한다. 글자 그대로는 다른 사람에게 끌리는 것을 말하지만 어른들에게는 애착이라는 말 대신에 친밀감이라는 말을 사용한다. 애착은 아기는 엄마에게로 향하게 된다는 것, 엄마가 없으면 엄마를 찾는다는 것, 울음으로 엄마의 주의와 관심을 끌려고 하는 것, 엄마가 외출했다고 돌아오면 엄마에게 안기는 것 등을 포함한다. 넓은 의미로는 아기와 엄마 관계를 모두 말한다. 즉, 애착이란 출생 직후부터 영아기에 걸쳐서 특정한 사람을 대상으로 하여 형성되는 매우 강력한 심리적, 정서적 유대감이다. 애착의 질은 초기 양육의 질에 따라 결정된다. 인간은 음식, 수면 등 생존에 필수적인 것을 채우려고 하는 본능이 있듯이 다른 사람과 관계를 맺고 싶어 하고 교감을 나누고 싶어 하는 애착에 대한 본능도 있다. 따라서 인간이 살아가는데 만족을 얻기 위해서는 의식주 이외에도 애착과 그 대상이 되는 사람이 반드시 필요하다. 인간은 사회적 동물이기 때문이다.

(2) 내적작동모델

아동은 상호작용경험에 대한 반복적인 유형을 기초로 해서 자기 자신과 타인에 대한 일련의 모델들을 쌓아 놓는다. 기본적인 가정들과 일반화된 상호작용의 표상들, 역할관계 모델과 자기-타인 도식은 아동이 예측하고 세계와 연관시키기 위해 사용하는 비교적 고정화된 표상적 모델을 형성하는데 이것이 바로 내적작동모델이다. 내적작동모델이 형성된 후에 유아는 모델에 일치하는 경험을 기억하고 그렇지 않은 경험은 잊어버리기 때문에 초기의 애착관계는 내적작동모델을 형성하는데 중요한 요인이 된다. 내적작동모델을 통해서 형성된 어린 시절의 애착유형들은 성인이 되어서도 나타나고 또한 다음 세대까지도 전수된다. 애착과 의존이 어린 시절과 똑같은 방식으로 나타나지는 않지만 일생동안 지속적으로 영향을 미친다.

(3) 애착의 종류

유아의 애착 행동은 아인스워스가 고안한 낯선 상황 연구에서 잘 드러났다. 그녀는 분리 불안이나 낯선이 불안을 유도하도록 '낯선 상황 절차'를 고안했는데, 이 과정에서 유아에게는 부모로부터 떨어지거나, 낯선 이가 방으로 들어와서 그들에게 접근하는 등, 애착 행동을 일으킬 수 있는 맥락이 약 20분간 제공된다. 이때 아동이 보이는 반응을 기준으로 애착 패턴이 제안되었다. 애착 패턴은 크게 안정 애착과 불안정 애착으로 나눌 수 있다. 불안정 애착은 회피형, 양가형, 그리고 혼란형 등 더 구체적으로 살펴볼 수 있다.

① 안정된 애착

감정 조율이 잘 되어 있고 욕구가 충족되어 있는 애착이다. 아기는 필요할 때 언제나 감정 지원을 받을 수 있다는 믿음이 형성되어 있다. 분리나 실패에 대해서 항의를 할 수 있는 능력, 친밀감을 즐길 수 있고 혼자 있을 수도 있다. 자유롭게 애착 속에 들어갈 수 있고 컨트롤을 당하지 않음을 의미한다. 안정된 애착의 핵심은 안전과 자치적인 마음이 핵심이다. 내면의 세계가 신뢰관계로 형성되어 있고 지속적이며, 감정이 잘 조직되어 있고 자유롭게 표현한다.

② 회피 불안정 애착

'회피적' 행동을 보이는 유아는 낯선 상황에서 어머니가 떠나가는 것에 대해 별 반응을 보이지 않는다. 분리 전 장면동안에도 거의 어머니와 접촉하지 않으며, 만약 유아가 어머니에게 접근한다면 대개 도구적인 목적으로 접근한다. 어머니가 유아에게 접근하려 하면 유아는 다른 방향으로 몸을 돌린다. 회피적인 유아의 행동은 스트레스가 없어서라기보다 어머니와의 분리에서 받는 스트레스에 대한 전략을 회피반응으로 나타내기 때문이다. 그래서 겉으로는 표현되지 않아 진정된 것처럼 보일 수도 있으나, 어머니와 재결합한 이후에 빨리 진정되지 않으며 이는 질적으로 좋은 놀이로 빨리 돌아가지 않는 것으로 알 수 있다. 회피형은 감정을 삭히는 유형으로 변화한다. 그들은 왠만해선 속을 알 수 없는 사람으로 자라난다. 쉽게 마음을 주지 않으며 까다로운 스타일이다. 우울증이나 무기력감을 자주 호소하기도 한다. 이들은 외롭고 조그만 것에도 공격적으로 나타났으며, 애착 관계의 중요성이 평가절하되거나 이상화되는 경향이 많았다. 다른 사람을 비하시키고 친밀한 애착 관계를 단절해버리는 경향이 많았다.

③ 저항 불안정 애착

이 유형의 아이는 어머니가 돌아오면 강한 정도의 접근과 접촉을 추구하지만 그와 함께 분노와 저항적인 행동을 나타내면서 편안해하지도 않고 놀이도 하지 않는다. 즉 어머니에게 양가적인 행동을 심하게 나타내는데, 이런 고양된 분노 행동은 반응을 잘 보이지 않는 양육자로부터 반응을 이끌어내기 위한 과장된 애착 행동의 전략으로서 해석된다. 이 유형의 아이는 엄마가 돌아왔을 때 마음이 안정되는데 시간이 걸린다. 이들은 최소한의 불안상황에서도 과잉 경계한다. 일반적으로 낯선 상황에서 '부적응적인' 행동을 보인다. 다른 유형의 유아들보다 더 화를 내는 경향이 있거나 눈에 띄게 수동적이다. 어머니와의 분리 전 장면동안 낯선 이에 대해 접촉하거나 상호작용을 시도하지 않으며 심지어 분리 동안에도 낯선 이와의 상호작용을 거의 받아들이지 않는다. 어머니의 부재에 대한 심한 불안으로 분리된 시간 동안 격렬한 행동(화내기, 울기, 발차기, 분노로 바닥에 엎드리기 등)을 나타낸다.

④ 혼란 불안정 애착

애착형성이 불안정하면서도 회피와 저항의 어느 한쪽에도 포함시키기 어려운 유아를 말한다. 이런 유아들은 어머니와 다시 만났을 때 상반된 행동 패턴을 잇달아 또는 동시에 나타낸다. 즉 매우 강한 애착행동이나 분노 행동을 표현한 후 갑자기 회피하거나 얼어붙거나 멍한 행동을 보인다. 또한 목표가 불분명하거나 갑자기 중단된 움직임과 표현을 하거나, 불균형적인 움직임, 얼어붙음, 가만히 있음, 그리고 느린 움직임과 표정을 보이기도 한다. 그리고 어머니가 부르거나 접근했을 때 바로 강한 두려움이나 불안을 표현하기도 하는데 두려운 표정으로 뒤로 홱 돌아가거나 머리와 어깨를 움추리며 멀리 도망가거나 손을 입에 넣기도 한다. 이 유형은 가장 애착에 문제가 많은 유형으로 볼 수 있다. 어릴 적부터 방임이나 학대에 노출된 아이들에게서 나타나는 유형이다.

(4) 분리 불안

유아가 어머니를 잃게 될지도 모른다는 두려움 때문에 어머니가 유아의 시야에서 사라질 때 나타내는 일종의 공포반응이다. 애착대상을 잃지 않으려고 애착대상을 찾고, 울고, 부르는 행동이다. 즉 주요 애착대상과의 분리를 완강히 거부하고 매우 불안해하는 것이 분리불안의 전형적인 특징이다. 분리 불안 장애의 경우, 감정표현이 없거나 서투르며 언어발달이 뒤떨어지는 경우가 많아 심한 경우 자폐증으로 의심받기도 한다. 늘 우울한 기분으로 위축되며 부정적인 자기 이미지를 가지고 있다. 그래서 자신의 생각이나 요구를 적절하게 표현하지 못하며 어머니에게 극단적으로 의존하는 등 관계형성에도 어려움을 겪는데 때로는 지나친 무관심, 냉담함, 과도한 경계를 보이다가 때로는 무분별한 친밀감을 표현하는 등 상반된 반응을 한다. 그래서 분리불안장애인 경우, 스트레스를 받으면 원시적인 방어에 의존하고 정체성이 혼돈되어 있어 정서가 불안정하고 우울, 공포, 죄의식, 무기력, 공허감 등 복합된 느낌을 갖기 쉽다. 또한 독자적인 활동을 불편해 하고, 부모에게 매우 의존적이고 융통성이 없으며 부모의 사랑과 관심을 지나치게 추구하는 특성을 보이게 된다. 스스로 독립심을 키우기보다는 의존적이 되고, 스스로 탐험하고 개척하고 극복해 나가기보다는 걱정하고 조심스러워지기 때문에 낯선 환경에의 적응이 어렵다.

(5) 안전기지

엄마는 아이의 '정서적 안전기지(secure base)'가 된다. 마치 빌딩을 지을 때 기초공사로 땅을 깊이 파서 철심을 박고 콘크리트를 충분한 양을 부어 넣어야만 높이 올려도 무너지지 않는 튼튼한 건물이 될 수 있듯이, 애착형성은 엄마가 아이의 마음에 기초공사를 하는 것과 같은 것이다. 애착 형성이 중요한 이유는 아이가 안전감을 느끼는 곳, 즉 안전 기지를 갖는 것이기 때문이다. 언제라도 나를 보호해 줄 사람, 내가 놀라고 무서울 때, 내가 위험할 때 언제든지 내가 안길 수 있는 대상을 갖는 것이다. 내가 불편할 때 편안하게 해 줄 대상이 있다면 아이는 세상이 살만한 곳이라고 느끼게 되고, 안정감을 갖게 된다. 안전기지가 있는 아이는 안정적으로 외부 세계를 탐험하고, 자신감을 갖게 된다.

영화를 애착 이론적으로 관람하기

1. 서정은의 애착 관계

(1) 내적작동모델

서정은의 애착유형은 불안정-회피애착이다. 드라마 속에서 그녀는 초반 바깥 세계와의 소통을 거부하며 자발적 실어증을 앓는 존재로 묘사된다. 그녀는 어머니한테 버려진 데 대한 분노로 스스로를 유폐시킨다. 어머니는 어린 시절 그를 두고 재가했다. 그녀는 유일한 탈출구이자 어머니를 대신했던 피아노와 함께 하는 삶인 피아니스트의 꿈이 좌절된 직후 어머니의 위로를 찾아갔다. 그러나 어머니는 자신의 친딸을 알아보지 못한 채 거부한다. 거듭 덧난 사랑의 상처는 그를 침묵 속에 가둔다. 회피애착 유형을 가진 사람의 특징은 거부에 대한 분노를 강하게 갖고 있음에도 불구하고 그 분노를 직접적으로 표현하면 엄마가 자신을 떠나버릴 수도 있기 때문에 최소한의 거리를 유지하기 위해 정서 표현을 억제한다. 정은도 힘들었다는 것에 대해 그 어떤 표현도 안하고 화를 내는 일도 없이 그저 묵묵히 섬 진료소에만 집중하는 모습을 보인다. 진료소 일을 성실하게 하고 섬 사람들과 큰 갈등 없이 잘 지내기는 하지만, 친밀감은 없다. 그녀가 사람들을 대할 때, 혹은 일상생활에서의 얼굴 표정을 보면 무표정하기 때문이다. 나를 지키기 위해 세상과의 문을 닫아버린 것처럼 보인다. 심지어 그녀는 잇자국이 남고 피가 맺히도록 손을 물려도 "아프다"라는 말조차 하지 않는다.

이런 내적작동모델을 갖고 있기 때문에 성인이 되었을 때도 관계 속에서 친밀감을 거부한다. 은호가 호감을 보이며 다가왔으나 회피하고 오히려 은호의 친절한 행동에 화를 내기도 한다. 한 때 좋아했던 은호임에도 불구하고 반가움이나 친밀함이 없고 그냥 아는 사람을 만난 듯 사무적인 인사를 한다. 미소도 거의 보이지 않고 표정 변화도 없는 경우가 많다. 불안정-회피 애착의 내적작동모델이 성인의 관계에서도 지속되고 있는 것이다.

(2) 트라우마와 불안

정은의 관계에서의 트라우마는 엄마처럼 사랑하며 의지했던 피아니스트의 삶이 좌절되고 거부되었을 때 친엄마를 찾아갔던 사건이다. 그러나 엄마는 친딸인 자신을 알아보지 못했다. 다시 한번 사랑하는 대상에게 거절당하자 친밀한 관계를 두려워하게 된 것이다. 어릴 적 관계에서 경험한 트라우마는 불안정 애착을 형성하는 주요한 원인이 된다. 그리고 이 트라우마는 모든 관계에 영향을 주고 불안을 유발시킨다. 그 결과, 정은은 누군가 떠나는 것을 버림받는 것으로 인지하고 트라우마를 재경험하게 될까봐 매우 민감하게 반응하고 불안해한다. 불안이 너무 커서 상대에 대한 공격적 행동으로 표현되기도 한다. 짱아의 엄마가 아들을 섬에 둔 채 떠나려고 하자 서정은은 몸을 던져 떠남을 막는다. 상대가 손을 세게 물었지만 입을 앙다물며 짱아 엄마의 옷을 잡고 버틴다. 이처럼 버림받는 것에 대한 불안은 정은의 일상생활 전반에 영향을 주는데 그녀는 불안할 때 손톱을 물어뜯는다.

(3) 안전기지와 사랑

정은은 고은호로부터 엄마의 보살핌을 경험하게 된다. 은호는 친엄마의 관계에서 트라우마로 인해 말문을 닫아버린 정은이 말을 할 수 있게 해 준다. 마치 엄마처럼 말을 가르쳐주고 정은이 말을 할 때까지 기다려준다. 파도가 심하게 울부짖는 바닷가 바위에서 그는 자신의 관심을 뿌리치는 정은에게 소리친다. "울어 임마. 소리내서 울어. 니 소리에 묻혀서 나두 좀 울게." 울 수 있다는 것은 자신의 아픔을 내보이는 것이고, 자신의 아픔을 보일 때 비로소 위안과 보살핌을 받게 되기 때문이다. 새로운 관계를 형성할 가능성도 열린다.

이들이 겪는 정서적 결핍과 심리적 상처의 색깔은 비슷하다. 그 결핍과 상처의 뿌리는 한결같이 존재의 기원인 가족이다. 그러나 상처를 치유하는 존재 또한 가족이고 사랑이다. 이들의 사랑은 서로의 결핍을 채워주는 행동이다. 서로가 서로에게 심리적 어머니의 역할을 해준다. 그는 말문이 트인 정은을 엄마처럼 업어준다. 이로써 정은은 새로운 관계 경험을 하고 되고 새로운 내적작동모델을 갖게 된 것이다. 내가 아무리 화를 내고 밀쳐내도 내가 잘못되어도 나를 사랑하고 보호해주는 대상이 있고, 나는 사랑받을 수 있는 사람이 된 것이다. 새로운 안전기지 안에서 보살핌을 받으면서 사랑할 수 있는 상태가 된 것이다. 안정애착이 형성되었다.

2. 고은섭의 애착 관계

(1) 내적작동모델

고은섭의 엄마는 정서표현에 일관성이 없다. 은섭이를 세상 그 누구보다 사랑한다고 말하다가 갑자기 아들이 자기의 뜻대로 행동해주지 않으면 죽어버리겠다고 협박한다. 자식을 방임하고 학대하는 것이다. 자신의 불행에 갇혀 아들과 정서를 함께 나누기가 어렵다. 아이에게 어머니가 자신을 버리는 것은 죽음과 같다. 매우 큰 공포의 상황이 되기 때문이다. 일관성 없이 행동하고 관계를 맺는 엄마이기에 함께 있을 때 은섭이는 매우 혼란스러워하고 어떻게 행동해야 할지 난감해한다. 드라마 속의 은섭을 떠올려보면, 멍하니 넋을 잃은 것 같은 표정으로 있거나 마치 얼어붙은 것 같은 자세로 있는 모습이 자주 보인다. 그러다 엄마에게 아이처럼 울고 매달리기도 한다. 은섭이의 애착 유형은 불안정-혼란 애착이다. 은섭은 엄마를 사랑하지만 엄마와 함께 있을 때보다 낯선 사람과 더 편안하게 상호작용하는 모습을 보인다. 관계를 맺음에 있어 너무나 혼란스러운 엄마이기 때문에 오히려 다른 사람과의 관계 속에 있을 때 더 편안함을 느끼는 것이다. 엄마가 우울해할 땐 엄마의 정서를 끌어올리려고 과장되게 밝은 모습으로 상호작용하려 하지만 매우 힘들어한다. 성인이 된 은섭은 정은과의 관계에서도 혼란스러운 모습을 보이는데 지나치게 친밀한 행동을 하다 갑자기 화를 내고, 그 후에 그 자리를 회피해버리거나 마치 정신이 나간 것처럼 멍한 행동을 보인다.

(2) 트라우마와 불안

은섭은 피를 보면 매우 불안해져서 조절할 수 없는 상태가 된다. 온 몸을 덜덜 떨고 눈물을 흘리며 아무것도 할 수 없는 모습이다. 은섭의 병적 태도는 어머니의 자살 시도를 지켜봐야 했던 어린 시절의 공포에서 비롯된 것이다. 그의 내면엔 형 은

호에 대한 열등감과 아버지에 대한 두려움, 집착에 가까운 어머니의 과잉애정 따위가 얽히고 꼬여 있다. 이런 내상은 심각한 병적 징후로 드러난다. 첫 회에서 그는 구두에 살짝 얼룩이 지는 것조차 참지 못할 만큼 결벽증이 심각한 인물로 그려진다. 더구나 피만 보면 이성을 잃고 극심한 두려움에 떤다. 그의 직업인 의사로선 치명적인 결격 사유다. 특히 은섭은 불안할 때 장난감 모형을 색칠하거나 튜브를 강박적으로 맞춘다. 이런 일련의 모습은 극심한 불안으로 인한 부적응이다.

은섭은 성인임에도 관계에서 버림받을 것이 예측되면 심리적으로 매우 불안해지면서 말을 더듬게 된다. 말을 더듬는 것의 심리적 원인은 부모에게 야단을 크게 맞아 심리적으로 위축되거나 계속 공포가 이어질 때이다. 또한 은섭은 공포를 통제하기 위한 행동으로 결벽증적 행동을 하거나 강박적으로 튜브를 맞추고 모형을 색칠한다. 극심한 불안을 통제하려는 절박함이 보인다.

(3) 안전기지와 사랑

은섭의 엄마 자살로 인해 생긴 트라우마인 피에 대한 공포를 서정은이 사라지게 해준다. 쓰러진 그녀를 간호하다 사라진 것이다. 역시 공포를 이기는 것은 사랑의 힘이다. 또한 자신의 친엄마는 한 번도 해주지 않았던 칭찬을 그녀로부터 받았다. 은섭의 엄마는 자기 욕망의 대리물로 아들을 볼 뿐이었기에 은섭의 존재를 있는 그대로 인정하거나 칭찬해주지 않았다. 그러나 정은은 늘 온전히 두 눈 가득 은섭을 봐라봐 주고, 잘못하면 때리기까지 하는 등 은섭에게 온통 마음을 써준다. 이러한 정은으로부터 은섭은 비로서 자기 존재가 비추어지는 경험을 하게 된 것이다. 은섭이는 늘 정은이가 자신을 바라봐주고 칭찬해주길 바란다. 이런 은섭을 정은이는 마치 엄마가 어린 아이를 칭찬하듯이 "참 잘했어요."라고 말해준다.

은섭이 응급실에서 피를 보고 공포로 인해 구역질을 하며 도망치자 정은은 야단을 심하게 친다. 그러나 은섭이 얼마나 고통스러워하는지를 알고는 따뜻하게 위로해준다. 바로 안전기지로서의 역할을 해준 것이다. 그 뒤로 은섭은 힘들 때마다 정은을 떠올리고 견딘다. 그리곤 이내 정은에게 가서 칭찬받고 위안 받고 힘을 얻어 다시 두려운 현실 속으로 뛰어든다.

은섭은 정은의 사랑과 보살핌 속에 자기 내면의 강점과 힘을 볼 수 있게 되고,

비로소 피를 보고도 공포를 느끼지 않는다. 아버지와 어머니에게 자기주장을 오롯이 하게 되고 자립하게 된다. 그리곤 진정한 사랑을 찾아가게 된다. 건강한 두 남녀. 은섭과 정은이 새로 꾸미게 될 가정이 기대되는 까닭이다.

참고한 자료

- Jeremy homles(2005). 이경숙역. 존 볼비와 애착이론. 학지사
- 조윤주(2004). 분리불안을 보이는 발달장애 아동의 미술치료 사례연구. 명지대학교 석사학위논문
- 최명선(2012). 엄마와 아이 애착 다지기. 서울: 아담북스

6. '키드(Disney's The Kid, 2000)' : 내면아이이론

<영화 속 이야기 한줄>

""We're not loser~!"

"우리는 더 이상 패배자가 아니야~!"

– '키드' 中에서–

영화 '키드(Disney's The Kid, 2000)'과 만나기

1. 영화 감독 : 존 터틀타웁(Jon Turteltaub)

웨슬리언 대학교에서 심리학과 연극을 전공한 뒤, 남가주 대학교에서 영화와 텔레비전 석사학위를 받았다. 텔레비전 스페셜과 시리즈물을 연출하다가, 영화계에 입문하였다. 헐리우드 픽쳐스의 코미디 〈당신이 잠든 사이에〉와 월트 디즈니 픽쳐스의 〈쿨러닝〉을 감독했다. 〈쿨러닝〉은 월트 디즈니 픽쳐스가 1993년에 제작한 라이브 액션영화 중에서는 최고의 흥행을 기록했다. 액션 코미디 〈쓰리 닌자〉도 연출했다.

2. 영화 내용

사람들의 이미지를 관리해주는 이미지 컨설턴트로 성공했지만 자신의 목적을 위해서라면 부정도 서슴치 않고 저지르는 러스 듀리트는 마흔의 나이지만 이혼한 후 넓은 집에서 개도 키우지 않고 혼자 살고 있다. 어느날 자신의 집에 한 꼬마의 모습을 보고 놀라는데 그 꼬마의 몸에는 자신과 같은 흉터가 있었으며 자신만이 알고 있는 어린 시절의 기억을 공유하고 있었다. 도대체 현재의 자신과는 닮은 구석이 없어 보이는 이 아이가 누굴까. 처음에는 이 아이를 미워하고 어린 자신임을 받아들이지 못한다. 이렇게 뚱뚱하고 못생긴 어린 아이가 자기 자신이었다는 것을 인정하지 못하는 것이다. 그것은 환영이라고 현실이 아니라고 생각한다. 러스는 어린 시절의 기억이 생각나지 않을 만큼 그때의 기억을 억압하고 있었는데 러스티가 이사 간 집 이야기, 학교 선생님 등 여러 가지 학창시절 이야기를 해 보지만 러스는 동생의 이름이나 숙모의 이름 같은 기본적인 것들 외에는 한 가지도 기억하지 못한다. 땅딸막한 어린 러스도 어른이 된 자신의 모습, 즉 부인도 없고 하물며 키우는 개 한 마리 없는 것에 크게 실망하며 티격태격하게 된다. 그러나 결국 듀리츠는 이 아이가 자신이라는 것을 받아들이게 되고 마흔살 생일을 앞두고 32년 전으로 여행을 떠난다. 사실 러스는 그의 삶에 결정적 영향을 미치게 되는 8살 적 기억을 잊어버리고 있었다. 이 시기의 러스티는 친구들과 원만한 관계를 갖지 못했다. 친구들은 뚱뚱한 그를 놀렸으며 엉덩이가 크다고 그를 때렸다. 또한 어렸을 때부터 어머니가 많이 아파서 아버지의 손에 의해 길러진 러스티. 아버지는 상당히 엄격한 분이셨다. 이 여행에서 듀리츠는 자신의 잠재의식 속에서 숨겨져 있던 어머니의 죽음에서 벗어나게 되고 어린 시절 가졌던 비행기 조종사의 꿈을 다시 찾게 된다.

3. 캐릭터 이해

러스(브루스 윌리스)

성인 러스티. 현재 이미지 컨설턴트로 일하고 있으며 직업적으로 성공한 40대 남자이다. 이혼하였으며 혼자 살고 있다. 직업적 성공이나 원하는 결과를 위해서는 약간의 부정도 서슴치 않는 성격이며 완벽주의적이다. 주변에 친하게 지내는 인물은 없으며 아버지와의 사이가 나쁘다.

러스티(스펜서 브레슬린)

러스트의 어린 시절로 대략 8세 정도의 남자 아이. 먹는 것을 좋아하며 약간 뚱뚱한 외모를 가지고 있다. 개를 좋아하며 주변 정리정돈을 잘 하지 못하고 지저분한 면모가 있다.

에이미(에밀리 모티머)

밝고 긍정적 여자로 러스에 대해 호감을 갖고 있다.

러스의 어머니

지병을 가지고 있어 늘 집에 누워 있다. 그러다 결국 러스가 초등학교 저학년 때 병으로 일찍 돌아가시고 만다.

러스의 아버지

깐깐하고 완벽주의적인 성격을 가지고 있다. 병든 아내를 혼자 돌보면서 초등학교에 다니는 아들까지 돌봐야 하는 상황에 매우 큰 스트레스를 받고 있다. 그러나 자신이 힘들어하는 모습이나 약한 모습은 보여주지 않으려고 한다. 러스에게 잔소리를 많이 하고 화를 잘 낸다.

<내면아이 이론>에 대해 알아보기

1. 내면아이 이론의 특징

우리는 어린 시절을 거치면서, 우리를 대하던 부모의 태도를 몸에 익혔다. 이렇게 몸에 익힌 어린 시절은 지금도 우리 안에 살아 있으면서 우리의 생활에 영향력을 행사하고 훼방을 놓는다. 정서적 문제점들을 초래하기도 한다. 이런 것들은 어렸을 때 자기를 대하던 부모의 지나친 태도에서 기인하는 것이지만 그런 것을 자각하는 것은 어렵다. 이러한 것을 상담심리에서 '내재과거아(內在過去兒)' 또는 상처받은 내면아이라고 한다.

2. 내면아이 이론의 주요 개념

(1) 내면 아이

내면아이는 우리의 인격 중에서 가장 약하고 상처받기 쉬운 부분으로 감정을 우선시하는 직감적인 본능이다. 우리가 태어났을 때의 본래적 모습이자 핵심적인 자아, 타고난 인격인 셈이다. 내면아이와 어린 시절은 전혀 다른 개념이다. 그러므로 불우한 어린 시절을 보냈다고 해서 내면의 본성, 즉 내면아이가 꼭 불행하다는 의미는 아니다. 내면아이는 어린 시절의 유치함이 아닌 순수함인 것이다. Jung의 원형론을 활용하여 내면아이를 설명하면, 내면아이는 긍정적인 면과 부정적인 면이 공존하는 것으로 빛과 어둠이 공존한다(Bradshaw, 2004). 긍정적인 아이는 순진하고 자발적이며 창의적이다. 반면 부정적 아이는 이기적이고 유치하고 감정과 지적인 성장을 거부한다. 나이를 먹고 어른이 되어도 내면아이의 연약함, 직관력, 경이로움, 상상력, 타고난 지혜, 감정을 느끼는 능력은 쇠퇴하거나 변하지 않는다. 개인적인 위기나 갈등으로 스트레스를 받거나 불행이 찾아올 때, 내면아이와 단절되고 소통하지 못해 감정적 균형을 잃는 것은 큰 문제가 될 수 있다.

Tip! 성인 아이

내면아이와 유사한 개념인 성인아이는 원래 '알코올 중독자 가정에서 자라난 성인 아이'라는 용어로 시작되었으나 지금은 역기능적인 가정에서 자라난 사람을 통칭하는 용어로 의미가 넓어졌다. 어린 시절의 미해결 과제를 아직 처리하고 있다는 의미가 성인아이의 개념으로 보편적으로 사용되고 있다. 역기능적인 가정 중 특히 신체적, 심리적으로 힘들었던 어린 시절의 가정 환경, 지나치게 엄격한 가정, 폭력이나 억압, 부모의 냉소적 양육 태도 등의 부적절한 양육환경 속에서 자란 성인들은 내면아이를 부인하면서 거짓된 자아 또는 상호의존적 자아를 형성하게 된다. 미해결 문제를 가지는 성인아이의 개념은 상처받은 내면아이와 유사하다(김영신, 2008).

(2) 성인 자아

성인자아는 논리적인 생각을 담당하는 부분으로 현실 세계의 다양한 경험을 통해 지식을 축적하는데 태어난 시점부터 계속 발달하기 시작한다. 또한 성인자아는 생각과 행동을 담당하는데 이는 내면아이의 영역의 감정 및 존재와는 반대되는 것이다. 성인자아는 주변이 있는 어른들의 모습을 보고 배우며 발달한다. 우리의 인격 중에서 후천적으로 배운 부분에 해당하는 것이다. 이 말은 자신의 내면아이를 사랑하거나 사랑하지 않는 성인자아로서의 행동은 후천적으로 습득한다는 뜻이다. 내면아이를 위해 행동을 하는 것은 성인자아의 몫이다.

(3) 상처받은 내면 아이의 원인

내면아이의 부정적 측면을 상처받은 아이라고 하는데, 원인은 크게 두 가지로 설명할 수 있다. 첫 번째는 역기능 가정의 영향으로 말미암은 공의존증, 학습된 무기력, 가해자와 동일시이며, 두 번째는 발달심리학적 원인으로 볼 수 있다(김영미, 2007).

① 역기능 가정과 상처받은 내면 아이

역기능 가정의 비정상적인 상호의존적 특성을 공의존증이라고 한다. 공의존증의 특성은 통제력의 상실이다. 무언가에 의존하지 않으면 내적인 공허감과 외로움을 견딜 수가 없다. 상처가 깊을수록 아픔을 나누어지려는 속성이 있는데 역기능가정에서는 모든 비난을 다른 사람에게 돌린다. 일종의 책임 투사이다. 학습된 무기력이란 외부의 자극이 자신이 견디지 못할 정도로 반복되는 경우 의지가 약화하며 수동적이 되어 스스로 만성적인 무기력감에 지배받게 되는 것을 의미한다. 스스로 부족하다고 느끼며 무기력 상태에 자신을 내버려 둔다. 이런 형태가 통제 불능일 경우 최후에는 자살을 선택할 수가 있는데 이 경우 자신의 가해자와 자신을 동일시하여 내가 자살을 하면 나에게 폭력을 행사한 사람도 같이 죽이는 경우라고 생각한다. 극단적인 경우가 아니더라도 자신에게 보이는 형태로 손톱 물어뜯기, 머리 박기, 굽실거리기, 다중인격 등의 증상으로 나타나는데 이 모든 행위는 학대자가 너무 두려워 자신에게 화를 돌리는 경우이다. 내면에 자리 잡은 수치심은 자신을 지킬 자리마저도 파괴한다. 이런 상태가 지속되면 자신이 아무것도 아닌 것 같이 느껴지게 되어 강박적 사고와 강박적 행동을 하게 된다. 강박적 행동은 수치심을 유발할 뿐 아니라 목적한 바를 성취하기 위하여 파괴적이거나 불가능한 방법을 선택하기 때문에 더욱 강박적이 되게 한다.

성장과정 안에서 동일시는 필요하다. 내가 누군가에게 소속되어 있으며 누군가를 동일시하고 있다는 것은 안전감을 주고 보호를 받고 싶어 하는 인간의 기본적인 욕구이기도 하기 때문이다. 그러나 역기능 가정의 아동들은 가해자와 자신을 동일시하게 되면서 비참한 자신을 발견하게 되면서 동시에 막강한 힘을 가진 가해자가 된다. 위기 상황의 가정에서 아이는 늘 위기감의 정서에 익숙해지거나 위기감을 느끼지 않으려고 한다. 이 상황 자체가 아이에게는 수치심과 고통을 주거나 감정을 차단한 상태인 감정 무시 상태가 된다.

② 발달심리학적

발달의 각 단계에서 그 과정을 제대로 경험하고 거치지 않은 사람은 다음 단계로 성장할 수 없다. 그리고 이전 단계에서 이슈가 해결되지 못했으면 다음 발달 단계에 영향을 미치게 된다.

(4) 상처받은 내면 아이의 특징

상처받은 내면아이는 정상적인 가정의 기능을 발휘하지 못하는 곳에서 성장함으로써 자신을 어른으로 여기는 데 갈등을 겪는 특성이 있다. 또한 어린 시절의 고통에 갇혀 그것에 영향을 받으며 부모에게 의존되어 있거나 부모로부터 달아나려고 하는 경향을 보이며 정상적인 것에 대해서는 확신을 하지 못한다. 여러 가지 면에서 여전히 아이 상태에 있으며 그의 감정과 행동 중 많은 부분이 유년기의 흔적을 나타내게 된다. 정서적으로 거절, 실패, 연약함에 대한 두려움, 거짓된 죄책감과 존재에 대한 수치심, 아동기의 상실로 말미암은 슬픔, 우울감과 분노 그리고 정서적 둔감의 특징을 나타난다. 관계적으로는 사람을 불신하여 이혼율이 높고 위기 지향적인 공통점을 가지고 있다.

〈표 II-2〉 상처받은 내면아이 특성 요약

	상처받은 내면아이의 특성
Carson (2001)	① 알려진다는 것의 두려움 ② 자신과 타인의 구별 불명확 ③ 칭찬과 비판 수용의 어려움 ④ 타인의 독자성 인정 못 함 ⑤ 성공과 실패의 감정 수용 못 함 ⑥ 분명한 거절의 표현이 어려움 ⑦ 부정적인 과거 버리지 못함 ⑧ 타협의 어려움 ⑨ 타인을 구조함 없이 돕지 못함 ⑩ 신뢰성 부재
Sledge (2003)	① 정상적인 행동에 대해 혼란 ② 계획의 지속적인 수행 어려움 ③ 거짓말 ④ 지나친 자신 비판 ⑤ 재미있는 시간의 어려움 ⑥ 자신을 심각하게 받아들임 ⑦ 친밀한 관계의 어려움 ⑧ 통제할 수 없는 변화에 대한 어려움 ⑨ 끊임없는 칭찬과 인정의 욕구 ⑩ 남들과 다르다는 생각 ⑪ 지나친 책임감이나 무책임감 ⑫ 지나친 충성
Bradshaw (2004)	① 신기해하고 호기심이 억압 ② 개방성과 신뢰가 사라진 아이 ③ 순진성이 사라진 아이 ④ 의존적인 아이 ⑤ 생존을 위해 길든 아이 ⑥ 미래 삶에 대해 차단된 아이 ⑦ 올바른 양육을 받지 못하는 아이 ⑧ 사랑하기 전에 사랑받지 못한 아이 ⑨ 지적 · 신체적 · 감정적 학대와 문화적 충격 및 영적인 학대를 받은 아이
Woititz (2006)	① 정상적인 것에 관한 혼란 ② 일이나 과업 완수 어려움 ③ 충동적인 거짓말 ④ 자신에게 비판적 ⑤ 자신에 대해 심각, 유쾌한 시간 소유에 대한 어려움 ⑥ 친밀한 관계의 어려움 ⑦ 통제의 어려움으로 인한 분노 ⑧ 칭찬과 인정 욕구 강함 ⑨ 스스로 다르다는 느낌 ⑩ 학대하는 부모에게 충성 ⑪ 지나친 책임감이나 무책임감 ⑫ 충동적인 행동으로 현재의 문제 악화

출처 : 김영미(2007), pp. 47–52

(5) 상처받은 내면아이가 미치는 영향

상처받은 내면아이, 즉 어린 시절이 성인 생활에 어떻게 영향을 끼치는가를 아는 것은 매우 중요하다. 어린 시절의 감정을 벗어버린 사람은 없기 때문이다. 성인이 되었음에도 불구하고 대부분은 당황하고 난처하게 만드는 부모의 영향으로 해서 화를 잘 내고, 불만에 차 있는 어린이처럼 보일 때가 있다.

3. 마더링

불행과 불만족은 성인 생활의 성취를 방해하는 상처받은 내면아이와의 무익한 투쟁에서 기인한다. 자신의 인생을 바꾸기 위해서 상처받은 내면아이를 이해하고 새롭게 받아들이고 다루어 나가야 한다. 자신에게 어린 시절에서 비롯되는 병적인 부모로서의 태도를 버리고, 자신의 내면아이에게 도움을 주는 부모가 되는 새로운 방법을 개발하는 것이 필요하다. 이것이 바로 자신에게 새로운 부모 되기인 '마더링'이다.

자신이 지금 자신의 것으로 사용하고 있는 해묵은 부모로서의 태도를 바꾸기 위해서는 내면아이의 감정들을 인식하고 이 같은 감정들을 존중하는 것이 중요하다. 부모로서의 태도들의 대부분은 부모의 감정, 권리, 필요성, 요구사항, 형편 등 부모의 사정에 좌우된다. 어린이의 감정들을 자주 무시되거나, 간과되거나 마구 짓밟힌다. 따라서 내면아이의 감정들과 필요성들을 존중하는 데서 시작해야 한다. 이러한 감정들과 갈망들을 중요하고 마땅히 존중되어야 할 것으로 인식하고, 이 감정들을 성인으로서, 감정들과 분리시켜 생각하도록 배워야 할 것이다.

내면아이의 감정들을 존중하는 태도를 갖고 감정을 인식하고 받아들인다면 상냥하고 친절하며 도움이 되는 부모로서의 역할, 마더링을 시작할 수 있다. 이것은 자신을 도와 성인으로서, 자신의 목표를 성취하도록 움직이게 할 것이다.

영화를 내면 아이적으로 관람하기

1. 러스의 내면 아이

러스의 내면 아이는 8세의 다소 비만 체형을 가진 남자아이 모습이다. 이 내면 아이는 먹는 것을 매우 좋아하며, 동물을 사랑하고 사람들에게 호감을 느낄 줄 아는, 남자 아이치고는 감성스러운 면이 크다. 그러나 어머니의 지병, 아버지의 엄격한 양육태도로 인해 위축되어 있는 소년이기도 하다. 그 결과 어린 러스의 어려움은 자기 자신을 돌볼 줄 모르며, 쉽게 삐진다는 것이다. 즉, 몸이 비만인데도 불구하고 살찌는 음식을 계속 먹으며, 비위생적인 모양새를 하고 있고 자기 마음대로만 하려고 한다.

영화 속 어린 러스는 8세로 설정이 되어 있는데 이 시기는 발달단계로 볼 때, 일생일대의 변화를 겪는 시기이다. 사실 초등학교 입학 전까지 세상은 아이들에게 무척 호의적이다. 아이였던 자신들의 개성을 최대한 존중해주고 규칙은 융통성 있게 적용된다. 한마디로 무엇이든 아이 입장에서 고려되는 세상인 것이다. 그러나 학교는 다르다. 아이 개인에게 어느 정도 통제가 가해질 수 밖에 없다. 이 과정에서 아이가 받는 심리적 스트레스는 무척 크다. 스트레스를 적절히 다룰 수 있게 된다면 사회에서 잘 기능하는 건강한 사람이 되지만, 규칙에 대한 거부감과 공포가 커지면 어른이 되어 방어벽부터 치는 사람이 될 수 있다. 안타깝게도 영화 속 어린 러스는 학교에 적응하는 과정에서 관계적, 심리적 스트레스를 매우 심각하게 경험하고 있다. 따라서 러스가 성인이 되었을 때 사회생활 속에서 늘 긴장하고 방어하는 사람이 될 것임을 유추해볼 수 있다.

2. 러스의 성인 자아

브루스 윌리스는 "러스"라는 30대 후반의 남자로서, "이미지 컨설턴트"라는 직업을 갖고 있다. 그것은 정치인이나 유명인의 이미지를 관리해주는 직업으로서 때때로 고용인의 성공을 위해서는 직업인으로서는 부정한 일까지도 권유한다. 그러나 그만큼 어떻게 해야 사람을 유능하게 보이는 지 잘 알고 있으며, 덕분에 성공한 인물로 통한다.

그러나 성공한 직업인인 러스에게도 어려움이 있었는데 바로 안면 근육경련증과 대인관계에서의 어려움이다. 그는 지나치게 완벽주의이며 차가운 성격으로 부하 직원이나 다른 친구들에게 환영받지 못하는 인물이다. 가장 많이 듣는 말이 "재수 없는 놈"이다. 이러한 어려움은 바로 정서를 느끼고 표현하는 것이 안 되기 때문에 나타나게 된 일종의 증상이다. 정서를 느끼고 표현하지 못하기 때문에 사람들과 친밀한 교류를 할 수 없다. 그가 겪고 있는 안면 근육경련증은 자신의 의지와 상관없이 안면근육에 돌발적 떨림이 있는 것으로 감정을 억압하고 있는 현 상태와 관련지을 수 있다. 심리적 어려움이 몸의 증상으로 표현된 것이다.

첫 장면에서 눈물을 흘리는 고객에게 공감은커녕 징징거리지 말라고 비꼬는 모습, 어린 러스를 미워하고 천박하게 생각하며 다른 사람들에게 보여주기 부끄럽다는 사고방식을 가지고 있는 성인 자아 러스. 이런 러스의 모습은 상처받은 내면 아이가 성인이 되었을 때 보이는 부적응적인 형태라고 할 수 있다. 진실한 관계를 맺기 어렵기 때문에 대인관계에서 철수되어 있으며 삶이 공허해질 수 있다.

3. 러스의 상처입은 내면 아이

러스는 성인임에도 불구하고 상처입은 내면 아이로 인하여 자신을 어른으로 여기는데 갈등을 겪는 특성이 있다. 어린 시절의 고통에 갇혀 성인임에도 불구하고 특별한 이유없이 아버지에게 화를 내는 모습이나 고통을 겪는 사람을 볼 때 돌보는 행동 대신 놀리는 행동을 하는 것이 그 예라고 할 수 있다. 또한 관계적 불신감으로 인해 이혼을 하게 된 점도 같은 맥락으로 설명할 수 있다. 성인이 되었음에도 불구하고 화를 잘 내고, 불만에 차 있는 모습이 어린 아이처럼 보이는 경우가 많은 것이다. 특히 러스의 내면 아이가 겪은 가장 큰 상처는 여덟 살 때의 사건이다.

여덟 살 생일 때 러스는 자신을 배신하고, 폭력을 일삼는 친구들과 싸우게 되는데 그 일로 아픈 어머니가 학교에 와야만 했다. 아버지는 어머니를 데리러 와서는 어린 러스를 붙잡고, 제발 어린아이 짓을 그만 하라고 윽박지르며 야단을 심하게 친다. 그리곤 너 때문에 어머니의 수명이 줄어들었다며 징징거리지 말라고 당부한다. 이때부터 러스는 어린 아이면서도 어린아이가 되어서는 안되었기에 성인처럼 행동했다. 울지 않기 위해, 아이가 되지 않으려고 정서를 차단해 버린 것이다. 어른처럼 행동하는 것은 울지 않는 것, 감정을 표현하지 않는 것이라고 생각한 것이다. 발달단계에 맞추어 제대로 어른이 되지 않은 러스, 잃어버린 유년 시절에 대한 슬픔을 제대로 애도하지 못했던 러스는 상처입은 내면 아이를 갖게 된 것이다. 따라서 러스는 성인이 되었음에도 불구하고 관계에서 정서가 경험될 때마다 상처입은 내면아이가 작동되어 아주 미숙하게 행동한다. 그렇기에 성숙한 관계 맺음을 할 수 없고 이혼을 하게 된 것으로 해석된다.

4. 러스의 마더링

상처입은 내면 아이를 위한 마더링. 새로운 부모역할 해주기는 이 영화의 백미라고 할 수 있다. 성공하는 기업인으로 잘 살고 있는 자신의 앞에 나타난 8살의 어린 자신. 처음에는 환영이라 생각하고 믿지 않지만, 이는 현실이었다. 40살의 러스는 말투와 버릇, 그리고 다리의 흉터까지 똑같은 8살의 러스를 미워한다. 어린 시절의 자신이 매우 천했으며, 다른 사람들에게 보여주기 부끄럽다고 생각했기 때문이다. 그러나 40살의 러스는 마침내 마음을 열고 왜 과거에서 자신을 찾아왔을 지를 진지하게 생각하게 된다. 그것은 40살의 자신이 왜이리 거만하고 감정적으로 냉정해졌는지를 알게 해주는 열쇠이기도 했다.

8살의 자신과 함께 과거로 돌아간 러스는 다시 재현되고 있는 또래와의 싸움 상황에서 "절대 물러서지 말고 싸울 것"을 이야기하며 격려해준다. 그의 격려에 힘입어 8살의 러스는 불량배들과의 싸움에서 이기지만 내면 아이의 진짜 상처는 다른 곳에 있었다. 싸움 후 아버지에게 칭찬은커녕 질책 받고 울고 있는 러스. 아버지는 너 때문에 엄마가 일찍 돌아가실 수 있다고 아들을 심하게 야단친다. 그러나 성인이 된 러스는 그런 아버지에게 화를 내지 않는다. 다만 울고 있는 어린 러스에게 다가가 이렇게 말하며 따스하게 안아준다. "네 잘못이 아냐. 절대 아냐. 아빠도 겁이 나서 그런 말씀하신 거야.

혼자 널 키울 생각을 하니 겁이 나신 거라구." 그러면서 러스와 함께 울어준다. 상처 입은 아이를 위로해주고 한걸음 더 나아가 성숙한 어른의 모습으로 아버지까지도 이해하고 수용해준다. 이제 그는 진정한 어른이 되었다. 이것이 바로 진정한 마더링의 힘이다. 아이를 성장시킨다.

참고한 자료

- John Bradshaw (2004). 상처받은 내면아이 치유. 서울: 학지사
- W.휴 미실다인(2006). 이석규, 이종범 역. 몸에 밴 어린 시절. 서울: 가톨릭출판사
- 김영미(2007). John Bradshaw의 상처받은 내면아이 치유에 근거한 한국 목회 상담적 적용. 장로회 신학대학교 석사학위논문
- 김영신(2008). 부모의 양육태도와 내면아이의 상관관계성 및 이유 방안 연구. 상명대학교 정치경영대학원 석사학위논문
- 마가릿 폴(2013). 내면아이의 상처 치유하기. 서울: 소울메이트
- 신의진(2008). 초등학생 심리백과. 서울: 갤리온
- 신차선(2009). 알코올 중독자에 대한 한국형 내면아이 치유프로그램의 개발 및 효과. 명지대학교 박사학위논문

7. '사랑과 추억 (The Prince Of Tides, 1991)' : 가족상담

<영화 속 이야기 한줄>

"엄마가 가장 사랑하는 사람은 톰, 너란다.

이건 우리만의 비밀이야."

– '사랑과 추억' 中에서–

영화 '사랑과 추억 (The Prince Of Tides, 1991)'과 만나기

1. 영화 감독 : 바브라 스트라이샌드(Barbra Streisand)

바브라 스트라이샌드(Barbara Joan Streisand, 1942년생)는 미국의 가수 겸 배우이다. 또한 영화 제작자이자 감독이며, 정치적 행동주의자이기도 하다. 1942년 미국 뉴욕 브루클린의 유대인 가정에서 태어났다. 1962년 미국 브로드웨이에 진출해 뮤지컬 배우로 활동을 시작했다. 그녀는 전통적인 관점의 매력도 없고 딱히 섹시하지도 않지만, 자신의 이러한 제한들이 오히려 강점으로 작용하는 역할들을 흔쾌히 받아들임으로써 영화계의 별이 되었다.

2. 영화 내용

톰 윙고는 사우스 캐롤라이나주 해변에서 태어나 줄곧 거기서 자랐다. 고등학교 미식축구 코치를 하다가 실업자가 된 그는 아내와의 대화가 단절되어 고통을 겪는다. 그런데 어느날 그가 혐오하는 어머니가 그를 방문한다. 찾아온 그녀는 톰의 쌍동이 여동생인 사바나가 뉴욕에서 자살 기도를 했음을 알리고 사반나의 담당 정신의사가 누군가 빨리 오라고 했음을 전한다. 톰은 급히 뉴욕으로 가 의사인 수잔 로웬스타인을 만난다. 수잔은 사반나가 의도적으로 지워버린 어린 시절의 기억들을 복원하는 것이 치료의 첩경이라고 판단, 톰에게 사반나의 기억이 되어달라고 한다. 대화가 진행됨에 따라 톰은 평생 잊어버리려고 몸부림쳐온 어린 시절의 기억들을 머뭇거리며 털어놓는다. 톰은 미국 남부 사우스 캐롤라이나 해변에서 태어나 폭력적이고 억압적인 아버지와 자신의 의지를 관철하기 위해서는 수단 방법을 가리지 않는 강철같은 의지의 여인인 어머니로 인해 수없이 상처를 받으며 성장한다. 피해자로서 톰과 사반나는 특히 각별한 사이가 되었으나 톰이 가면 뒤에 숨어 정상인으로 위장하고 살아가는 반면 사반나는 미쳐버린 것이다. 한편 대화가 진행됨에 따라 톰은 수잔도 가정에 문제가 있음을 알게 된다. 수잔의 남편은 유명한 바이올리니스트로 부인과 아들 위에 군림하려 하며 아들도 음악가를 만들려고 한다. 한편 아들인 베르나르가 축구에 관심이 있는 것을 알고 있던 수잔은 톰에게 아들의 축구 코치가 되어줄 것을 부탁하고 톰은 이를 받아들인다. 한편 베르나르의 아버지인 허버트 우드러프는 해외 연주 여행에서 돌아와 아들이 손가락을 다칠 위험이 있는 스포츠에 빠져 바이올린 연습을 등한히 하는 것을 알고 톰을 미워하다가 어느날 집에서 열린 파티에 톰을 초대해 많은 사람 앞에서 모욕을 주고 자신의 정부인 피아니스트를 데리고 와서 부인도 모욕한다. 톰은 기지를 발휘하여 백만불짜리인 허버트의 스트라디 바리우스 바이올린을 발코니에서 지상으로 떨어뜨리겠다고 위협, 수잔과 자신에 대해 사과를 받아낸 뒤 자리를 박차고 나간다. 그러자 수잔이 "같이 가자"며 따라 나오고 둘은 서로 사랑에 빠져 있음을 확인한다. 이 과정에서 톰은 자신이 과거를 털어놓은 것이 사반나를 구했을 뿐만 아니라 자기 자신도 구원했음을 깨달으며 수잔도 왜곡된 결혼생활을 청산할 결심을 굳힌다. 얼마 후 사반나는 완치되어 퇴원하고 톰과 수잔은 헤어질 때가 왔음을 알게 된다. 건강한 정신으로 고향으로 돌아온 톰은 아내와 화해하며 부모도 용서하고 단란한 가정을 꾸려나간다. 다만 매일 퇴근하는 자동차 속에서 수잔을 가슴저리게 그리워할 뿐. (Naver 영화 정보).

3. 캐릭터 이해

톰

사바나와 쌍둥이 남매로 고등학교 미식축구 코치이며 실업자 상태이다. 아내와는 소통에 어려움을 겪고 있으며 별거 중이다. 어린 시절 톰과 사반나는 큰 트라우마를 겪었는데, 이와 관련된 기억을 억압한 체 속내를 드러내지 않으며 내성적으로 살고 있다. 웃음기 없는 모습과 자주 화를 폭발시키는 면이 있다.

사바나

뉴욕에서 시인으로 활동하고 있다. 어린 시절 겪은 트라우마로 인해 끊임없이 자살을 시도하고 정신병원을 들락거린다. 우울증이 있다.

어머니

겉보기엔 착한 아내처럼 보이지만 사실은 자신의 의지를 관철하기 위해서 수단 방법을 가리지 않는 강철같은 의지를 가지고 있다. 어린 자녀들이 겪은 트라우마를 드러내지 못하고 하고 억누르게 한다.

아버지

어부이다. 전형적인 미국 남부의 가부장적인 아버지로 다소 폭력적이고 억압적인 측면이 있다.

수잔

사반나의 정신과 의사. 남편은 유명한 바이올리니스트인데 가부장적인 성격이다. 남편으로부터 무시당하다 아들에게 미식축구를 가르쳐주던 톰과 사랑에 빠진다. 톰과 사반나의 가족 상담을 진행하면서 자신의 불행한 부부관계를 깨닫고 이혼을 하게 된다.

<가족상담 이론>에 대해 알아보기

1. 가족상담의 특징

가족치료란 기본적으로 인간관계를 다루는 것으로 가족집단을 치료단위로 취급한다. 일반적으로 심리치료에서는 개인에게 초점을 맞추고 정신내면의 과정에 좀 더 관심을 기울이고 있다. 그러나 가족치료자는 그들과 관련된 가족 속에 있는 개인의 내면문제에는 그다지 관심을 가지지 않고, 오히려 그곳에 존재하는 대인관계의 양상에 주목한다. 폭력적 남편이 보이는 문제행동은 개인의 문제가 아니라, 가족 또는 좀 더 넓은 맥락 속에서 이해되어야 한다. 가족치료에서는 개인의 문제는 그 개인의 내적인 문제로서만이 아니라, 그를 둘러싼 전체로서의 가족이라는 맥락 속에서 이해되고 개인과 가족전체의 사이에 널려져 있는 고정된 상호작용의 양상, 즉 악순환을 끊고 가족자체가 가진 회복력에 의해서 가족과 개인의 기능회복을 꾀하는 것이다.

2. 가족에 대한 이해

(1) 체계론적 관점

체계론적 관점은 문제의 본질보다는 그 문제의 맥락과 관계 및 의미에 더 초점을 맞춘다. 한 개인의 형성은 인간과 환경과의 상호작용 가운데 이루어지며 인간과 환경 사이의 경계는 개방된 것으로 보고 따라서 가족에 대한 체계론적 관점은 가족 내의 상호작용적 체계의 유형과 관계 형태에 관심을 둔다. 가족은 구성원들 사이에 교환이 끊임없이 일어나는 하나의 상호적인 환경으로 보고, 하나의 자연적인 사회체계인 가족의 구조와 하나의 체계로서 어떻게 지속적으로 작용하는지를 설명한다.

(2) 다세대적 관점

가족을 하나의 세대간의 체계로 보는 것으로 과거와 세대를 거쳐 내려오는 과정을 중요시한다. 다세대적 관점은 개인과 그이 현재 가족은 세대를 거쳐 내려오는 강력한 힘에 의해 여러 가지로 영향을 받으며 특히 현재의 가족관계패턴에 관련이 있다는 것이다. 이러한 강력한 힘은 변화를 위해 움직여질 수 있고 활용될 수 있다. 세대간 가족의 지도인 가계도를 활용하여 가족의 역사를 추적할 수 있고, 가족 내 주요한 주제와 패턴과 집안에서 일어난 사건들의 관계는 물론 다세대 가족들의 믿음과 자신들의 가족문화를 이해하도록 한다.

(3) 가족항상성

모든 체계는 평형이 유지되는 상태를 지속하려는 경향을 가지고 있다. 가족의 경우 항상성은 가족들 간의 관계의 균형을 얻기 위해 행동하는 것을 의미한다. 그러나 이러한 항상성의 상태를 유지하려는 노력이 가족에게 항상 최선의 이익을 가져오는 것만은 아니다. 즉, 대부분의 가족은 건전한 성장을 도모하는 상호교류를 통해 관계의 균형을 유지하지만, 어떤 가족의 경우에는 정서적인 균형을 유지하기 위해 가족원 중 한 명에게 해가 되는 역할을 하게 함으로써 체계의 원치 않는 변화가 생기는 것을 막으려고 노력할 수도 있다.

(4) 가족규칙

가족행동에 영향을 미치는 본질적인 관계에 대하여 합의한 것을 가족규칙이라고 하는데, 어떤 규칙은 논의와 협의를 통한 변화의 가능성을 개방적으로 수용하여 성립된다. 그러나 가장 강력한 가족규칙은 내재적인 것으로 이것은 반복과 오랜 기간 동안의 가족교류를 통해 성립되며 이렇게 성립된 가족규칙은 대부분 경직된 가족규칙으로 가족 내에 존재하면서 가족을 구속하는 경우도 있다.

3. 가족상담의 주요 개념

(1) 자아분화 (Differentiation of Self)

① Bowen의 가족 치료이론에서 가장 핵심적인 개념으로 정신내적인 개념인 동시에 대인관계적 개념으로 사고와 감정을 분리시킬 수 있는 능력을 말한다.

② 정신 내적 측면에서 자아분화를 보면 지적 기능이 정서적 기능에서 얼마나 분화되어 있는가(감정과 사고의 분리능력)를 의미한다. 또한 대인관계적 측면에서 분화를 보면, 자아분화가 잘 이루어지지 못한 사람은 확고한 자아를 발달시키지 못하고 거짓 자아가 발달하게 되므로 자신의 일관된 신념을 가지고 자주적이며 독립적인 행동을 하지 못한다.

③ 즉 분화가 된 사람은 사고와 감정 사이에 균형을 이룰 수 있으며 자제력이 있고 객관적이다. 반면 분화되지 못한 사람은 자율성이 부족하여, 다른 사람과 융해되려는 경향이 있다. 정서와 지성 사이의 융해가 클수록 다른 사람의 정서적 반응에 융해되기 쉽다. 융해된 사람은 확고한 신념과 확신을 고수하지 못하며, 이성적 사고가 아닌 감정에 바탕을 둔 의사결정을 한다.

④ 가족은 감정체제이며 분화되지 않은 자아 덩어리이다.

⑤ 분화는 자아의 형성을 통해 이루어지며 기본 구조는 어린 시절에 대부분 완성됨.

⑥ 자아의 두 가지 형태

- 진짜 자신(solid self) : 다른 사람들과의 관계로 인해서 변화되지 않는 특성을 가짐
- 가짜 자신(pseudo self) : 다른 사람들과의 관계에서 쉽게 변화는 특성을 가짐

⑦ 분화는 기본 분화와 기능 분화가 있음

⑧ 분화의 수준 : 진짜 자신과 가짜 자신의 비례 혹은 지적체제와 감정체제 사이의 비율에 의해 나타낼 수 있음

- 분화 수준이 높은 사람 : 사고와 감정이 균형을 이루어 강한 정서와 자발성 가짐.

정서적 충동에 저항할 수 있는 자제력과 객관성을 가짐.

⑨ 분화 지수 : 이론상 분화수준을 0 에서부터 100 까지 수치화 한 것을 말하며 가장 분화된 상태를 수치 100으로, 가장 분화되지 않은 상태를 수치 0 으로 줄 수 있다.

분화지수와 특성 및 이론적 척도

분화지수	만성증상	증상회복 늦음	약한 목표지향 활동	강한 목표지향 활동
	0(반사행동)	25	50	75 100(행동)
	자신이 없음(no self) ←			→ 진짜자신(solid self)
특성	• 자신의 생각을 말하기 어렵다. • 감정에 의해서 결정되는 삶을 산다. • 대부분 감정반사 행동을 한다. • 강한 융해관계를 갖는다. • 자신에 대한 신념이나 확신을 거의 찾아보기 어렵다. • 일상생활을 거의 유지하지 못한다.	• 감정체제에 의해서 삶 • 감정에 의한 융해관계 생기는 경향 • 다른 사람의 인정과 사랑을 구한다. • 자신에 대한 확신과 믿음이 부족. • 다른 사람의 인정을 받지 못하면 감정 반사행동 함	• 낮은 불안 속에서 목표지향활동 • 불안이 높으면 일시적으로 융해 하려는 경향이 생김 • 지적 체제는 감정체제에 의해서 일차적으로 영향 받음 • 어느 정도 목표지향 활동을 함	• 높은 불안을 다룰 수 있는 능력 • 높은 불안 속에서도 목표지향활동 • 자신의 내면에서부터 결정된 삶을 산다. • 자신에 대한 분명한 믿음이 있음 • 지적 체제와 감정체제의 상호작용이 활발
척도	• 0–25 : 가족 및 다른 사람에게 정서적으로 융해되어 자기 자신의 사고는 활동하지 못하고 감정에 지배되는 생활을 하는 사람으로 융통성이 적고, 적응력이 부족하며, 정서적으로 의존적임 • 25–50 : 여전히 다름 사람의 정서적 체계와 반응에 유도되는 사람으로 목표 지향적 행동을 하고 있으나 다른 사람의 인정을 받기 위해 행동하는 것임 • 50–75 : 스트레스가 발생해도 감정에 지배되지 않을 만큼 사고가 충분히 발달되어 있으며 잘 발달된 자의식을 가지고 있음 • 75–100 : 대체로 감정과 사고가 분리되어 있으나 이런 사람은 매우 드물다.			

(2) 경계선과 가족의 역기능

가족의 경계선은 가족이라는 체제와 가족 밖이라는 외부를 구분하는 선이다. 이러한 선은 가족이 가지고 있는 규칙에 의해서 유지된다. 경계선은 다른 체제들과 상호작용을 활발하게 하기 위해서 유연하고 부드러워야 한다. 가족들은 유연하고 부드러운 경계선을 통해 외부의 자극에 대해서 쉽게 반응할 수 있으며 내부의 정보를 외부로 방출하는 행동을 한다. 체제의 내부와 외부 사이의 상호작용을 활발하게 하여 체제로 하여금 여러 가지 변화에 제대로 적응할 수 있도록 만들어 준다. 이처럼 유연하고 부드러운 경계선을 분명한 경계선이라고 부른다.
경계선이 불분명한 경우를 산만한 경계선, 경계선이 너무 딱딱한 경우를 엄격한 경계선이라고 부른다. 산만한 경계선을 가지고 있는 가족은 가족들 간에 밀착되는 관계를 만들어 낸다. 가족들은 자신의 역할이 무엇인지 혼돈하게 되고 가족들끼리 정서적으로 밀착되는 관계를 만들어 낸다. 이러한 관계는 서로 적절한 거리를 유지하기 힘들기 때문에 서로 기능적으로 관계를 하지 못하게 된다. 엄격한 경계선을 가지고 있는 경우에는 정서적으로 거의 관여를 하지 못하게 된다

(3) 역기능 대화

역기능 가족의 특징 중 하나는 바로 역기능의 상호작용인데 이는 대화의 형태를 의미한다. 건강한 사람들은 언어를 통해서 논리적으로 자신의 생각을 전달하면서 신체를 통해서 그 언어에 해당하는 정서와 상징을 전달한다. 그러나 건강하지 못한 사람은 다르다. 예를 들어 자신이 슬파다고 말을 하면서도 얼굴은 웃는 경우가 있다. 이러한 불일치는 상대방으로 하여금 혼란을 느끼게 한다. 결국 슬프다고 말을 하는 화자는 상대방으로부터 마땅히 받아야 하는 위로의 말을 듣지 못하게 된다. 이로 인해서 화자는 대화의 불일치를 더욱 경험하게 됨으로써 관계를 더욱 어렵게 만드는 일을 하게 된다.
다른 한편으로 남편과 부인이 서로 다른 종류의 대화를 할 때도 역기능의 관계가 생긴다. 남편은 디지털 대화를 하고 부인은 아날로직 대화를 할 때 남편과 부인은 서로를 이해하지 못하고 갈등을 일으킨다. 두 사람은 서로를 이해하지 못한 채로 더욱 심한 갈등을 갖게 된다.

(4) 다세대 전수

세대 간에 가족들의 분화수준과 기능을 연결하는 행동양식을 다세대 전수과정이라고 부른다. 부부가 서로 갈등이 있고 부모들의 분화수준이 낮은 경우에 부모는 자신들의 갈등을 해결하는 방식으로 제 삼자를 끌어들인다. 제 삼자는 대체로 자녀들인 경우가 많다. 이처럼 부모와 자녀 간에 삼각관계를 형성하고 부모가 자녀에게 투사를 하면 자녀는 부모의 감정과정을 닮아가게 된다. 자녀는 부모와 마찬가지로 감정반사행동을 많이 하게 되므로 자녀의 분화수준은 높아지지 않는다. 분화 수준이 낮을수록 핵가족의 감정체제의 감정 강도가 강해지므로 다음 세대의 자녀들은 그만큼 분화수준이 낮아질 수 있다. 즉 세대가 진행될수록 분화지수는 낮아진다.

영화를 가족상담적으로 관람하기

1. 원가족의 경계선과 역기능

톰의 원가족 경계선은 산만한 경계선으로 밀착된 관계이다. 가족 구성원들은 감정적으로 지나치게 서로에 대해서 예민하고 민감하다. 톰의 경우 성인이 되었음에도 불구하고 어머니가 집을 방문하자 둘이는 서로 몇 마디의 말도 나누지 않은 채 소리를 지르고 화를 내며 다투는 모습을 보인다. 서로가 서로에게 지나치게 예민하고 감정적이기 때문이다. 톰의 원가족이 산만한 경계선을 가지고 있다는 것을 보여주는 대표적인 장면이 바로 교도소에서 도망쳐 나온 죄수 세 명이 톰의 집에 쳐들어온 사건이다.

정신과 의사와의 상담에서 톰은 어린 시절 가족이 겪은 충격적인 사건을 이야기한다. 바로 교도소에서 도망쳐 나온 죄수 세 명이 집으로 와서 어머니와, 여동생 그리고 남자인 자신을 성폭행한 사건이다. 자기에게 일어났던 사건을 회피하며 이야기하지 않던 톰은 결국 이렇게 이야기를 시작한다. "내가 당한 일은 상상도 못할 거요, 죽고 싶었소. 사내아이로 그런 일을 당하다니 정말 죽고 싶었소." 죽고 싶을 만큼 괴롭고 고통스러웠던 것이다. 어린 시절 트라우마였던 그 사건은 결국 큰 형이 집으로 들어와 장총으로 두 남자를 죽이고 어머니가 칼로 남은 한 명을 죽이며 마무리되었다. 그러나 그 사건은 톰의 말대로 죽고 싶을 만큼 괴롭고 고통스러운 것이었다. 하지만 톰은 그 사건에 대해 아무에게도 단 한 마디도 하지 않았다고 이야기한다. 그 말은 톰이 어느 누구에게도 위로받지 못했다는 뜻이 된다. 오히려 형과 엄마가 그 남자들을 처리할 때 자신은 꼼짝도 못했다며 자신을 자책하는 톰. 어머니는 "이제 끝났어. 시체들을 밖에 버리고 여길 치우자. 아무 일도 없었어, 아무 일도 없었어."라고 말하며 이 일을 발설하는 날엔 도망가 버릴 거라고 말한다. 그리고 가족들은 모두 모여 정말 아무 일도 없었던 것처럼 식탁에 앉아 여느 때처럼 저녁 식사를 했다.

이렇게 엄청난 사건을 외부의 그 어느 누구에게도 말하지 않은 채 톰의 가족은 가족끼리 밀착된 채 해결하였다. 이처럼 톰의 가족 경계선이 유연하지 못하였기 때문에 큰 사건이 생기자 가족 체제를 제대로 유지하지 못하게 된 것이다. 아버지와 어머니는 이혼하고, 여동생 사바나는 끊임없이 자살을 시도하면서 가족 체제가 서서히 붕괴되어 갔다.

2. '톰'의 현재 가족과 다세대 전수

현재 톰은 일상생활의 적응에 여러 어려움을 겪고 있다. 실직하였으며 담배와 알콜을 너무 많이 하는 경향이 있다. 무엇보다 부인과의 관계에 문제가 있는데 대화를 회피하고 있다. 영화 초반부에 묘사된 톰의 현재 가족의 모습을 살펴보면, 톰은 끝없이 부인과의 대화를 피하려고 하며 자녀들과만 이야기 하고 장난을 하면서 자녀와만 좋은 관계를 맺는 모습이다. 이는 바로 원가족의 삼각관계를 되풀이하는 것이다. 톰의 원가족도 아버지와 어머니의 사이가 안좋았는데 어머니는 주로 자녀들과 좋은 관계를 맺음으로써 부부 간의 갈등을 해결하려는 모습을 가졌었다. 그러다 성폭행 사건 후 자녀들과의 사이가 멀어지게 되자 부부 간의 갈등이 심화되어 결국 이혼을 하게 되었다.

3. 내담자 톰의 상담

(1) 분화의 수준 올리기

톰의 자아분화 수준은 매우 낮다. 어린 시절 부모와 제대로 건강한 상호작용을 하지 못하였기 때문이다. 톰의 아버지는 남부의 보수주의가 강한 사람으로 무식한 새우잡이 어부였는데 난폭하며 폭력적이고 고집쟁이로 의사소통이 잘 안되는 사람이었다. 그냥 고기를 잡아서 밥을 먹고 사는데 급급한 사람이었던 것이다. 어머니는 유식하고 문학적이고 꿈이 큰 인테리지만 지나치게 이상적이고 부와 명예, 사치를 쫓는 사람이었다. 이런 부부 사이의 끝없는 갈등과 폭력과 힘겨루기에서 희생되는 사람들은 어린 자녀들이었다. 영화의 도입부에서 톰은 이렇게 말한다. “언제부터 부모님이 서로 싸우게 되었는지 모르지만 그때마다 불쌍한 건 우리들이었다. 우리들은 불똥을 피해 의식적으로 고통이 없는 침묵과 위안의 세계로 들어갔다. 엄마와 아빠가 없는 세계.” 장남인 형 루크와 쌍둥이 동생인 오빠 톰과 여동생 사반나는 부모가 싸우거나 갈등을 일으키면 집 밖으로 도망을 나와서 물속으로 뛰어 들어가 셋이 손을 꼭 잡은 채 놀았던 것이다. 이러한 어린 시절을 상기해 볼 때 톰의 자아분화 수준은 매우 낮으며 따라서 감정반사행동을 많이 한다. 어떤 일이 생겼을 때 자신의 확신이나 지적 체제에 의해서 움직이기보다 다른 사람들의 생각이나 행동에 더 많이 영향을 받는다. 또한 조그마한 외부의 자극에도 쉽게 화를 내거나 목소리가 커진다. 영화 속에서 톰의 감정반사행동을 살펴보면, 영화 초반 사반나의 자살을 알려주려 집으로 찾아온 어머니에게 고작 몇 마디 나누어 보기도 전에 쉽게 화를 내고 목소리를 크게 내는 톰의 모습이나 톰이 정신과 의사가 자신의 집 방세와 전기세를 톰과 이야기를 하지 않고 몰래 지불한 것에 분노를 폭발시키는 장면 등이다.

상담에서는 톰의 분화 수준을 높이기 위해 톰의 진짜 자신을 찾도록 돕는다. 정신과 의사는 톰에게 자신의 아들을 맡김으로써 그에 대한 신뢰를 느끼게 해준다. 그 결과 톰이 자기 자신에 대해 신뢰하도록 돕는다. 또한 자신이 원하는 바를 다른 사람들에 의해서 흔들리지 않고 제대로 해 나갈 수 있도록 격려하는데 어린 시절 어머니로부터 비밀을 지키라고 세뇌 받았던 사건에 대해 이야기하도록 해 준 것이다. 그리고 그 고통에 대해 슬픔을 표현함으로써 13살부터 원했던 자신의 고통에 대한 진정한 위로를 받고 온전히 자기 자신으로 있도록 해준다.

(2) 역기능의 상호작용 바꾸기

톰의 대화방식은 매우 역기능적인데 이는 부부관계의 어려움을 초래하였다. 톰의 의사소통 스타일을 살펴보면 아내의 표현처럼 마치 개그맨 같다. 모든 것을 가볍게 이야기하고 아무리 심각한 말도 웃으며 한다. 영화 속에서 부인과 바닷가를 산책하면서 이야기를 나누는 장면을 살펴보면, 부인이 둘 사이의 관계적 어려움에 대해 말하며 “우리 인생이 엉망이에요.”라고 하자 갑자기 톰이 끈금없이 “저기 북두칠성 좀 봐.”라고 말하며 문제를 회피한다. 부인은 화를 내고 둘의 관계는 파국을 맞는다.

톰의 역기능 대화패턴은 상담에서 다음과 같이 다루어진다. 톰은 정신과 의사에게 자신의 어린 시절 트라우마 사건에 대해 이야기한 후 갑자기 희극적 몸짓과 목소리 톤으로 "그게 남부인의 특징이요~."라고 웃으며 말한다. 기분이 어떠냐는 의사의 말에 괜찮다고, 다 말해 버리면 비참해서 기절할 줄 알았는데 오히려 한결 편안하다며 해방된 기분이라고 말한다. 이처럼 톰이 자신의 감정과 전혀 다른 언어적 표현을 하자 의사는 "당신은 고통을 감싸는 방법을 배워야 해요."라고 말하며 나는 당신의 고통이 느껴지는데 당신도 느껴보라고 말해 준다. "고통을 느낄 수 있는 용기가 필요해요. 당신도 할 수 있어요. 담대하게." 의사의 수용과 격려 속에 결국 톰은 아이처럼 안겨서 통곡하며 고통을 표현한다. 그런 톰의 등을 쓰다듬어 주며 위로해주는 의사. "울어요. 그것만이 상처를 치유하는 방법이에요." 결국 톰은 상담을 통해 자신의 감정과 일치되게 말하는 법을 배우고, 소통을 경험함으로써 관계의 새로운 장이 열리게 된다.

역기능의 대화패턴을 바꾸게 된 톰은 다시 아내와 건강한 가족을 이룰 수 있게 된다. 사실 어머니가 그 사건은 절대 비밀이라며 아무에게도 말하면 안된다고 했던 가족의 규칙을 어겼을 때, 즉 상담에서 톰이 그 사건에 대해 이야기하기 시작하였을 때 치유는 시작되었다. 영화 속 톰의 말이 들린다. "침묵은 겁탈보다 더 무서웠어요." 누군가에게 나의 이야기를 들려주고, 그 사람이 나의 이야기를 들어줄 때 작은 기적이 싹튼다. 가족상담은 관계를 다루는 상담이다.

참고한 자료

- 김유숙(2000) 가족상담. 서울 : 학지사
- 김용태(2010). 가족치료이론. 서울 : 학지사

8. '마빈의 방 (Marvin's Room, 1996)' : 청소년상담

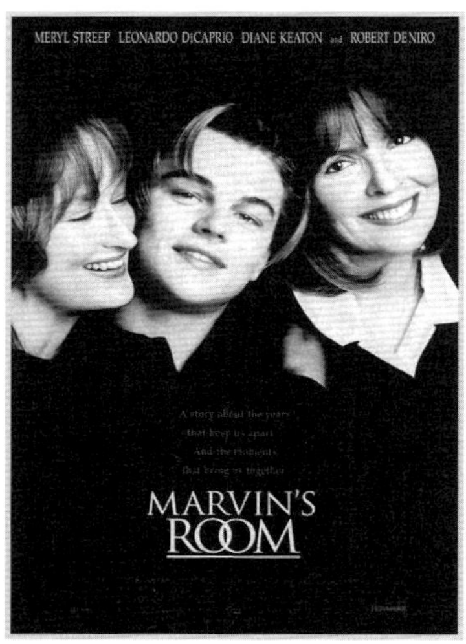

<영화 속 이야기 한줄>

"가족은 서로의 사랑을 연락의 빈도나 골수 기증 여부로 판단하지 않는다.
너는 내 조카야. 네가 어떤 결정을 하더라도 나는 너를 사랑해."

– '마빈의 방' 中에서 –

영화 '마빈의 방 (Marvin's Room, 1996)'과 만나기

1. 영화 감독 : 제리 작스(Jerry Zaks)

감독인 제리 작스는 연출가로 뮤지컬 〈아가씨와 건달들〉, 〈렌드미어 테너〉등을 연출한 경력이 있다. 네 번이나 토니상을 수상한 뉴욕 브로드웨이의 연극 연출가인 그는 마빈의 방으로 영화 감독 데뷔를 하였다. 영화 마빈의 방으로 아카데미상 후보에 올랐으며, 1997년 20회 모스크바 국제 영화제 대상을 수상하였다.

2. 영화 내용

미국 플로리다주. 백혈병에 걸려 곧 죽게 된 언니 베시(다이앤 키튼 분)가 20년 동안 헤어져있던 동생 리(메릴 스트립 분)를 찾는다. 그녀와 같은 골수를 가진 혈육이 필요하기 때문이다. 한편 오하이오주의 어느 초라한 미장원에서 헤어드레서의 꿈을 키우며 미용술을 배우고 있는 동생 리는, 마침 아들 행크(레오나르도 디카프리오 분)가 지른 불 때문에 집이 다 타버리고 갈 곳이 없어 수녀원에서 더부살이를 하고있던 중이다. 그녀는 혼자의 힘으로 두 아들을 키우고 있는 억척스럽고 오기 많은 이혼녀. 리는 그길로 행크와 찰리를 데리고 집을 꾸린다.

20년만에 만난 두자매. 아버지 마빈이 쓰러진 후 그에 대한 모든 책임을 언니에게 맡겨둔채 자신의 삶을 찾아 멀리 떠나버린 사연이 있었기에, 두 자매의 만남에는 반가움보단 미움과 원망, 그리고 어색함이 흐른다. 게다가 아버지 역시 의식이 흐려져서 리를 기억하지 못한다. 모두가 원하는 것이 있을 때만 사랑을 베푸는 것이라고 생각하는 행크. 한편, 리의 골수가 언니 베시에게 맞지 않자 의사는 리의 아들 행크의 골수를 시험하는데. '전혀 본 적도 들은 적도 없는 이모를 위해 왜 내가 골수를 기증해야 하지?'

라며 이모의 죽음과의 싸움앞에서 반항적인 태도를 보이던 행크는 뜻밖에 이모와 잘 지낸다. 소리만 지르는 엄마와는 달리 자신의 인격을 인정해주고 자신의 이야기를 들어주는 이모 베시에게 행크는 점점 마음을 열게 되고.

아들 행크의 변화를 지켜보면서 동생 리의 마음도 서서히 움직여지기 시작한다. 완전히 빠져버린 언니 베시의 머리를 위해 가발을 정성스레 잘라주는 동생 리. 최신의 유행머리로 커팅된 가발을 보며 마침내 울어버린 언니 베시. 두자매의 원망과 미움이 서서히 사랑으로 바뀌어가지만. 드디어 행크의 골수 시험일. 이모 베시를 살릴 수 있는 유일한 가능성을 가진 행크. 모두들 초조하게 시험결과를 기다리는데.

3. 캐릭터 이해

행크

집에 불을 지르고 정신병원에서 수감 생활을 하게 된다. 충동적이며 공격적인 측면이 있다. 특히 엄마에 대한 분노의 감정이 크다. 늘 소리만 지르는 엄마완 달리 생애 처음으로 이모인 베시를 만나 대화라는 것을 주고받으며 마음을 표현하는 법과 가족의 소중함을 느끼게 된다.

리 랙커

행크의 엄마. 쓰러진 아버지 마빈을 피해 결혼을 하고 집을 떠난 체 연락 없이 외면하며 살았지만, 삶은 고단했다. 아버지를 피해 결혼한 남자는 아들을 학대했고, 결국 리는 이혼하였다. 현재는 행크가 지른 불 때문에 집이 다 타버리고 갈 곳이 없어 수녀원에서 더부살이를 하고 있다. 초라한 미장원에서 헤어드래서의 꿈을 키우며 미용술을 배우고 있다. 늘 담배를 피운다. 혼자의 힘으로 두 아들을 키워야 하는 이혼녀로 억척스럽고 오기가 많다.

베시

행크의 큰이모. 평생 결혼도 하지 않은 채 오랜 병 생활을 하는 아버지와 함께 살며 병수발을 들다 백혈병에 걸렸다. 자신의 생존을 위해서 가족의 골수가 필요한 상황이다.

찰리

행크의 동생. 안경을 낀 모습에 마른 호리호리한 체형을 가진 남자아이이다. 엄마의 눈치를 많이 보고 자기 의견을 말하기 어려워한다.

<청소년 상담 이론>에 대해 알아보기

1. 청소년기의 특성

(1) 청소년기의 정의

청소년(adolescence, youth)이란 용어는 라틴어로 성장한다(to grow up) 또는 성숙에 이른다(to come to maturity)란 의미이다. 이 시기가 신체적, 심리적, 사회적 성장이 급속하게 진행된다는 전환기적 의미를 암시하고 있다. 제 2의 탄생이라고 불리는 청소년기는 신체적, 정신적, 사회적으로 볼 때 아동이 성인이 되어 가는 과도기적 단계로 아동기적 발달 환경에서 성인의 발달 환경으로 이행해 가면서 두 환경 간의 교차된 영역을 갖게 됨으로 많은 문제를 발생시키는 시기이다.

청소년기의 일반적이고 전체적인 발달 특징은 청소년기 전기에는 급속한 신체적 성장 변화와 인지적 발달을 경험하며 청소년 후기에는 자아정체감 확립과 더불어 청년 및 성인 생활을 준비하기 위한 여러 가지 과제에 집중한다. 특히 청소년기가 되면 자아의식이 민감하게 되어 자신의 신장, 체격, 용모 등을 타인과 비교, 평가하는 경향이 강해진다. 따라서 외무에 대해 비상한 관심을 갖게 되고 고민도 하게 된다. 이와 같이 청소년기는 내면적인 것보다 외적인 신체 부분, 즉 키의 크고 작음이나 비만, 얼굴 모양, 체격과 미모 등에 가장 많은 관심을 나타낸다.

(2) 청소년기의 신체 발달

이 시기에 나타나는 가장 핵심적인 신체적 발달은 성적으로 성숙하는 사춘기라는 현상으로 급속한 신체의 외형적 성장과 호르몬의 변화에 의한 생식능력의 획득이다. 급속한 성장은 근육발달과 시간적 격차를 나타나게 함으로 소년들은 자기 자신의 모습에 대한 긍정적 반응과 부정적 반응의 양면적 반응을 보인다. 첫째 어른에 가까운 신장의 확대는 긍정적인 반응을, 둘째로 신장의 확대와 근육 발달 간의 시간적

격차로 인한 불균형적 어색한 모습은 부정적인 반응을 나타내게 된다.

(3) 청소년기의 인지 발달

청소년 전기에는 육체적 변화가 일어남과 동시에 새로운 사고방식과 인지적 능력이 확대된다. 따라서 이 시기의 청소년들은 아동기의 경험에만 의존하던 즉흥적인 사고체계에 더 이상 머물러 있지 않고 보다 수준 높게 사고하는 기술을 발달시키기 시작한다. 즉, 이상에 대해 생각하고 자신의 미래에 대해 생각하기 시작하고 예측해보며, 과거에 자신들이 믿고 있었던 사실에 대해 의문을 제기하고 새로운 신념을 탐색하기도 하며 성인들에 대한 비판을 시도하기도 한다.

(4) 청소년기의 정서 발달

청소년기에는 정서가 매우 강하고 변화가 심하며 극단적인 정서경험을 한다. 이러한 정서적 특성 때문에 청소년기를 질풍노도의 시기라고 부른다. 이러한 청소년기의 극단적 정서 변화는 성적 성숙과 많은 관련성을 지니고 있다. 청소년은 2차적 성적 특징의 발달과 그로 인한 성적 충동으로 인하여 성적 색채가 강한 정서를 경험하게 된다.

성의식이 높아짐에 따라 성적 수치심이 강해지고 이성에 대한 호기심이 있으면서도 이를 거부하거나 반대로 허세적인 반항적 행동을 하게 되는 경우가 많다(김동배, 권중돈, 1999). 또한 부모나 형제, 그리고 친구들과 공유할 수 없는 감정의 경험을 통해서 고립감을 느끼기도 한다. 청소년들은 이러한 급격한 정서변화에 반응하는 양상이 서로 다르다. 어떤 청소년은 부정적 정서경험을 지나치게 억압하여 우울증이나 신경성 식욕부진에 걸리기도 하는 반면, 정서에 대한 통제가 이루어지지 않고 지나치게 충동적으로 반응함으로써 비행행동을 보이기도 한다. 따라서 청소년기에는 자신의 정서변화에 대한 인내심을 길러야 하며 타인의 반응에 지나치게 민감한 반응을 보이지 않도록 노력하여야 한다.

(5) 청소년기의 사회성 발달

비록 모든 십대의 청소년들마다 서로 다르기는 하지만 이 시기의 청소년들은 일반적으로 자신이 독특한 존재로 인식되어지길 원하고 있을 뿐만 아니라, 자신의 개인적인 발달, 친구들과의 우정, 다른 사람의 관계 등을 탐색하는데 도움이 되는 활동과 행사에 참여하기를 원하고 있다. 또한 이 시기의 청소년들은 자신의 독립성을 외부로 드러내기 위한 방법들에 집착하기도 한다. 이렇게 외부로 드러내려는 독립성은 운전면허증을 획득하거나 자신 스스로 의사결정을 내리는 행동 등으로 나타난다.

Erikson(1968)은 청소년기의 주요 발달 과업이 자아정체감 형성이라고 지적하였다. 자아정체감은 자신의 독특성에 대한 비교적 안정된 느낌을 갖는 것으로 행동이나 사고 혹은 정서의 변화에도 불구하고 변화하지 않는 부분이 무엇이며 자신이 누구인가를 아는 것이다. 이러한 자아청제감의 형성은 아동기의 동일시 경험에서부터 시작된다. 즉, 부모나 선생님, 친구들의 감정, 태도, 가치관, 행동을 자신의 것으로 받아들여 그것을 자신만의 독특한 총체로 통합함에 따라 정체감이 형성되어 간다. 그러므로 정체감 형성은 부분적으로 어린 시절의 부모에 대한 의존으로부터의 정서적인 분리를 포함한다. 청소년들은 자기의 행동에 대해 자주적인 선택을 하기 위하여 부모의 가치와 규범을 점점 더 나름대로 재평가하게 된다. 따라서 정체감 형성의 과정은 아동기에 그 뿌리를 두고 청소년기를 거쳐 성인기까지 지속되지만 특히 청소년 후기에 가장 중요한 이슈로 등장하게 된다. 자아정체감을 형성한 사람은 신념, 가치관, 정치적 견해, 직업 등에서 스스로 의사결정을 할 수 있다. 청소년들이 안정된 자아정체감을 형성하기 위해서는 신체적 성숙과 성적 성숙, 추상적 사고능력의 발달, 정서적 안정성의 확보 그리고 부모나 또래집단으로부터의 자율성을 확보할 수 있어야 한다. 그리고 다양한 역할실험을 통하여 자신의 특성을 인정하고 타인의 견해를 이해하며 세계에 대한 지식을 습득하는 과정이 필요하다.

2. 청소년기의 발달에 따른 문제 행동

청소년기는 다른 시기에 비해 여러 가지 문제행동을 갖는 시기이다. 왜냐하면 이 시기는 발달 특징상 정서적으로 불안하고 부모, 성인으로부터의 독립성을 추구하며 기존의 가치관을 재구성하는 시기이기 때문에 내외적으로 다양한 변화를 수반하기 때문이다. 청소년들은 그들 자신들만의 독특한 문화를 통하여 갈등을 해소하기도 하고 심리적 욕구를 충족하기도 한다. 청소년들은 외적 행동과 내적 행동을 통하여 그들의 문제를 해결하고자 노력한다.

청소년들은 자신의 청소년기 발달과업을 성취하는 과정에서 경험하게 되는 갈등과 문제점을 순조롭게 해결하지 못하는 경우, 사리 판단을 잘못하여 비행을 저지르거나 경우에 따라서는 극단적인 행동을 저지르기도 한다. 예컨대 목적달성이 여의치 못하거나 전혀 가망이 없을 때 열등감에 사로잡혀 퇴행적 행동, 현실도피 또는 과격한 행동을 저지른다.

3. 비행 청소년의 특징

(1) 개인적 특징

① 제한된 인지능력

비행 청소년들은 자신이 직접 경험해보지 않은 가능성의 세계에 대해 생각하기를 어려워하며, 어떤 문제에 직면했을 때 그에 대한 현실적인 대안을 생각하고 계획하기보다는 즉각적으로 행동에 뛰어드는 경향이 있다.

② 미흡한 조망수용능력(perspective-taking abilities)

비행청소년들은 다른 사람들의 욕구를 고려하지 못하며, 자신의 행동이 다른 사람에게 미치는 영향을 무시한다.

③ 쾌락원리(pleasure principle)에 지배

장기적이고 생산적인 목표를 세우고 노력하기보다 순간순간 좋게 느껴지는 것에 의해 움직여지는 경우가 많다. 이 때문에 순간의 즉각적인 욕구 충족을 위해 자기 파괴적인 행동이나 습관에 몰입하게 된다.

④ 뛰어난 사회적 지각능력(enhanced social perception)

자신의 욕구를 좌절시키려는 상대방의 의도를 간파하고 목적 달성에 필요한 절차를 앞질러 생각하고 계획하는 능력이 발달해 있다.

⑤ 낮은 자아존중감

자신에 대한 만족 및 수용 정도가 낮아 자신을 못났고, 열등하며, 쓸모없고, 사랑받을 만한 존재가 아니라고 느끼는 경향이 있다.

⑥ 건강한 대인 관계 능력 결여

다른 사람들을 관찰함으로써 학습하는 능력이 부족하고, 다른 사람들의 도움이나 지지를 거부한다.

⑦ 내적 긴장감

좌절, 불안, 공포 등의 내적인 긴장감을 해결하는 방법으로 주로 싸움이나 가출 등의 미발달된 수단을 사용한다.

⑧ 통제에 대한 욕구

어떤 상황에서도 통제하고 지배하려는 욕구를 나타내며, 통제력을 얻는 수단으로 자신의 생각, 느낌의 일부만을 노출시키고 비밀을 간직하려 한다.

(2) 환경적 특징

① 사회적 요구에 대한 동기 부족

초기 성장 과정에서 아동이 부모와 안정된 애착을 형성하지 못하면 부모와 가족에 대한 소속감과 충성심이 결여되어 사회화에 대한 부모와 다른 주위 사람들의 요구에 순응하고자하는 동기가 떨어지게 되며, 그 결과 사회적인 규칙이나 자기 통제를 적절하게 내면화하는데 실패하고 다른 사람들이나 일반 사회에 대해 책임감을 느끼지 않고 행동적인 문제를 일으키기 쉽다.

② 가족내 위계 질서의 부재

부모가 권위와 통제력을 상실하고 청소년이 오히려 부모보다 더 많은 힘을 행사하게 되며, 부모가 이에 맞서 상황을 통제하려 하면 청소년은 극단적인 행동의 수위를 높여 부모의 어떠한 노력도 무력화시키고자 한다.

③ 양육 태도의 문제

부모가 권위주의적이거나 방임적, 혹은 무관심한 태도를 보이거나, 또는 비합리적이고 일관성 없는 규제를 가하면 청소년들은 가정보다는 또래 집단에 더 이끌리게 된다.

④ 역기능적인 가족 체계

가족 구성원들간의 정서적 유대감이 적고, 가족 간 불화도가 높으며, 부모-자녀간 의사 소통이 단절되어있다.

⑤ 또래 집단의 영향

또래 집단의 규범과 비행 청소년 개인의 특성과 행동간의 상관 관계는 쌍방적이다. 또래들의 인정을 받기 위해서 혹은 또래 압력에 못이겨 일탈행동을 하게 되는 경우도 있지만, 이보다 비행 청소년들은 서로 유사한 특성 때문에 서로에게 끌리게 되고, 함께 어울리면서 서로 일탈 행동을 강화하게 된다.

(3) 효과적 비행 예방 및 개입 전략

위험 요소는 감소시키고 보호 요소는 증대시킨다. 위험요소란 한 개인이 평균적인 다른 사람들에 비해 발달상 문제를 일으킬 만한 소지가 높아지도록 하는 특성 및 변인으로 학대적인 부모, 극심한 가난, 역기능적인 가정, 가족 간의 갈등, 우범적인 지역사회 등이 포함된다. 반면, 보호요소란 위험요소에 노출되었을 때 나타날 수 있는 부정적인 영향력을 중재하거나 완화시켜 결과적으로 문제행동이 야기될 수 있는 확률을 낮추는 변인이다. 보호요소를 통해 청소년 개인이 적응에 유연해 짐으로써 위험요소가 미치는 부정적인 영향력을 완화해감으로써 위험요소의 영향력을 줄여갈 수 있다. 보호요소에는 결속력 있는 인간관계, 높은 기대, 긍정적인 역할모델 등이 있다.

4. 청소년 상담의 정의 및 목표

(1) 청소년 상담의 정의

청소년 상담이란 성장기에 있는 청소년이 사회에 잘 적응하고 자신의 잠재 가능성을 최대한 실현할 수 있도록 도와주기 위한 전문적인 활동이다(이성진, 1996). 청소년 상담을 예방, 발달적 측면에서 정의한다면, 청소년들이 지금 당장 경험하는 고민을 해결해 주면서도 궁극적으로 미래에 잘 적응할 수 있도록 돕는 활동이다.

(2) 청소년 상담의 목표

첫째, 행동변화의 촉진이다. 청소년 내담자로 하여금 더욱 생산적이고 만족스러운 삶을 살 수 있도록 내담자의 행동변화를 가져오는 것이다.

둘째, 적응기술의 증진이다. 청소년들은 아직 성장과정에 있으므로 다양한 변화를 경험하게 된다. 따라서 새로운 환경과 주변의 요구에 적응할 수 있는 방법을 학습하고 적응기술을 습득하도록 하는 것이다.

셋째, 의사결정기술의 함양이다. 대부분의 청소년들은 합리적인 의사결정에 익숙하지 않다. 즉각적이고 충동적인 결정으로 인하여 그 결과에 만족하기보다는 불만족스러울 때가 많다. 이러한 불만족스러운 상태는 여러 가지의 다른 문제를 일으키는 원인이 된다.

넷째, 인간관계의 개선이다. 청소년기는 또래들과 어울리고 또래들의 가치와 규범을 따르며, 또래들로부터 인정받기를 원하는 시기이다. 따라서 이 시기에는 인간관계가 생활에서 중요한 역할을 담당하게 된다.

다섯째, 내담자의 잠재력 개발이다. 청소년들은 아직 미숙하기 때문에 자신에 대해서 탐색할 기회가 부족하고 자신을 왜곡해서 지각할 경우가 많다. 이러한 청소년들로 하여금 자신의 새로운 능력을 발견하고 잘못 인식되었던 자신의 특성을 새로벡 발견하도록 돕는다.

여섯째, 자아정체감의 확립이다. 청소년기는 자신의 존재와 역할에 대해서 계속해서 의문을 갖는다. 청소년 문제의 상당 부분은 자신의 존재에 대한 의의를 갖지 못할 때, 즉 자아정체감을 확립하지 못하는데 그 원인을 찾을 수 있다.

일곱째, 긍정적 자아개념의 형성이다. 자신이 지각한 자기의 모습이 긍정적이거나 자기가 원하는 모습과 일치하게 되면 자신감을 갖게 된다. 그러나 자신이 지각한 자기의 모습이 마음에 들지 않게 되면 자기 자신에 대해서 부정적인 태도를 갖게 된다. 전자의 경우는 자신감을 가지고 행동할 수 있으나 후자의 경우에는 자신에 대하여 열등감을 갖게 되고 원만한 인간관계를 형성하기도 어렵다.

여덟째, 건전한 가치관의 확립이다. 많은 청소년들은 심한 가치관의 혼란과 갈등을 경험하고 있으며 긍정적인 가치관보다는 부정적인 가치관을 추구하는 경향을 보인다. 따라서 청소년들에게 바른 가치관을 정립하여 올바른 삶의 태도를 가지고 생활하게 돕는 것이다(이혜성 외, 1996).

영화를 상담심리학적으로 관람하기

1. 청소년 내담자 행크의 개인적 특징

(1) 미흡한 조망수용능력

행크의 조망수용 능력, 즉 자기 자신의 관점과 타인의 관점이 다를 수 있음을 인정하는 능력이 매우 부족하다. 자기 자신의 관점과 욕구만 중요하다고 생각하기 때문에 다른 사람에 대한 이해와 배려가 부족할 수 밖에 없다. 행크는 원가족과 단절된 체, 이혼 후 홀홀 단신 여자의 몸으로 두 아들을 키우고 있는 어머니의 어려움에 대해 이해를 못하고 자기 뜻대로 대해주지 않는 어머니에 대한 원망만 매우 큰 인물로 묘사된다. 이러한 조망수용능력의 부족은 행크의 파괴적이고 자기중심적인 행동으로 표현된다.

(2) 쾌락원리의 지배

영화 속 행크의 행동을 살펴보면, 전적으로 쾌락원리에 의해 움직이는 모습을 종종 볼 수 있다. 쾌락원리는 긴장감소를 원하며 즐거움을 최대로 하고 고통을 최소로 하는 것이다. 또한 어떤 구속도 받지 않으려고 한다. 영화의 첫 장면. 행크가 어머니와 관련된 사진에 불을 지르는 모습은 그가 어머니에 대한 분노를 빨리 표출하여 털어버리고 즐거움을 최대로 하려는 쾌락원리에 의해 움직이는 청소년임을 보여준다. 다음 장면에서 행크는 경찰소에 수감되는데 반성은커녕 어머니를 보면서 즐겁게 웃는 표정을 짓는다.

(3) 낮은 자아존중감

자아존중감은 자신이 가치 있다고 느끼는 주관적인 느낌이다. 때문에 자존감이 낮은 사람은 자신에 대해서 자포자기하게 되며 때로 비행에 빠지는 경우도 많다. 특히 낮은 자아존중감은 청소년 폭력과 깊은 상관관계가 있는데 자신의 자아존중감이 낮다는 생각을 폭력으로 보상하려고 하기 때문이다. 즉, 폭력을 통해 상대방의 자존감을 비하시킴으로써 상대적으로 자신의 자존감을 높이려는 전략을 쓰는 것이다.

(4) 내적 긴장감

내적 갈등으로 인해 긴장감이 높아진다. 행크의 경우 어머니에 대한 매우 큰 분노는 불안을 유발시켰을 것으로 보인다. 자신의 분노에 압도되어 존재가 사라질 수도 있다는 두려움과 어머니라는 중요한 존재에게 해를 입힐 수도 있다는 무의식적 두려움도 있을 것으로 보인다. 이러한 분노와 두려움의 내적 갈등 사이에서 긴장감은 더욱 증폭되었을 것이다. 그 결과 행크는 내적 긴장감의 해소를 위해 외부로 발산하는 행동화적 방법을 쓰는데 그 결과 집에 불을 지르는 등 비행 행동을 일삼게 된 것이다.

(5) 통제에 대한 욕구

영화 속에서 행크가 폭력을 행사하는 것도 일종의 통제에 대한 욕구라고 볼 수 있다. 즉, 폭력을 통해 상대를 통제하고 소유하고 싶은 욕구를 충족시키는 것이다. 비록 행크의 행동이 부적응적이긴 하지만 통제욕구는 인간의 기본적인 욕구이다. 인간이 자신의 삶에서 발생하는 사건들을 통제함으로써 안전감을 얻고자 한다. 그러나 행크는 어린 시절 어머니와 아버지가 자신의 의도와 상관없이 이혼하고 매우 독단적이고 권위적인 어머니의 통제 속에 살게 된다. 이처럼 행크의 삶은 통제의 욕구가 제대로 충족되지 못하였고 좌절된 만큼 그 욕구는 더욱 강렬해졌다. 통제에 대한 욕구가 크기 때문에 그 욕구가 좌절되었을 때 감당할 수 없는 격노가 올라오게 되고 결국 행크는 끊임없이 문제행동을 일으키게 된다.

2. 청소년 내담자 행크의 환경적 특징

(1) 사회적 요구에 대한 동기 부족

행크의 가족은 원가족으로부터 도망쳐 나온 어머니, 폭력을 일삼는 아버지, 그리고 눈치를 보는 남동생으로 구성되어 있다. 폭력을 일삼는 아버지를 피해 어머니는 이혼을 하게 되고 두 아들을 데리고 살기 위해 밤낮으로 열심히 일을 한다. 그러다보니 자연스럽게 아들과의 애착에 큰 에너지를 쏟을 여유가 없었을 것으로 보인다. 그 결과, 청소년이 된 행크는 가족에 대한 소속감이나 충성심이 결여되었으며 사회적 규칙을 내면화하는데 실패하게 된다. 안정 애착이 형성되지 않았을 때, 즉 관계에서 신뢰감이 없으면 자녀들은 부모의 규칙을 내재화하려 하지 않는다. 부모가 아무리 바른 태도와 가치관에 대해 가르쳐주어도 신뢰로운 관계가 형성되지 않는다면 동기가 부족하기 때문에 소용이 없는 것이다. 따라서 행크가 비행 행동을 하게 된 것도 같은 맥락에서 이해할 수 있다.

(2) 가족내 위계 질서의 부재

행크의 가족 간 상호작용을 살펴보면, 어머니가 상당히 통제적이고 가부장적인 것으로 보이지만 사실은 행크가 어머니보다 더 많은 힘을 행사하는 것을 볼 수 있다. 행크가 보호소에 수감 뒤 면회를 간 어머니 리는 담배를 피우면 안된다는 규칙에도 아랑곳하지 않고 담배를 피운다. 그러나 이런 어머니에게조차 행크는 고학으로 딴 어머니의 미용사 자격증을 비웃고, 그녀의 남자친구를 협박한다. 특히 지난 번 남자친구는 전과자라고 조롱하고 트집을 잡는 행동을 하는데 어머니는 이를 통제하지 못하는 것으로 보인다. 또 다른 장면으로는 어머니 리가 언니를 만나러 가서 둘이 대화를 나누게 되는데 리는 행크가 이식 수술에 동의를 안 했다고 말한다. 그러나 언니에게 걱정하지 말라고 "내가 하게 만들테니까."라고 팔짱을 낀 채 자신만만하게 말한다. 언니가 "어떻게? 차에서 나오게 하지도 못 하면서."라고 말하자 행크를 차에서 나오게 하려고 밖으로 화를 내며 나가버린다. 그렇지만 행크는 차 문을 잠근 채 어머니가 아무리 나오라고 소리를 질러도 나오지 않는다. 가족 내 위계질서가 부재되어 있는 것이다.

(3) 양육 태도의 문제

행크 어머니의 양육 태도 문제는 행크와 남동생, 어머니와 이모가 모두 모여 앉아 있는 장면에서 극단적으로 표현된다. 행크가 탁자 위의 과자를 먹으려고 하자 어머니가 "이모가 먹으라고 했니?"라며 지적하듯 이야기한다. 이모가 아무리 먹으라고 놔둔 거야라고 말해봤자 어머니는 "그래도 먹으라고 할 때 먹어야지. 도로 갖다놔."라며 완강한 태도를 보인다. 행크가 어머니를 노려본 채 과자를 갖다 놓지 않자 어머니는 거친 태도로 행크의 과자를 빼앗아 버린다. 이에 이모가 과자 먹을래? 라고 다시 부드럽게 권유하고 행크는 아니라고 답한다. 그러자 이번에는 어머니가 "이모가 주는데 예의상 하나는 집어야지. 안먹으면 디즈니랜드에 안가."라고 협박하 듯 이야기한다. 결국 행크가 안간다고 폭발하자 어머니도 안 보이는 데로 꺼지라며 거칠게 반응해 버린다. 행크가 나간 후 어색해진 분위기를 풀고자 이모가 다정하게 과자 그릇을 들고 동생 찰리에게 권유한다. 찰리는 대답하기 전에 엄마의 눈치를 보고, 엄마가 먹으라고 하자 한 손 가득 과자를 잡는다. 그러나 엄마는 잡지를 뒤적이며 조금만 집으라고 말하고 찰리는 과자를 다 내려 놓고 한 개만 집는다. 다시 엄마는 말한다. "흘리지 말고 먹어." 그 말에 찰리는 튀긴 감자칩을 통째로 입에 넣은 채 녹여 먹는다. 이렇게 행크의 어머니는 권위주의적 양육태도를 갖고 있는데 이는 행크의 문제 행동을 더 부추기는 요소가 된다.

(4) 역기능적인 가족 체계

행크의 가족은 역기능적인 가족으로 가족 구성원들 간의 불화도가 높고 의사소통이 단절되어 있다. 보호소에 있는 행크에게 어머니 리가 방문하였을 때, 담당 정신과 선생님의 지원으로 행크는 자기의 잘못을 사과하려고 한다. "행크, 가기 전에 엄마에게 할 말이 없니?" 그러자 리는 "길어요? 시간이 없는데."라고 말하며 행크를 쳐다보지도 않는다. 그럼에도 불구하고 행크는 "엄마, 불 내서 미안해요."라고 말한다. 그러나 이 말에 리는 행크를 보기는커녕 뒤돌아서서 외면하곤 의사를 보며 "끝이래요? 빨리 가봐야 되요."라고 말을 한다. 의사소통이 단절된 역기능 가족의 전형적 장면을 보여준다.

3. 청소년 내담자 행크에 대한 상담적 접근

(1) 긍정적인 역할모델

청소년들에겐 긍정적 역할모델이 매우 중요하다. 밤중에 연장통을 뒤적거리다가 베시를 만난 행크는, 어머니를 대하 듯 퉁명스럽게 대하고 경계한다. "이모가 그렇게 친절하게 대하는 이유를 저는 다 알아요. 이모는 지금 저희 가족의 골수가 필요하셔서 그렇죠. 그래서 이십 년 동안 연락을 하지 않다가 지금 갑자기 연락을 하셨던 거죠." 그러나 가족은 서로의 사랑을 연락의 빈도나 골수 기증 여부로 판단하지 않는다. "너는 내 조카야. 네가 어떤 결정을 하더라도 나는 너를 사랑해."라며 다정한 목소리 톤으로 이모는 말한다. 생애 처음 경험하는 관계적 다정함에 행크는 당황해하지만 서서히 마음을 열게 된다. 특히 행크와 이모는 바닷가에서 차를 몰고 마주보며 큰 소리로 웃는 즐거운 시간을 함께 보내게 된다. 자신의 어머니와는 다른 긍정적 어머니상을 경험하면서 관계에서 어떻게 행동해야 하는지를 알게 되고 행크는 조금씩 변해가기 시작한다.

(2) 높은 기대와 잠재력 개발

기대를 갖는다는 것은 신뢰 및 성취와 연결되는 개념이다. 이와 같은 기대의 긍정적 효과, 즉 자신이나 타인의 성취에 대해 갖는 기대가 성취에 미치는 긍정적 효과를 설명하는 말로는 '자기충족 예언효과'(self-fulfilling prophecy effects), '피그말리온 효과'(pygmalion effects) 등이 있다. 영화 속에서 이모인 베시는 행크에 대해 신뢰감과 기대를 보여준다. 기계를 만지는 모습에 감탄해 주고, 행크를 믿고 자동차 키를 맡긴 채 그가 운전하는 차에 기꺼이 동승해 준다. 그동안 비행을 일삼았던 행크에게 아무도 기대 따위를 보여준 적이 없었는데 이는 충격적 사건이었을 것이다. 나에게 기대감을 품어 준 상대의 마음을 믿고 싶어지는 것, 그 기대의 마음에 호응하고 싶어지면서 행크의 잠재력은 개발되기 시작한다.

(3) 행동의 변화

행크의 달라진 모습을 확인한 디즈니랜드 여행에서, 다시 리와 행크는 함께 있게 된다. 리는 행크가 숨기려고 했던 어린 기억들을 꺼내서 보여준다. "너는 나에게 있어서 낚시꾸러미같은 존재야. 나는 너와 이야기하고 싶지만 내 마음의 무게를 모두 싣고 말을 건넬 순 없어. 하나만 잡으려고 해도 모두 다 따라올라 버리거든. 네 말의 무게에 너와 네가 함께 쓰러져 버릴 것 같았거든. 그래서 결국 포기하게 되버려. 이런 내게 잔뜩 실망해 있는 너이지만, 그래도 네가 너를 학대했던 네 아버지를 너를 구하려고 했던 나보다 더 기억하는 건 인정할 수 없어."

행크는 자신의 어린 시절을 부정하고 다시 어머니에게 아버지의 잘못을 모두 투사하려고 해보지만, 이모와의 소통 경험은 그를 변화시켰다.

영화의 마지막 장면. 언니의 병과 오래된 지병을 앓고 있는 아버지, 이 상황에 압도된 리는 짐을 싼다. 그런 리에게 행크가 어디가냐구 묻는다. 그런 행크를 보고 리는 자신의 두려움에 압되되었던 행동을 되돌아보게 되고 짐 싸는 것을 내려놓는다. 그리곤 "밖에 나갈 거면 말을 해야지. 걱정되잖아." 처음으로 마음을 표현하는 리. 그런 리에게 행크도 더 이상 화내지 않고 알았다고 차분히 대답해 준다. 두려움을 견디고 현실을 수용하게 된 엄마와 그런 엄마를 온전하게 바라볼 수 있게 된 행크. 행크는 이제 어른이 되려나 보다.

참고한 자료

- 이은경 외(2003). 청소년 비행 위험요수, 보호요소 척도의 개발 연구. 한국청소년상담복지개발원, 제 11권 2호, pp. 57-70.
- 한국청소년개발원(2005). 청소년상담론. 서울 : 교육과학사

9. '식스 센스(The Sixth Sense, 1999)' : 아동상담

<영화 속 이야기 한줄>

"내가 엄마한테 자랑스런 딸이였나요?"

"언제나."

– '식스 센스' 中에서–

영화 '식스 센스(The Sixth Sense, 1999)'과 만나기

1. 영화 감독 : M. 나이트 샤말란(M. Night Shyamalan)

인도 출신의 감독으로 10살 때부터 필라델피아의 고향에서 영화를 찍기 시작했다. 16세때, 마흔 다섯 번째 단편영화를 완성했으며 17세 때, 양부모 다 의사인 가족의 만류에도 불구하고 의학공부를 포기하고 뉴욕 대학으로 진학하여 영화학전공을 시작했다. 뉴욕대학 4학년 때 썼던 감동적인 시나리오 〈 Praying With Anger〉를 갖고 1992년 가을 인도에 가서 저예산 영화를 완성시켰다. 이 작품에서 샤말란은 작가, 감독, 제작자로 참여했으며 1993년, LA에 소재한 전미 영화 협회로부터 "올해의 데뷔영화"로 선정됐다. 영화〈식스 센스〉로 제 25회 새턴 어워즈의 최우수 호러, 스릴러상을 수상하였다.

2. 영화 내용

아동 심리학자 말콤 크로우(Malcolm Crowe: 브루스 윌리스 분)가 뛰어난 의사라는 칭송과 함께 상을 받고 부인 안나(올리비아 윌리암스 분)와 함께 자축을 하는 밤, 오래전에 치료를 받았던 환자가 미친 듯이 찾아와 말콤에게 총을 쏜 후 자살한다. 다음 해 가을, 닥터 크로우는 여덟살 난 콜 시어(Cole Sear: 할리 조엘 오스멘트 분)의 정신상담을 맡게 된다. 자신의 무성의한 치료에 앙심을 품고 총구를 겨눈 뒤 자살한 환자의 영혼을 달래주기 위하여 닥터 크로우는 정성을 다하여 콜의 상담 치료를 맡는다.

콜은 현재 정신적인 충격에 빠져있다. 그의 눈에 죽은 자들의 모습이 나타나기 때문이다. 문제는 죽은 자들이 나타났다가 그냥 사라지는 것이 아니라 자신들의 억울한 죽음에 대해 콜에게 뭔가를 호소한다는 점이다. 자살했던 환자의 증세와 비슷함을 감지

한 말콤는 자신의 죄의식을 지워버리고자 소년에게 충실한 정성을 보이며 또 다른 비극을 막기 위하여 노력한다. 소년은 늘 우울하고 버림받은 듯한 모습으로 군인장난감을 가지고 놀면서 격한 그림과 글을 쓰고, 때로는 환영을 본다는가 묘한 소리를 들으므로 항상 위압당하는 곤혹을 표한다.

부모의 이혼으로 충격을 받은 것으로 말콤은 이해하려 하지만, 소년은 깊히 간직된 진실한 두려움의 원인을 말콤은 물론 엄마(토니 콜렛 분)에게도 밝히기를 꺼려한다. 치료과정이 심도를 더해 가면서 소년은 말콤을 신뢰하게 되고, 자신이 또 다른 감각을 지녔음을 그에게 알린다. 소년은 죽은 사람들을 볼 수 있을 뿐만 아니라 그들과 이야기를 할 수 있는 지각을 가진 것이다. 죽은 소녀가 나타나 토하면서 메시지를 전하고, 죽은 여인은 남편을 향해 소리지르는 듯이 콜에게 자신의 억울함을 털어놓는가 하면, 100년 전 교수형에 처해졌던 가족의 처참한 모습이 소년에게 보이는 것이다. 말콤은 믿을 수 없는 사실에 의혹을 품으면서도 모든 수단을 이용하여 소년의 고난스러운 세계로 함께 파고든다.

한편 말콤은 개인적인 사생활의 위기도 맞는다. 그의 아내는 결혼식때 찍은 비디오만을 계속 보면서 과거 남편과의 즐거웠던 시절만을 그리며 생활할 뿐, 말콤과는 더 이상 대화를 하지 않고, 젊은 남자를 만나면서 외도를 범하는데.

3. 캐릭터 이해

콜

9살 남자 아동. 부모님이 이혼하였으며 편모 가정의 아동이다. 죽은 자를 볼 수 있는 능력이 있는데 이로 인해 다른 사람들이 자신을 괴물로 보고 있다고 생각한다. 학교 친구들과의 관계가 매우 어렵다.

말콤

아동 심리학자로써 시장이 수여하는 우수 전문가 상을 수상할 정도로 실력 있는 심리치료사이다. 그러다가 그는 자신의 욕실에 있는 옛 환자를 발견하게 되고 그가 자신의 실패작임을 알게 된다. 다시 한번 기회를 가질 수 있도록 원하지만 결국 그는 환자의 손에서 살해 된다. 자신의 실수에 대해서 상당한 부담을 가지고 있는 말콤은 그 보상심리로 자신의 실패작이라 할 수 있는 빈센트와 거의 동일한 아이를 찾아서 도움을 주려 한다.

어머니

콜의 어머니. 콜을 매우 사랑하고 자신의 아들이 다른 아이들과 다르다는 것을 알고 있지만 구체적인 어려움에 대해선 모른다. 직장을 두 개나 가지고 있어 늘 피곤하다. 그럼에도 불구하고 콜에게 사랑을 쏟고 관심을 보이고 있다.

<아동상담 이론>에 대해 알아보기

1. 아동상담의 특징

아동상담은 내담자 아동의 성장에 지장을 주는 문제 상황을 긍정적으로 극복하도록 조력함으로써 사회에 보다 잘 적응하고 위기에 대처할 수 있는 능력을 기르도록 돕는 과정이다(장미경 외, 2007). 아동상담의 특징을 살펴보면 다음과 같다.

첫째, 아동을 대상으로 한다. 아동은 거의 모든 측면에서 아직 발달이 완전하게 이루어지지 않았고 발달의 중요한 과정을 거치고 있다. 아동기의 경험이 이후의 발달에 큰 영향을 미치게 된다는 점에서 발달의 매우 중요한 시기를 거치고 있는 중이다.

둘째, 치료와 예방의 효과가 높다. 문제를 지닌 아동도 조기에 발견되어 상담을 통해 지니고 있는 부적응적인 행동을 교정할 기회가 주어진다면 이후 발생할지 모르는 더 큰 문제행동을 예방할 수 있다.

셋째, 다양한 관점에서의 접근이 필요하다. 의학, 상담학, 아동학 등 여러 학문적 배경에서 접근할 수 있으며 관점에 따라 접근하는 방법과 범위가 달라질 수 있다.

넷째, 가족 및 지역사회의 영향을 받는다. 아동상담은 개별아동뿐만 아니라 사회적 환경 내에서의 아동과 부모, 가족의 문제도 볼 수 있어야만 하며, 아동 개인의 심리적, 정서적, 행동적 변화와 더불어 아동과 가족의 변화와 아동이 속한 사회적 환경에까지 관심을 두어야 한다.

2. 아동상담의 발달적 접근

아동기는 심리적 안정감과 자아존중감을 키워 나가고 긍정적인 자아개념을 형성하며, 정상적인 사회인으로서 살아갈 사회적 기술을 익혀 가는 중요한 시기이다. 이 시기에 형성된 아동 문제는 이후의 발달과업 성취에 문제가 되어 청소년기와 성인기의 사회적 적응이나 성격발달에 부정적인 영향을 미치게 되고 정신건강에도 악영향을 미치게 된다.

발달은 아동에 대한 논의에서 빠질 수 없는 주제이며 아동을 이해하기 위해서는 아동발달에 대한 이해가 선행되어야 한다. 아동기는 발달 속도가 빠르며 이러한 빠른 발달 속도는 빠른 변화를 초래한다. 따라서 아동상담가는 아동이 지속적으로 발달하며 발달에 따라 특별한 욕구와 행동이 수반되고 변화한다는 것을 기억해야 한다. 즉, 아동상담은 아동에 관한 관점에 융통성을 가져야 하며, 아동과의 현실적이고 진실된 관계를 유지하기 위해 아동의 발달과업에 맞게 아동에게 접근해야 한다(김춘경, 2005).

3. 학령기 아동의 발달 특징 (이은주, 2003)

(1) 신체적 발달

학령기 아동들의 성장발달, 즉 신체적 발달은 계속적이지만 발달의 속도는 항상 일정하지 않다. 신체의 각 부위의 기능에 따라 발달의 속도가 아동들에게 각각 다르게 나타난다. 신체적 발달에 따라서 인지적, 정서적(자아개념), 사회적 발달의 개인차가 나타난다. 그리고 아동의 가정, 학교, 또래친구들 사이에 절대적으로 중요한 영향을 미치게 된다. 학령기 아동들의 신체 발달의 특징은 왕성한 에너지 때문에 활동의 범위도 넓어진다. 과다한 장난으로 인하여 다치는 경우도 빈번하다.

구체적으로 전기아동(1~3학년)의 성장속도는 유아기보다는 성장이 느리고 소근육이 많이 발달되어 있다. 이 시기의 아동은 언어적 표현보다는 자신의 행동을 통해서 많은 것을 표현한다. 때로 자신과 사람들에 대한 태도를 신체적인 움직임을 통해 표현한다. 이처럼 활동의 수준이 높아지고 잠시도 가만히 있지 못하게 된다. 따라서 반드시 운동을 위한 충분한 기회를 가져야 한다. 또한 이 시기의 아동은 에너지와 활동력이 불규칙적이어서 무리하기가 쉽다. 1학년 아동의 겨우 시력 발달이 완전하지 않고 안구의 좌우 운동도 원활하지 못하기 때문에 책을 읽는 능력이 놓을 수도 있고 나쁠 수도 있다. 어떤 사물을 바라볼 때 지속적으로 오래 바라보지 못한다.

후기아동(4~6학년)의 신체발달적 특징은 인생 중에서 가장 건강한 시기이며 급속하게 성장하는 시기이다. 오래 참는 것을 즐기면서도 가만히 있지 못하고 떠들기를 좋아한다. 가장 큰 특징은 풍부한 활동을 원하는 것이다. 그들은 항상 움직이며 무엇인가 하기를 원한다. 여자들은 월경을 시작하게 되면서 사춘기에 접어들게 되고 부끄러움과 수치감을 갖게 된다. 또한 우울증도 수반하게 되는 시기로서 민감할 때이다. 남자아동들은 신체적 구조의 변화로 인하여 민감해지며 혼자 있기를 좋아하며 짜증이 잦아진다. 그리고 외모에 관심을 가지게 되며, 이성에 대한 호기심이 많아지는 시기이다.

(2) 인지적 발달

전기아동의 인지발달 특징은 구체적 조작기로 들어서면서 자기중심적 사고에서 통합적 사고로 변화되며, 놀이를 할 때도 혼자가 아닌 친구들과 함께 모여서 논다. 또래들과 상호작용하면서 점차적으로 자아중심성을 극복하며, 사회적인 통합과 함께 도덕적으로 자율성을 띄게 된다. 이 시기부터는 꿈을 꾸었을 때 실제가 아니란 것을 알게 된다. 이들은 경험적이고 귀납적인 사고를 하게 되며, 구체적인 대상만을 인지할 수 있을 뿐 추상적이고 가설적인 개념이 없는 상태이다.
후기아동은 호기심이 무척 강하며, 다양한 관심사를 지니고 있다. 또한 논리적으로 합리화하는 능력이 개발되는 시기이다. 이 시기의 아동들은 구체적이고 명확하며 실제적인 상황에 대한 사고는 할 수 있지만, 보이지 않는 상황에 대해서는 잘 알지 못한다. 또한 연계적 사고가 가능하며 과거의 사건들을 시간적인 순서에 따라서 배열할 수 있다. 그 결과 과거에는 별도의 사건들로만 생각했던 이야기들의 역사적 순서를 이해하기 시작한다.

(3) 정서적 발달

학령기 아동의 정서적 발달은 가정이란 울타리 안의 자아중심적인 성격에서 학교, 또래 친구 등 외부로 향하게 된다. 이처럼 생활공간과 생활경험이 확대되는 데 따른 불안감과 공포를 가지게 된다. 지진, 천둥, 벼락 등 자연적인 것과 유령, 요괴 등 초자연적인 것을 상상함으로써 오는 불안과 공포를 느낀다. 또한 일상 경험 속에서 죽음에 대한 공포와 불안을 느끼게 된다.

전기아동은 감정이 쉽게 일어나고 동요한다. 그러므로 미움에 대한 감정을 적절히 조정해주고 사랑하는 감정을 훈련시키도록 노력해야 한다. 또한 옳고 그름에 관심이 많은 시기이며, 흑백 논리가 분명하며 정의롭고 충성심이 강한 시기이다. 특히 새롭게 학교생활을 시작하는 1학년 아동은 안정을 위한 욕구와 새로운 체험을 시도하려는 욕망 사이에서 동요하게 된다. 2학년 아동들은 어른들, 교사들, 친구들에게 인정받고 싶어 하기 때문에 완벽하게 일을 마치려고 한다. 실패에 대한 두려움이 크다. 3학년 아동들은 2학년 때보다 두려움이 줄어들고 더 평온하고 침착해진다. 이들은 자신이 몇 가지 가치관들을 개발하고 있음을 인식하기 시작하며 자신들의 신념이 옳다는 생각을 가지게 된다.

후기아동은 어른의 간섭을 싫어하고 잘하고 싶지만 누가 말리거나 억압을 하게 되면 하기 싫어한다. 그러나 격려와 칭찬을 하게 되면 성취해 나간다. 또한 여러 가지 충성심을 지니고 있다. 이들은 자신의 관심 영역이 확장됨에 따라서 보다 많은 활동에 참여하기를 원한다. 연예인들의 재치 있는 말과 농담을 좋아하며, 취미활동을 좋아한다. 클럽활동을 통한 또래들과의 만남을 좋아하며 같은 행동과 언어를 모방하고 사용하는 것을 좋아한다.

(4) 사회적 발달

학령기는 프로이트가 말하는 잠복기로서 친구와의 강한 사회적 유대를 확립하고 기본적인 사회적 기술을 습득하게 되는 중요한 시기이다.

전기아동의 특징은 의존적이던 아동들이 독립적으로 성장해 가는 시기이다. 따라서 자신의 선택에 대해 책임 질 기회를 제공해주고 의존감과 책임감을 적절히 제공하여 훈련하는 것이 필요하다. 다른 사람들은 자신과 다른 생각을 할 수 있다는 것을 알게 된다. 이 시기는 구체적인 사고 활동의 단계로서 다른 사람의 감정과 모든 사물에 대해서 민감하게 인식한다. 겁이 많고 유약한 아동들은 도움을 필요로 한다. 또래 친구들은 같은 성끼리 모이며 우두머리는 그 상황에 따라서 목표도 바뀌어진다. 1학년은 패배를 견디지 못하기 때문에 경쟁을 즐기지 않으며 교사와 어른들의 도움을 필요로 한다. 2–3학년은 경쟁을 즐기며 조직화된 게임을 좋아한다. 때로는 게임을 상대로 적을 원하기도 한다. 이 시기에는 이성에 대한 적대감이 싹트게 된다.

후기아동의 특징은 공동체 안에서 주어진 자신의 책임을 받아들일 수 있다. 군집의 본능이 강하여 그룹이나 모임을 만들기 좋아하지만 이성에 대해서는 비호의적인 시기이므로 남녀로 구분하여 그룹을 운영하는 것이 좋다. 이 시기의 아동들은 경쟁하기를 좋아한다.

(5) 도덕적 발달

전기아동의 특징은 '순진한 도덕적 상대주의'에 속한다. 이것은 아동이 본질적으로 사회규칙에 대한 이해가 부족하기 때문에 자신의 행동에 대한 상과 처벌의 권한을 가진 사람에게 순종하는 것을 의미한다. 이단계의 아동들은 고도로 발달된 감각을 가지고 있기 때문에 어떤 환경에서든지 모든 사람이 동등한 분배를 받도록 공명정대함을 요구한다. 그리고 대부분의 아동들은 벌과 보상에 의해 도덕적 행동이 결정된다. 상황에 대한 개념을 아직은 이해할 수 없기 때문에 억지로 이해를 시키기보다는 적절한 이야기 형식으로 설명하는 것이 좋다. 또한 상황을 역할로 연출하여 직접 경험하게 함으로써 이해를 도와주어야 한다.

후기아동의 특징은 '인습적 역할 순응'의 도덕성 단계이다. 다른 사람들을 기쁘게 해주거나 도와줌으로써 그들에게 인정받는 것을 올바른 행동이라고 생각한다. 착한 소년 및 인간 상호간의 조화에 의한 방향 설정이다. 이 시기의 아동들은 주변을 기쁘게 해야만 한다는 도덕적인 이유를 타당한 것으로 받아들일 수 있다. 이

공정성의 단계에 속한 아동들은 쌍방관계를 이해할 수 있다. 내가 다른 사람을 잘 해주면 그 사람도 그것으로 인해서 내게 잘해 주는 것이 공정한 것으로 보인다. 상호교환의 이런 구체적인 방법을 통해서 정직을 이해하게 되며 그렇게 함으로써 아무도 속임을 당하지 않게 된다. 특히 6학년 아동들은 피아제의 형식적 조작기 단계에 이르는 시기이다. 그러므로 남의 호감을 사려는 행동이 나타난다. 그렇기 때문에 부모, 교사, 친구에게 잘 보이려고 애를 쓴다. 그러므로 나쁜 또래친구를 만나게 되면 그들의 특징을 모방하기 때문에 각별한 신경을 쓰고 돌보아야 한다. 이들은 예리한 정의감을 지니고 있어서 자기 자신의 잘못에 대한 책임의식을 더 많이 느낀다. 만약 이들이 순간적으로 상대방을 비난했다고 하더라도 이런 경우의 생각을 오래도록 하지 않는다. 여전히 자기 자신의 잘못에 대한 책임을 느낀다. 이 시기의 아동들은 다른 사람의 나쁜 행동에 대한 이야기를 들었을 때 그것이 죄라는 것을 깨닫지만 자기 자신의 삶에 있어서 죄를 깨닫는 일은 그리 쉽지 않다. 일반적으로 들은 이야기들을 자신의 구체적인 삶의 영역에 쉽게 적용하지는 못한다.

4. 놀이의 치료적 효과

쉐퍼(Schaefer, 1993)는 아동이 놀이치료로부터 이익을 얻을 수 있는 기제에 대해 14요인을 설정하고 이 요인에 의해 생성된 치료적 성과를 제시하였다.

(1) 저항극복

대부분의 아동은 자신의 문제를 인식하고 스스로 치료를 받으러 온 것이 아니므로 자신이 문제를 갖고 있다는 것을 부정한다. 놀이는 아동에게 흥미있고 재미있고 자연스러운 행동이기 때문에 아동과 함께 행동하고 친밀감을 형성시키는 가장 좋은 방법이다. 일단 놀이치료자와 아동 간에 관계형성이 되면, 아동은 놀이치료실에 오는 것을 좋아하고, 놀이치료자와 함께 필요한 변화를 일으키는데 동의한다.

(2) 의사소통

아동에게 놀이는 어른의 언어와 같이 자기표현의 가장 자연스러운 매개체이다. 사춘기 이전의 아동은 그들의 느낌, 욕구, 그리고 생각들을 언어로 충분히 전하기 어렵다. 놀이는 의사소통의 특별한 형식이다.

(3) 자아존중감

놀이는 아동의 내적 욕구를 탐색하고, 환경을 만족스럽게 터득하게 하는 동기화된 활동이다. 놀이 이외에 아동 생활에서 효율감을 산출해주는 것은 거의 없다. 효용성 동기는 아동에게 세상에 대해 배우고, 적절한 기술들을 배우도록 돕는다. 이 내적 동기는 아동이 능력을 가지도록 촉구하고, 그리고 효율감에 따라 만족하고 함으로써 자아존중감을 높여 준다.

(4) 창조적 사고

놀이는 아동들의 문제해결 능력을 향상시키도록 격려한다. 놀이에서는 아동들이 실패에 대한 두려움 없이 새로운 선택을 하여 실험하도록 허락되었기 때문에 아동의 창조성과 융통성을 조장시킨다.

(5) 카타르시스

카타르시스는 많은 심리학자들이 공통으로 제시하는 핵심적인 치료요인이다. 놀이치료에서 아동 내담자는 이전에는 표출하기 힘들었거나 표출하지 못했던 강렬한 분노, 슬픔, 불안 같은 감정을 이완할 수 있다. 억압된 정서의 방출인 카타르시스는 흔히 이완에서 생겨난다.

(6) 소산작용 외상 조절 억압된 감정의 해소(Abreaction) 요인
→ 외상이 조절됨

소산작용은 스트레스 받았던 사건과 이 사건과 관련된 정서가 이완되는 것이다. 놀이에서 아동은 감정을 적절하게 해소함으로서 서서히 외상경험을 동화하고 정신적으로 해소할 수 있다.

소산[abreaction, 消散]

정신분석의 창시자인 지그문트 프로이트가 신경증의 치료법에 관한 연구를 하면서 처음으로 사용한 정신분석 용어이다. 이 말은 영구적인 정신장애를 남기는 정신적 외상을 입힌 사건에 결부되어 있던 감정이 그 사건의 반복적인 경험을 통해서나 정신치료를 받는 중에 깨끗이 제거되는 정동(情動) 방출의 순간을 가리킨다. 소산은 대개 눈물이나 폭력 표출의 형태로 나타나는데, 이는 신경증 치료의 결정적인 수단으로 작용한다. 프로이트는 히스테리의 증상은 무의식 속에 억압되어 있던 마음의 갈등이 본인의 의사와는 관계없이 육체적 증세로 변형되어 일어나는 정신적 에너지로 생기는 병임을 알아내었다. 따라서 히스테리를 고치려면 무의식 속에 억류되어 있던 감정을 정상적 통로를 통해서 의식계(意識界)로 방출하면 된다는 이론을 세웠다(두산백과).

7) 역할극(Role Play)요인
→ 새로운 행동의 연습과 획득, 공감을 하게 됨

타인의 역할을 연기함으로써, 아동들은 연기했던 사람의 관점에서 그들의 반영된 정체성에 관한 안목을 얻는다. 역할연기를 통해서 아동들은 감정이입 능력, 즉 자신을 다른 사람의 입장에서 객관적으로 볼 수 있는 능력, 그리고 그것으로 인해 다른 사람의 생각, 감정, 행위를 이해할 수 있는 능력을 발달시킨다.

8) 환상/ 상상(Fantasy/ teaching)요인
→ 환상적 보상을 받음

놀이의 주된 치료기능 중의 하나는 개인의 유연하고도 다양한 상상력의 이용을 향상시키는 것이다. 아동은 상상을 통해 스스로에 관해 배우고 자신들의 세계를 확장한다. 환상의 세계에서 아동들은 현재의 현실이나 자신들의 한계에 만족해야 할 필요가 없다. 상상이나 가상놀이는 아동이 배역, 장면, 그들의 환경과는 먼 사건들을 창조할 수 있게 해 준다.

9) 암시적 교훈(Metaphoric teaching)요인
→ 통찰을 가져옴

인간은 자신들이 들었던 이야기를 믿음으로서 현실을 창조해내는 신화를 만들어낸다. 신화는 구조화, 활력, 삶의 의미를 부여하는 신념체계를 형성하는데 도움이 된다. 신화의 힘은 부분적으로 뇌의 오른쪽으로 직접 진행한다는데 있다. 전달내용(메시지)은 이야기, 상상놀이, 그림 등에 의해 아동의 무의식과 직접적으로 의사소통할 수 있다. 놀이치료에서 아동은 그들의 생활 속에서의 갈등, 공포, 적개심의 원천을 드러내는 새로운 신화들을 제공받을 수 있고, 보다 적응적인 해결책을 제공받을 수 있다.

10) 애착형성(Attachment Formation) 요인
→ 애착이 형성됨

아동이 안전한 애착감을 형성할 수 있는 한가지 방법은 감각운동 놀이를 통해 긍정적인 부모-자녀관계를 반복해 보는 것이다.

11) 관계증진(Relationship Enhancement) 요인
→ 자아실현, 자기존중, 타인과 친밀함

감추어지지 않은 과거의 갈등의 중요성에 대한 강조보다 아동이 보다 적절한 자기수용감을 얻을 수 있는 중요한 존재로서 '치료자-아동관계'를 강조했다. 긍정적인 관계의 성립을 촉진시킨다는 측면에서 놀이의 역할은 성취보다는 즐거움으로 채워지고 '즐거움'과 관련된 즐거운 상호작용의 본질과 관련된다.

12) 긍정적 정서(Positive Emotion) 요인
→ 자아상승이 일어남

놀이에 수반되는 긍정적인 면은 두 가지 강력한 치료적 장점을 갖고 있다. 첫째, 행복감을 준다. 둘째, 즐거움은 생활에서 오는 스트레스에 대한 강력한 해독제이다. 놀이는 외적 요구, 의무, 심각함으로부터 자유롭다. 또한 놀이는 우리에게 생활 속의 불안과 해야만 하는 것들로부터 휴식을 준다. 놀이를 즐기는 것과 즐거움은 우리가 불안하거나 쓸쓸하거나 권태로울 때 처져있는 정신들을 끌어올리고 회복시켜 준다.

13) 공포의 발달적인 극복(Mastering Developmental Fears) 요인
→ 성장과 발달이 됨

아동이 놀이상황에서 이완되어있는 동안, 공포스러운 장면에 노출시키는 것은, 즉 놀이의 즐거움은 공포가 증가되더라도 상반된 활동을 할 수 있어서 아동은 원하는 행동을 할 수 있다.

14) 게임놀이(Game Play) 요인
→ 자아의 강화, 사회화를 가져옴

게임은 놀이자들이 미리 정해놓은 규칙에 따라야만 하기 때문에 아동들을 사회화 시키는 일차적 방법이 될 수 있다.

영화를 아동상담적으로 관람하기

1. 아동 내담자 '콜'

(1) 모의 호소문제

아들인 내담자가 학교에서 또래들과 어려움을 겪고 있는데 자신의 어려움에 대해 이야기를 하지 않는다. 어떤 문제가 있는지 알 수가 없어 괴롭다.

(2) 콜의 호소문제

귀신을 보는 특이한 능력으로 인해 일상생활 적응에 어려움을 겪고 있다. 귀신으로 인해 두려움이 크고, 귀신을 보는 자신을 다른 사람들이 괴물로 볼까봐 자기에 대한 이야기를 전혀 하지 않는다. 그 결과 관계에서 철수되어 고립되어 있다.

(3) 인상 및 행동특성

아버지가 남긴 뿔 테 안경을 끼고 시계를 찬 모습으로 전체적인 외모 분위기는 유약하다. 장난감 병정을 많이 가지고 있으며 아주 작은 목소리로 말을 한다. 평소엔 거의 말을 잘 안하지만 말을 일단 하면 나이에 비해 논리적인 면이 있다.

(4) 발달력

아버지와 어머니가 이혼한 편모 가정의 아동이다. 어머니가 직장을 두 군데나 다니며 생활을 책임지고 있다. 이혼 후 아버지와의 왕래는 없는 것으로 파악되며 학교에서 적응에 어려움을 겪고 있다. 특히 또래 친구를 사귀는데 어려움이 있다.

2. 콜과의 라포 형성

콜과의 만남에서 아동 내담자와 상담자 사이의 라포 형성, 즉 치료적 동맹 형성을 위해 놀이가 사용된다. 말콤이 어린 소년인 콜에게 심리적으로 다가가기 위해서 서로 문답 놀이를 한 것이다. 겁에 질려 마음의 문을 닫고 있는 소년의 마음을 열기 위해서 말콤은 콜에게 내기를 하자고 제의를 한다. 말콤이 말하는 것이 맞으면 콜이 한발자국 말콤 앞으로 다가서고 틀리면 한 발자국 뒤로 물러서는 게임을 제의한 것이다. 말콤이 콜에게 "학교에서 외톨이로 따돌림을 당하고 있지?" 하고 물었더니 콜이 인정을 하며 한 발자국 말콤 앞으로 걸어왔다. 그 다음에 콜이 손목에 차고 있는 어른 손목시계를 보면서 "아버지를 그리워하며 아버지의 유품을 몸에 지니고 있지?" 라고 물었을 때 콜은 그 추측이 틀렸다며 뒤로 한 걸음 물러섰다. 이후 계속해서 콜의 마음속을 읽는데 실패하자 콜은 "선생님은 저를 치료할 수 없어요." 하면서 달아나 버렸다. 그러나 이러한 놀이적 접근은 실패가 아니다. 치료를 거부하던 아동이 자신의 이야기를 하게끔 만들었기 때문에 성공적 측면이 있는 것이다.

이후 말콤은 콜에게 다시 접근을 시도한다. 6살의 콜에게 다가가기 위해서 이번에는 동화 이야기를 해주려고 하다가 "선생님은 초보예요!"라는 이야기에 자신의 밑천이 들어나고 만다. 말콤은 정직하게 이것을 시인하고 자신과 부인과의 문제들을 솔직하게 콜에게 이야기하면서 마침내 콜의 마음의 문을 여는데 성공한다.

3. 콜의 증상에 대한 이해

(1) 귀신을 보는 심리

유아기는 상상력이 풍부한 시기로 머릿속으로 여러 가지 상상을 하게 되고, 그것을 때로 사실로 생각하기도 한다. 그래서 유아기에는 공포감이 많이 생긴다. 예를 들어, '티비가 살아 움직이면 어떻게 하지?'라고 생각하면서 무섭다는 표현을 많이 한다. 그러나 영화 속 내담자는 유아기라기보다는 초기 아동기의 나이로 등장하는 바, 이렇게 귀신을 보고 무서워하는 심리는 일종의 발달 지연 또는 학교 및 대인관계의 스트레스로 인한 일종의 퇴행 현상으로 해석할 여지가 있다. 귀신이란 나를 괴롭히는 상징적인 존재고 상상의 존재이다. 내 안의 두려움과 불안이 외부로 형상화된 것으로 볼 수 있다. 귀신은 아무리 이해할려고 해도 알 수 없는 미지의 대상이다. 내담자가 현재 또래 관계에서 겪고 있는 어려움과 두려움이 귀신에 대한 트라우마로 표현되고 있을 가능성이 있다.
또한 아동이 무섭다는 표현을 많이 하는 것은 관심을 유도하기 위한 행동일 수 있다. 아버지 없이 어머니 혼자 집안의 경제를 담당하기 때문에 충분히 내담자에게 관심을 쏟을 수 없는 환경이다. 내담자 아동은 자아가 여릴 뿐만 아니라 엄마를 너무 많이 배려하고 걱정하는 캐릭터이다. 따라서 엄마에게 자신이 원하는 것, 관심을 쏟아줄 것을 말로 요청하지 못한 채 행동적 문제로 보여주고 있는 것으로 해석할 수도 있다.

(2) 관계의 어려움

내담자 아동의 호소 문제는 일종의 공포증으로 볼 수 있다. 공포증이라고 불리우는 것은 특정한 것에 대한 개인적인 공포심을 말한다. 정상적인 공포심이란 객관적인 사물이나 상황에 의해서 개체의 생존이 위협받는 경우에 생겨나는 것이다. 이러한 경우에 일어나는 공포의 감정은 자연스럽고 합리적인 것이다. 그러나 여기에서 말하는 공포증은 현실성 없는 특수한 종류의 공포로 설명할 수도 없고 합리적이지도 않으며 자신의 통제 밖에 있고 상황에 대한 회피행동을 유발한다. 영화 속에서 내담자는 귀신을 보는 자신의 두려움에 대해 다른 사람들에게 이야기하고 도움을 받는 것이 어려움을 경험한다. 그런데 이 어려움이 지나치게 심해서 자신에 대한 이야기를 안하고 소통하지 않는다는 것이다. 그 결과 해소되지 못한 두려움은 더욱 커져 공포증이 되어버린 것으로 보인다. 공포증에 대한 심리치료를 위해선 이 내담자의 경우 신뢰로운 관계 형성이 선행되어야 하며 매우 중요한 요소이다.

(3) 모와의 애착 문제

내담자의 어머니는 어린 아동인 콜의 안전기지가 되어주지 못하는 것으로 보인다. 콜이 어머니와 안정 애착을 형성하고 신뢰감이 튼튼하다면, 귀신을 보는 두려움에 대해서 어머니와 이야기해서 충분히 위안을 받고 안정감을 되찾기 위한 방법을 함께 모색했을 것이다. 그러나 영화 속에서 콜은 어머니에게 보살핌을 받기 보단 오히려 어린 콜이 어머니를 보살피고 배려하는 모습을 보인다. 그리고 자신의 문제를 어머니가 걱정할까봐 두려워서 이야기하지 못한다. 특히 아버지도 없는 콜의 상황을 고려해 볼 때, 콜의 유기불안을 고려해볼 수 있다. 아버지에 이어 어머니도 자신을 버릴 거 같은 공포는 어린 아동이 감당할 수 없을 것으로 보인다. 아버지가 콜 자신의 삶에서 사라지게 된 배경에 대해 어린 콜은 충분히 이해하고 납득하지 못한 것으로 보인다. 알게 모르게 자기의 잘못으로 생각하고 있는 것으로 느껴져, 어머니도 혹시 언젠가 갑자기 사라질 지도 모른다는 공포심이 싹텄을 것으로 보인다. 특히 콜의 어머니는 영화 속에서 유약한 면모를 많이 보이는 바, 콜이 신뢰하기 어려웠을 것으로 보인다. 이렇게 어머니와의 불안정한 관계는 또래관계나 교사와의 관계에서 되풀이 되어 과도한 불안을 경험하게 되는 것으로 해석된다.

4. 영화 속 상담 과정

(1) 두려움의 재경험

영화 속 콜과 말콤의 아동 상담의 과정을 살펴보면, 말콤은 콜이 환각 상태를 가지고 있고 그 환각 상태의 핵심은 죽은 사람들의 영혼을 만나고 그들과 대화를 하고 있음을 알 게 된다. 마침내 콜에게 그 환각을 피하려고 하지 말고 받아들일 것을 조언한다. 이때 상담적 접근의 핵심은 '귀신이 있다, 없다'에 대한 판단이 아니고 귀신을 보는 행위가 정상이냐 비정상이냐는 판단도 아니다. 그저 귀신이 보여 두려워하는 콜에 대한 공감과 이해인 것이다. 공감적 이해 후 말콤의 생각은 바뀐다. 바로 콜이 귀신들이 하고 싶은 말을 수용하고 귀신을 무서워하지 않게 되면 환각 자체도 두려워하지 않을 것이라는 생각한 것이다. 콜은 처음에는 두려움으로 피하다가 용기를 내어서 유령에게 다가가게 된다. 그리고 그의 말을 들어줌으로써 그들의 억울함을 풀어주게 된다. 드디어 콜이 귀신들을 두려워하지 않게 되고 자신감을 되찾아 정상으로 되돌아온다. 두려움이란 감정은 피하려고 할수록 더욱 커진다. 두려움 안으로 들어가야 한다. 두려움을 충분히 느끼면 두려움이란 감정은 어느 새 떠나간다.

(2) 새로운 관계 경험

콜이 귀신을 본다는 사실을 믿어주는 말콤. 말콤의 콜에 대한 믿음이 새로운 관계의 시작이다. 나의 두려움을 이야기해도 상대가 나를 떠나버리지 않고, 관계가 나빠지지 않을 수도 있다는 경험은 콜의 상담의 핵심 정수이다. 신뢰관계의 형성은 안정감을 주고 궁극적으로 자신감을 갖게 해 준다. 이렇게 콜의 문제가 해결되어가면서 콜의 생활도 정상으로 회복할 수 있게 되고 주변과 어울리게 된다. 이에 말콤은 이제 진료가 끝이 남을 알고 콜에게 좀 더 가까운 사람에게 자신의 비밀을 알릴 것을 권고하고 작별을 고하게 된다. 영화의 끝 부분. 콜이 엄마와 집으로 돌아오는 길에 교통 사고로 도로에 멈춰 서게 되고 콜은 말콤의 충고에 따라 엄마에게 자신의 비밀을 이야기하게 되고 믿기 힘든 엄마에게 할머니 이야기를 하여서 자신의 이야기가 사실임을 밝히게 된다.

영화의 마지막 장면. 콜이 엄마가 운전하는 자동차 안에서 이야기를 한다.
"이제 이야기할 때가 된 것 같아요. 제 비밀에 대해서요. 할머니가 안부 전하래요. 할머니도 가끔 절 찾아오세요. 자꾸 목걸이를 가져가서 미안하시대요. 너무 좋아해서 그러신데요."
"그런 말하는 게 아니야. 할머닌 돌아가셨잖아."
"할머니가 말씀하시길..."
"그만 해."
"엄마 어릴 적 두 분이 싸웠대요. 춤 발표회 직전에. 엄만 할머니가 발표회에 안 간 줄 아시지만 가셨었대요. 엄마가 못 보게 뒤에서 보셨어요. 춤추는 게 꼭 천사 갔았대요."

눈물을 글썽이는 엄마.

"엄마가 할머니 무덤에 찾아가서 했던 질문에 대한 대답은 '언제나'래요. 뭐라고 물으신 거예요?"

엄마는 눈물을 흘리며 너무 행복한 얼굴로 대답한다.

"내가...내가 엄마한테 자랑스런 딸이냐구."

자신의 비밀에 대해 이야기하면서 비로소 모자는 신뢰로운 관계를 회복하게 된다. 비밀을 공유한 사이. 두려움을 이야기할 수 있고 이해받을 수 있는 관계. 이제 아동은 안전기지를 갖게 된 것이다.

참고한 자료

- Charles E Schaefer(2006). 김은정 역. 놀이치료의 기초. 서울 : 시그마프레스
- 김춘경(2005). 아동상담. 서울: 학지사
- 윤혜신(2010). 귀신과 트라우마. 서울: 지식의날개
- 이은주(2003). 학령기 아동의 발달특징에 근거한 예배교육의 모형. 한일장신대학교 석사학위논문
- 장미경 외(2007). 아동상담의 이론과 실제. 서울: 태영출판사

10. '보노보노(bono-bono, 1995)' : 성격심리학

<영화 속 이야기 한줄>

"평상시는 평상시야. 평범하게 흘러가지. 즐거운 시간은 뛰어가는 시간이야.

뛰어가는 동안은 즐거워. 하지만 머지 않아 꼭 지치고 말아.

그러니까 즐거운 것도 반드시 끝나는 거겠지."

– '보노 보노' 中에서–

영화 '보노보노(bono-bono, 1995)'과 만나기

1. 영화 제목 : 보노보노(bono-bono, 1995~1996, 총 48부작)

2. 영화 내용

1화 에피소드 '나도 집을 갖고 싶어.'

포로리 나무 집에 놀러 간 보노보노. 갑자기 왜 포로리랑 너부리는 집이 있는데 자기는 늘 물 위에서 산다는 것을 생각해 내곤 "왜 모두들 집에서 사는 걸까?"가 궁금해진다. 그래서 포로리에게 물어본다. 이에 포로리는 "왜 집에서 살아? 라는 놀이는 대체 어떤 놀이일까?"라고 생각한다. 그때 갑자기 너부리가 나뭇잎덩어리를 둘에게 던진다. "어때, 놀랬지? 멍하고 있길래 장난 좀 쳤어." 그런데도 둘이가 반응이 없자 "성의를 봐서 좀 놀래주면 안되냐?"라며 몸을 던져 공격한다.

보노보노가 너부리에게도 너는 왜 집에서 살고 있냐고 묻자 "살고 있으니까 집이지."라고 말한다. 보노보노가 모르겠다고 하자 "집이란 사는 곳이야. 사는 곳이 없으면 불편하잖아. 잘 들어. 만약에 집이 없으면 비가 올 때 무지 불편하겠지? 집이 있으니까 편리한거야." 그러나 보노보노가 난 별로 애먹지 않는다고 하자 화를 내며 때린다. 보노보노가 그렇지만 자기도 집이 있으면 좋겠다고 하자 포로리가 얼른 "포로리 집에서 같이 살자, 응?"이라고 말한다. 그러나 보노보노가 나무 집에 올라가지 못하고 떨어진다. 떨어진 후 포로리는 넘어진 보노보노에게 다시 한 번 더 해보자고 하지만 너부리는 화를 내며 단호하게 무리라고 말한다. 그러나 보노보노가 슬퍼하자 자기가 집을 찾아주겠다며 나선다.
동굴을 찾은 세 친구. 너부리가 나무에 올라가지 않아도 되고 좋다고 하자, 포로리는 자기가 좋아하는 호두가 없다고 투덜되고, 보노보노는 걱정되는 게 있다고 한다. "내가 자고 있을 때 포로리와 너부리가 씨름을 하고 있다가 포로리가 너부리를 내동댕이 쳐서 우리집 지붕에 떨어지고 그 충격을 집이 무너지면 그 무게로 집이 무너지고 난 생매장 될거야." 이 말에 너부리는 "넌 불가능한 일만 상상하냐?"라며 또 화를 낸다.

집을 옮겼지만 또 걱정을 말하는 보노보노 때문에 차라리 물 속에서 자보라고 한다. 그러자 보노보노는 너무 숨이 막히다고 금방 물 속에서 나오고, 그런 보노보노를 포로리가 흉내내자 너부리는 화를 내며 포로리를 던져 버린다.

7화, '저게 무슨 소리일까?

어느 날 보노보노는 바닷가에 앉아 있다가 갑자기 저쪽에서 들리는 소리가 무슨 소리인지 궁금해진다. 옆에 있는 아빠에게 물어보았지만 아무 답이 없자 혼자 생각한다. '아빠가 대답하기 곤란하신 모양이야. 이건 분명히 어른한테 물어보면 안되는 건가봐. 저 소리는 어른들이 아이들한테 비밀로 뷰뷰~ 하면서 뷰뷰~ 춤을 추는 소리일거야. 그게 아니면 혹시 어른들이 바다를 향해서 뷰뷰~ 말하면 틀림없이 나쁜 아이를 잡아먹는 귀신이 나타나나봐. 그래 틀림없이 그래. 그리고 난 잡아먹히고 말거야. 맞죠, 아빠?'라며 혼자 운다.

그때 포로리가 같이 놀려고 온다. 그리고 포로리에게 저 소리가 무슨 소리 같냐고 물어본다. 포로리는 "응!"이라고 대답한다. 보노보노가 다시 "뭐?"라고 묻자 고개를 끄덕이며 "으응~!"이라고 답하는 포로리. 그리곤 너부리는 혹시 알고 있을지도 모른다고 생각해서 찾아간다. 너부리는 "너네들 바보냐? 모르겠으면 거기 가보면 되잖아."라고 화를 낸다. 너부리의 말에 얼른 너부리 곁으로 간 포로리는 "아~ 맞다. 그런 이야기야. 잘 들었지? 그치, 그치?"라며 말하다 또 한 대 맞는다.

3. 캐릭터 이해

보노보노

푸른색의 아기 해달. 늘 궁금하고 생각거리가 많다. 그런 모습을 다른 사람이 보기엔 오히려 약간 모자라 보이기도 한다. 도대체 무슨 생각을 하는지 알 수가 없다. 다만 자주 놀라고 어쩔 줄 몰라 하는 모습을 보인다.

포로리

아주 작은 분홍빛의 다람쥐. 순진하고 자주 덩치 큰 동물들에게 괴롭힘을 당하는 약한 동물로 묘사된다. 하지만 까불이 같은 모습도 보여준다.

너부리

덩치가 매우 큰 너구리. 보노보노와 포로리를 구박하고 화를 자주 내지만, 그럼에도 불구하고 항상 같이 다닌다. 급할 때는 늘 앞장서서 행동하는 면모도 있다.

<성격심리학>에 대해 알아보기

1. 성격심리학의 이해

심리학 속에서의 성격심리학에 대해 살펴보면, 성격심리학은 심리학의 대표 영역이라고 할 수 있다. 또한 심리학의 다양한 영역이 성격의 틀 안에서 종합되기도 한다.

(1) 성격의 정의

성격의 정의를 잘 이해하기 위해 먼저 성격을 기술하는 표현들을 비교하여 설명해보면 다음과 같다. 먼저 기질이란 선천적인 타고난 행동특성으로 쉽게 변화되기 어려운 행동특성을 말한다. 인격이란 도덕적 기준이나 행동규범에 기초한 평가된 측면이 있는데, 이에 비해 성격(personality)이란 persona라는 어원을 가지고 있으며 가장 중성적인 의미이다.

성격의 정의를 살펴보면 학자마다 조금씩 다른데 정리하면 다음과 같다.

- ◈ Allport : 환경에 대한 개인의 독특한 적응을 결정하는 개인 내의 정신·신체적 체계들의 역동적 조직
- ◈ McClelland: 개인의 행동의 세부 사항들에 대한 가장 적절한 개념화
- ◈ Guilford: 개인의 고유한 특성패턴
- ◈ Pervin: 개인의 삶에 방향과 패턴(통일성)을 부여하는 인지, 감정, 행동의 복합적 조직
- ◈ Child: 개인의 행동을 한 시점으로부터 다른 시점까지 일관성 있게 하고 다른 사람들이 유사한 상황에서 보일 행동과 다르게 만드는, 상당히 안정적이고 내적인 요인들
- ◈ Mischel : 보통 개인이 접하는 생활 상황에 대해 적응의 특성을 기술하는 사고와 감정을 포함하는 구별된 행동패턴
- ◈ Carver & Scheier: 인간의 행동, 사고, 감정의 특유한 패턴을 창조하는 심리신체적 체계인 인간 내부의 역동적 조직

(2) 성격 개념의 특성

성격이 대해 개념적 특성을 살펴보면 다음과 같다.

첫째, 성격은 내적 속성이다. 행동을 관찰하여 간접적으로 측정될 수 있다. 그렇기 때문에 성격판단의 오류가 있을 수 있다.

둘째, 성격은 정신신체적 체계들의 통합과정이다. 부분적인 심리과정보다 통합되어 전체로서 작용하는 것에 관심이 있다. 특히 인지와 감정, 행동이 통합되는 양식에 특히 관심을 가진다.

셋째, 보편적으로 공유하는 공통성을 내포한다. 성격의 측정은 공유하는 행동적 특성을 바탕으로 한다.

넷째, 개인은 고유한 성격을 갖고 있다. 개인차와 독특성으로 인해 성격은 개인에 따라 다르기도 하다.

다섯째, 성격에는 일관성이 있다. 시간에 따른 일관성이 있기 때문에 안정적이다. 상황에 따른 일관성을 가지기도 한다.

여섯째, 성격은 역동적이다. 성격과 상황은 서로 선택하고 영향을 주고 변화시키며 시간에 따라 그 관계의 질이 변화하는 역동적 관계이다.

일곱째, 성격은 인간적응 측면을 반영한다. 사람들은 자신이 처한 상황에서 생존하기 위해 자신의 성격을 발달, 형성시킨다.

(3) 성격이론

성격이론은 크게 과정이론과 특성이론으로 나누어 볼 수 있다. 과정이론은 성격이 어떻게 형성되고 발달하며, 그러한 성격이 생활하는데 어떤 기능을 하는지를 이해하고자 하는 이론이다. 특성이론은 성격이 어떻게 형성되고 발달하는가보다는 현재 어떤 종류의 성격 유형이 있는지와 같은 상태에 관심을 갖는 이론이다.

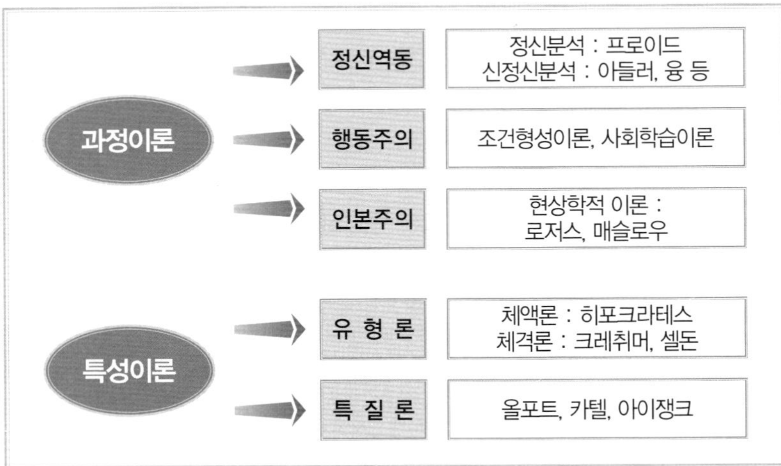

(4) 특성 이론

① 유형론

최초의 유형이론은 Hippocrates의 체액론이다. 혈액, 점액, 흑담즙, 담즙으로 구분하고, 그 중 어느 체액이 신체 내에서 우세한가에 따라 성격이 결정된다고 주장하였다. Kretschemer은 체형에 따라 사람을 쇠약형, 비만형, 투사형, 이상발육형의 네 범주로 나누고 각 체형에 따라 성격이 결정된다고 보았다. 쇠약형은 가냘프고 마른 사람들로 정신분열증에 걸릴 성향이 많은 것으로, 비만형은 둥글고 땅딸한 사람들로 조울증에 걸릴 성향이 많은 것이다. 투사형은 강하고 근육이 발달된 사람으로 조울증보다 정신분열증의 경향이 다소 많은 것이며, 이상발육형은 신체발달이 균형이 잡히지 않은 사람들로서 투사형과 유사한 성향을 보인다고 주장하였다. Sheldon은 Kretschmer의 연구를 더욱 발전시켜 개인은 내배엽형, 중배엽형, 외배엽형의 세 가지로 유형화시켰다. 내배엽형은 내장구조들이 고도로 발달된 사람들로 수줍어하고 내성적인 기질을 가지고 있다. 중배엽형은 근육이 우세한 사람들로 활동적, 자기주장적, 정력적인 기질을 가진다. 외배엽형은 근육이 섬세하고 약한 사람들로 편안함을 즐기며, 사교적인 기질을 가지게 된다.

② 특질론

특질이론은 어느 두 사람도 완전히 동일한 성격을 가질 수 없다는 가정에 기초한다. 한 개인은 시간과 장소에 따라 비교적 일관되지만, 타인과는 서로 다른 성격 특징들을 갖는다고 본다. 특질이론가들은 한 개인이 타인과 지속적으로 어떻게 서로 다른지가 성격의 본질이라고 주장하고, 성격의 연구는 안정된 성격 특질들을 알아내는 것이며, 성격이론은 이러한 특질(trait)들을 체계적으로 분류하는 것이라고 주장한다. 대표적인 특질 이론가들은 Gordon Allport, Raymond Cattell, Hans Eysenk 등이 있다. Allport는 특질은 개인에게 여러 가지 다른 자극이나 상황에 대해 유사한 방식으로 반응하도록 조작하는 실체로서, 개인의 사고, 정서 및 행동을 결정하는 중요한 역할을 한다고 주장한다. 그는 행동 상에 미치는 정도에 따라 주(기본)특질(cardinal trait), 중심특질(central trait), 이차적특질(secondary disposition)로 구분하였다. Cattell은 개인의 특징적 행동을 설명할 수 있는지의 여부에 따라 특질을 표면특질과 근원특질로 분류하였다. Eysenk는 소수의 성격차원만이 존재하며, 개인은 이러한 차원들에서 정도의 차이에 의해 독특한 특질을 소유하게 된다고 주장한다.

(5) 성격 검사

① 성격 척도의 사용

성격을 측정하기 위해 심리검사를 사용하는 데는 여러 이유가 있다.

첫째, 임상장면에서 심리적 장애를 진단하기 위해 성격검사를 광범위하게 사용하고 있다. 검사결과에만 의존해서 진단을 내리지는 않지만 성격척도들은 임상적 진단결정에 매우 유용하다.

둘째, 다양한 일상적인 문제를 경험하고 있는 사람들을 대상으로 하는 상담장면에서도 성격측정이 필요하다. 즉 내담자의 직업 결정에 도움을 주기 위해 성격검사를 실시하는 경우도 있다.

셋째, 성격검사는 회사, 산업체, 정부 및 군에서 인사선발에 활용되고 있다. 이런 경우 성격검사를 사용할 필요성에 논란이 있기는 하지만 조직관리자들은 지원자의 직업적 적합성을 평가하기 위해 성격척도를 활용하고 있다.

넷째, 성격척도는 다양한 심리연구에 사용된다. 경험적 연구를 하기 위해서는 엄격한 측정이 필요하다. 예컨대, 아동 양육방식과 내향성 간의 관계를 연구하려고 할 때 내향성을 정확하게 측정할 수 없다면 연구할 수 없다.

② 질문지형 성격검사

질문지형 또는 인벤토리형 성격검사란 특징적인 행동을 기술하고 있는 일련의 질문에 수검자가 대답하도록 되어있는 검사방식이다. 이러한 검사는 수검자가 자신을 잘 알고 있고 개인적 감정에 대해 가장 잘 접근할 수 있다는 논리에 근거를 두고 있다. 감각추구척도와 자기탐사척도와 같은 질문지형 성격검사는 한 구체적인 성격특성을 측정하기 위해 고안된 것이지만, 다면적 인성검사(MMPI)와 같은 성격검사는 여러 성격차원을 동시에 측정하기 위한 검사이다.

2. 에니어그램 성격유형검사

(1) 에니어그램의 정의

에니어(ennear, 9, 아홉)'라는 단어와 '그라모스(grammos,도형 · 선 · 점)'라는 단어의 합성어이다. 즉 에니어그램은 그리스어로 '아홉 개의 점이 있는 그림'이라는 뜻이다. 에니어그램 자체는 원과 아홉 개의 점, 그리고 그 점들을 잇는 선으로만 구성된 단순한 도형이지만 그 안에는 우주의 법칙과 인간 내면의 모든 것이 상징적으로 표현되어 있다.

에니어그램은 사람을 9가지 유형으로 분류하며, 세상의 모든 사람들은 그 중 하나의 유형에 속한다. 하지만 이는 사람을 9가지 유형으로만 단순히 구분, 획일화해 놓은 것이 아니다. 9가지 유형의 문을 통해 들어가는 성격의 문과 같은 것으로 9가지 유형의 문을 통과하고 난 뒤에 사람들은 세상을 어떻게 보고 있는지, 가치관은 어떤지, 주로 어떤 관계를 맺고 있는지 내면의 여행을 떠나게 되는 것이다. 이 여행에는 무수히 많은 관계들의 역동과 변형, 수준, 행동하게 되는 방식, 자신 내부의 동기들이 있고 이 가운데서 인간세상의 다양한 모습들이 나오게 된다.

(2) 에니어그램(enneagram)의 상징 체계

에니어그램(enneagram)의 상징은 그 어원에서도 나타나듯이 하나의 원으로 되어 있고, 그 원주는 1부터 9까지 번호가 매겨진 9가지 점으로 나누어져 있다. 점 3, 6, 9는 정삼각형을 이루며, 화살표로 연결된 헥사드가 1→4→2→8→5→7→1의 순서로 이어진다. 에니어그램 상징 속에 보이는 원과 삼각형과 헥사드는 단순한 도형이지만 그 안에는 우주의 법칙과 인간 내면의 모든 것이 상징적으로 표현되어 있다.

고대로부터 원의 상징적 의미는 인간이 도달하고 싶어하는 이상형, 완전충만을 그리고 있다. 이는 기독교의 후광, 불교도의 십우도처럼 우리 자신을 둘러싼 둥근 구의 모습, 그 안에서 하나가 될 우리의 모습을 그리고 있으며 인간은 완전함을 추구하는 존재라는 의미를 나타낸다. 삼각형은 인간은 한쪽으로 치우쳐서 자신의 삶을 살아가는 것이 아니라 감정과 사고와 행동을 골고루 발전시켜 균형된 삶을 살아가야 하는 존재로 보는 것이다. 헥사드의 복잡한 모습은 성장의 방향으로 존재하는 모든 우주 만물은 정체되어 있지 않고 변화하는 존재라는 것을 의미한다. 이러한 원과 삼각형, 헥사드가 결합된 지혜의 체계가 에니어그램인 것이다.

(3) 에니어그램 성격유형에 대해 알아야 할 사항

- 모든 사람은 특정한 기본적 성격 유형을 가지고 있다.
- 성격유형에 관한 설명은 나라에 관계없이 동일하고, 남성과 여성에 관계없이 동일하다
- 각 유형에 이름이 붙여있지만 실제로는 번호를 더 많이 사용한다. 번호는 중성의 성질을 가지고 있어서 각 유형에 따른 편견을 배제한다.
- 각 유형의 번호의 순서에는 아무 의미가 없다.
- 모든 유형에는 그 유형의 장점과 단점이 있다. 어떤 성격 유형이 더 좋거나 나쁜 것은 없다.
- 당신이 어떤 유형이든 당신 안에는 9가지 특성이 어느 정도 내재되어 있다.

3. 에니어그램 힘의중심

에니어그램 시스템은 기본적으로 인간 성격의 근간을 장(배, 본능) 중심, 가슴(감정) 중심, 머리(사고) 중심의 3가지 에너지와 생명력의 근원 요소로 보고 있다. 생존을 위해 우리가 반응과 자극에 대한 받아드림과 이를 통해서 나오는 행동의 형태들은 기본적으로 사람들이 어떠한 에너지 중심을 가지고 반응하고 행동하는가에 대한 문제이며 이를 통해 결국은 사람 사이의 유형의 구분을 가능케 하는 것이다. 인간 존재의 요소를 신체, 정신, 정서로 구성되었다고 볼 때 인간은 기본적으로 이들 중 하나에 에너지의 중심을 두고 살아간다. 그 에너지의 중심은 감정, 사고, 본능이며 신체와 연관지어 표현하면 가슴, 머리, 장 중의 하나에 사람들은 자신의 에너지를 두고 살아간다.

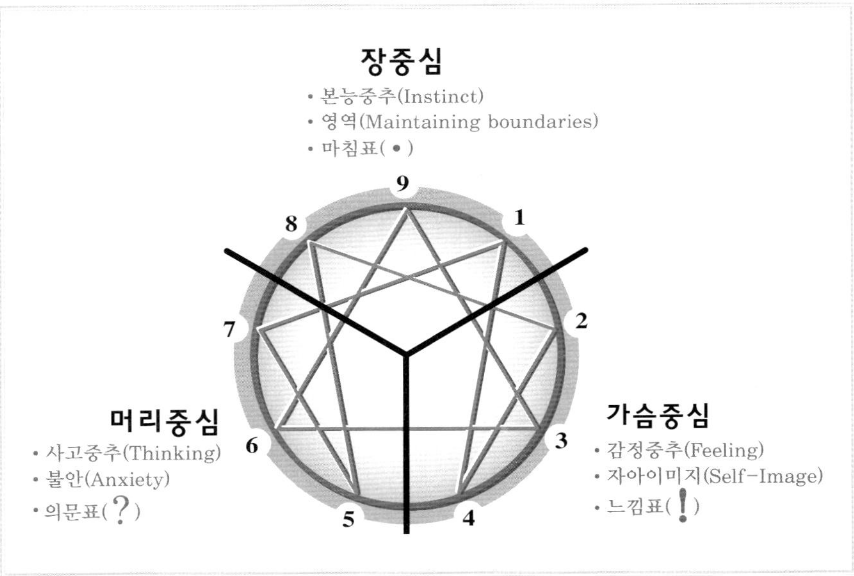

세가지 힘의 중심 (자아)

(1) 머리중심

에니어그램 시스템은 기본적으로 인간 성격의 근간을 장(배, 본능) 중심, 가슴(감정) 중심, 머리(사고) 중심의 3가지 에너지와 생명력의 근원 요소로 보고 있다. 생존을 위해 우리가 반응과 자극에 대한 받아드림과 이를 통해서 나오는 행동의 형태들은 기본적으로 사람들이 어떠한 에너지 중심을 가지고 반응하고 행동하는가에 대한 문제이며 이를 통해 결국은 사람 사이의 유형의 구분을 가능케 하는 것이다. 인간 존재의 요소를 신체, 정신, 정서로 구성되었다고 볼 때 인간은 기본적으로 이들 중 하나에 에너지의 중심을 두고 살아간다. 그 에너지의 중심은 감정, 사고, 본능이며 신체와 연관지어 표현하면 가슴, 머리, 장 중의 하나에 사람들은 자신의 에너지를 두고 살아간다.

(2) 가슴중심

감정(가슴)에 에너지의 중심을 두고 살아가는 이들은 에너지의 중심을 감정, 가슴에 두고 있으며, 자신의 존재감을 세상과의 관계하는 이미지에서 얻는다. 즉, 이들은 삶을 느낌을 통해 파악하고 타인과의 관계를 생각하면서 살아가는 사람이다. 삶의 모습 속에서 자신이 스스로에게 또는 타인에게 어떻게 보일 것인가에 대한 자아이미지에 대해 항상 고민하며 자기 자신을 찾기 위해 몸부림치며 살아간다. 따라서 이들의 주된 감정은 자신의 이미지가 타인에게 어떻게 비추어 질까에 대한 의식을 하면서 친절과 적극성의 외모 뒤에 자신의 공격성을 숨기는 수치심을 가지고 산다. 자신의 이미지를 유지하기 위해 타인과의 관계를 생각하는 사회적인 사람들이라 할 수 있다.

이들은 결국은 자신의 이미지와 관련해서 관심을 갖는 것은 자신의 권위와 이미지, 자신의 하는 행위와 삶의 상징과 타인에 대한 의식에 끌리며 타인과의 관계에서 1:1의 관계에 집착하고 의존한다. 이들은 자신의 이미지에 대한 의식으로 결국은 자신이 만들어낸 거짓된 자신의 모습, 즉 거짓자아를 만들어 마치 그것이 자기인 것처럼 가면을 쓰고 살아간다. 이들은 자신이 경험한 일이 자신에게 어떤 의미가 있는지를 중요시하며 살아가는 과거중심적인 사람들이다. 이들에게 시간의 개념은 곧 자신의 감정, 인간관계의 상태에 따라 다른 의미를 갖는다.

자기의 자아이미지와 과거가 중요한 이들은 상황파악에 있어서 우선 타인과의 관계를 생각하며, 상황의 중심에 인간을 넣게 된다. 감정적으로 풍부한 이들은 상황을 머리보다는 타인과의 관계와 접촉에 의해 직관적으로 파악하고 빠르게 대처한다. 원칙보다는 감정적인 대응을 통한 의사결정을 하는 경향이 있다. 이들은 깊은 생각과 원칙에 입각한 행동보다는 감정이 앞서는 사람들로 본인의 감정에 휘둘리는 경향이 있다.

(3) 장중심

본능(장)에 에너지의 중심을 두고 살아가는 이들은 에너지의 중심을 행동에 두고 있으며, 자신의 존재감을 세상에 대항하면서 얻는다. 즉, 이들은 나의 생존에 대한 욕망을 자신을 보호하기 위해 끊임없이 타인과 나를 구분하며 지키려하는 경계의 유지를 위해 삶을 투쟁하며 살아간다. 따라서 이들의 주된 감정은 자신의 경계의 유지를 위해 자신의 번민과 공포를 자기주장이나 외모에 숨기는 분노를 가지고 살며, 자신의 경계를 유지하기 위해 공격적인 사람들이라 할 수 있다. 이들은 결국은 자신의 생존과 관련해서 관심을 갖는 것은 자신의 존재, 힘과 정의–무엇이 옳고 그른가? 나의 힘으로 이것을 해결할 수 있는가?에 대한 문제로 고민하게 된다. 따라서 현실세계에서의 생존에 대한 관심으로 인해 이들에게 중요한 것은 현재의 나의 모습과 위치, 그리고 하고 있는 일이다. 지금 시점에서 무슨 일이 나에게 우선이 되는가에 대한 문제가 중요한 현재중심적 사람들이다. 또한 이들은 자신의 존재를 위해 주어진 문제나 환경에 저항하고 통제하려는 습성을 가지고 있기 때문에 모든 사람과 인간사이의 관계를 자신의 의지대로 하려는 경향이 있으며, 심지어는 시간마저도 자신의 뜻대로 하려 한다.

자기 자신과 현재가 중요한 이들은 상황파악에 있어서 진행 중인 일을 신속, 정확하게 파악하고 현실을 조정하며, 자신과 자신의 일에 대한 타인의 통제에 본능적으로 반응하며 대처하게 된다. 그리고 이들의 의사결정은 상황에 적응하거나 타인감정 등을 고려하지 않고 당연과 의무에 의해 의사결정을 하는 경향이 있다.

영화를 성격심리학적으로 관람하기

1. 머리중심 성격의 캐릭터 분석

에니메이션 '보노보노'의 주요 캐릭터 중 머리중심 에너지의 성격특징을 가진 인물은 바로 보노보노이다. 보노보노의 머리중심 성격특징을 살펴보면 다음과 같다.

(1) 성격적 특징 : 자기보존, 사고, 지식

자기보존에 심리에너지가 집중되기 때문에 자신의 안전에 관심이 많고, 지나치게 조심하는 경향이 있다. 안전에 지나치게 신경을 많이 쓰다 보니 걱정이 많고 불안 수준이 높다. 불안이란 막연한 두려움이다. 구체적 대상이 없다. 그러다보니 불안에서 벗어나기 위해선 이런 저런 방법에 대해 생각을 많이 할 수밖에 없다. 상황에 대해 많이 알고 있음으로써 안전해지려고 한다. 보노보노 캐릭터를 살펴보면, 늘 궁금한 것이 많고 생각이 많다. 그런데 그의 생각을 자세히 들어보면, 일어나지도 않는 막연한 일에 대한 걱정이 대부분이다. 늘 질문하고 걱정하고 두려워져서 어쩔 줄 몰라 하는 캐릭터로 머리중심의 성격적 특징을 잘 나타내고 있다. 1화 에피소드에서도 보노보노는 포로리에게 놀러 갔는데, 놀러간 것도 잊은 채 왜 모두들 집에 사는 지 궁금해 하며 그것에 대해 알려는 행동을 주로 한다. 너부리가 이런 저런 집을 찾아주지만, 보노보노는 집에 대해 살아보지도 않고 온통 걱정뿐이다. 지붕이 무너져서 죽으면 어쩌나, 자다가 물에 떨어져서 죽으면 어쩌나 등 자신의 안전에 대해 계속 걱정하는 모습을 보여준다.

(2) 핵심 감정 : 공포

머리중심 성격을 가진 인물의 핵심 감정은 공포심이다. 공포는 두려움에 압도된 상태이다. 압도되어 있기에 행동을 할 수가 없다. 보노보노는 늘 걱정만 하고 공포에 질린 상태로 어쩔 줄 몰라 하면서도 대응 행동을 하지 않는다. 정확하게 말하면 대응 행동을 할 수 없는 상태인 것이다. 그저 무서운 생각만을 끊임없이 하면서 그 자리에서 울고 있을 뿐이다. 보노보노 캐릭터를 묘사하는 특징 중 대표적인 것이 바로 머리 위에 땀방울이 솟아오르면서 '뽀로로롱~'하는 의성어가 들리는 장면이다. 이 모습은 보노보노가 공포에 질려 어쩔 줄 몰라하는 모습을 상징화한 것으로 보인다.

(3) 관심사 : 수수께끼, 전반, 미래

보노보노는 수수께끼에 관심이 많다. 1화 에피소드 장면을 살펴보면 보노보노가 얼마나 수수께끼에 관심이 많고 전반적인 것을 파악하려고 하는지 알 수 있다. 그리고 아직 일어나지 않은 미래의 일에 관심이 많은 것 또한 확인할 수 있다.

(4) 상황파악 : 관찰, 비교, 분석

보노보노는 상황을 파악할 때 관찰하고 비교하고 분석하는 성격적 특징을 보여준다. 7화 에피소드에서 갑자기 무슨 소리가 들리자 보노보노는 궁금증을 해소하기 위해 이리저리 정보를 모으러 다닌다. 그러면서 그 정보가 맞는지 끊임없이 비교해보고 분석해 본다.

(5) 의사결정 : 논리적, 이성적

보노보노는 관찰하고 비교, 분석하면서 상황을 파악한 후 의사 결정을 할 때는 매우 논리적이고 이성적이다. 1화 에피소드에서 자기에게 맞는 집을 찾으러 다니다 결국 마지막엔 야옹이 형 말을 듣고 자기가 늘 먹고 잠을 자는 바다가 자기 집이라는 것을 받아들인다. 의사결정은 논리적 근거에 따라 이성적으로 하는 것이다.

2. 가슴중심 성격의 캐릭터 분석

에니메이션 '보노보노'의 주요 캐릭터 중 가슴중심 에너지의 성격특징을 가진 인물은 바로 포로리이다. 포로리의 가슴중심 성격특징을 살펴보면 다음과 같다.

(1) 성격적 특징 : 사회적, 사교적, 인간중심

보노보노에게 늘 먼저 놀러오는 캐릭터가 바로 포로리이다. 심지어 포로리는 자기를 때리기도 하고 벌컬 벌컥 화를 내기도 하는 너부리에게도 같이 놀자고 찾아가는 인물이다. 매우 사교적인 성격적 특징을 갖고 있는 것이다. 보노보노가 등장할 때 대부분 화면엔 보노보노 혼자인 경우가 많다면, 포리리는 늘 여러 명의 친구나 사람에게 둘러싸여 있다.

(2) 핵심 감정 : 수치심

포로리의 핵심 감정은 수치심이다. 영화 속에서 포로리의 수치심이 잘 드러나진 않는다. 내가 혼자 넘어졌을 땐 창피하지 않지만, 친구들 앞에서 넘어졌을 땐 창피하다. 수치심이란 다른 사람이 날 잘못하는 존재로 볼 것이라고 느끼는 것이다. 포로리가 걱정이 되어서 '어떡하지, 어떡하지.'하면서 이리저리 뛰어다니자 너부리가 좀 가만히 있으라고 화를 낸다. 영화 속 이 장면에서는 너부리가 포로리를 저 멀리로 날려버리기 때문에 포로리가 어떤 기분을 느꼈을지 나오지 않지만, 유추해 보건데 부끄러웠을 것이다.

(3) 관심사 : 인간, 상징, 과거

포로리의 관심은 사람, 즉 친구이다. 세상사 전반을 궁금해 하면서 관심을 갖고 있는 보노보노와는 달리 포로리는 궁금해하는 보노보노에게 관심이 있다. 그래서 늘 보노보노가 걱정을 할 때 함께 걱정하고 반응해 준다. 1화 에피소드에서도 보노보노가 물 속에서 잠을 자려고 하다가 숨이 막혀하면서 물 밖으로 나오자, 포로리가 숨이 막혔을 보노보노를 따라서 표현해 준다. 무서웠을 보노보노에 대한 깊은 공감의 표현이라고 해석할 수 있다. 또한 포로리는 가슴형으로 상징에 관심이 있는데 그것은 상징이나 현상이 의미하는 바에 관심이 크다는 뜻이다.

(4) 상황파악 : 직관적, 감정적, 타인관심

포로리는 상황을 직관적이고 감정적으로 파악한다. 그러다보니 논리나 근거가 부족하고 설명하는 데 시간이 오래 걸린다. 자신이 알고 있는 것에 대해 친구에게 이해시키는 것이 어렵다. 특히 상황을 파악할 때 주로 초점을 두는 것은 사람이다. 7화에서 보노보노가 저 멀리 들리는 소리에 대해 나쁜 아이 잡아가는 귀신이 내는 소리라고 하자 포로리는 갑자기 걱정에 휩싸여서 깡충깡충 뛰며 어쩔 줄 모르는 모습을 보인다. 소리에 대해 보노보노처럼 생각하고 정보를 모아서 상황을 파악하려고 하지도 않고, 너부리처럼 직접 찾아가보지도 않는다. 그저 그때 느껴지는 감정에 따라 직관적으로 상황을 파악하는 것이다.

(5) 의사결정 : 관여된 사람

의사를 결정할 때 그 일에 관여된 사람을 보고 결정한다. 그 결과 상대에 따라 결정이 달라질 수 있다. 보노보노가 자신만 집이 없다고 슬퍼하자 그 순간 포로리는 앞뒤 재지 않고 바로 같이 살자고 제안한다. 그러나 포로리는 높은 나무 위에 살기 때문에 보노보노와 같이 살 수 없다. 이런 점을 고려하지 않고 그저 친구인 보노보노가 슬퍼하기 때문에 같이 살기로 결정해 버리는 것이다.

3. 장중심 성격의 캐릭터 분석

에니메이션 '보노보노'의 주요 캐릭터 중 장중심 에너지의 성격특징을 가진 인물은 바로 너부리이다. 너부리의 장중심 성격특징을 살펴보면 다음과 같다.

(1) 성격적 특징 : 적대적, 본능적, 자발적

너부리의 성격적 특징을 살펴보면, 자주 화를 내고 상대방에게 적대적이고 호전적이다. 주로 화를 내는 상황은 너부리가 걱정되거나 두려울 때다. 상대방에게 상처를 주기 위해서 화를 낸다기보다는 본능적으로 자기를 지키기 위해 화를 내는 것으로 보인다. 그리고 너부리의 행동은 주로 자발적이며 주도적이다. 보노보노가 동굴 아저씨에 대한 생각으로 두려워 어쩔 줄 몰라 하고, 그런 보노보노의 이야기를 듣고 포로리가 깡충깡충 뛰며 수선을 피울 때 너부리는 이렇게 말한다. "그냥 가보면 되잖아." 결국 너부리의 말대로 보노보노와 포로리는 동굴에 가게 된다.

(2) 핵심 감정 : 분노

너부리는 자주 화를 낸다. 너부리가 등장하는 대부분의 장면은 너부리가 화를 내고 있거나, 소리를 지르거나 친구들을 때리고 있다. 자기가 위협을 받는다고 자주 느끼기 때문에 화가 나는 것이다.

(3) 관심사 : 자신, 힘, 현재

너부리의 주요 관심사는 바로 자기 자신이다. 그래서 보노보노가 아무리 걱정해도, 포로리가 함께 걱정이 되어서 수선을 떨 때도 너부리는 지금 현재 자기가 관심 있는 것에만 초점을 둔다. 1화 첫 등장에서 너부리는 보노보노와 포로리가 둘이의 대화에 열중하고 있자, 자기에게 관심을 돌리기 위해 나뭇잎 덩어리를 던진다. 그럼에도 불구하고 둘이 반응이 없자 왜 반응을 안해주냐며 도리어 화를 내는 모습을 보인다. 이러한 행동은 바로 장유형의 관심이 자기자신이며 현재 중심적이기 때문이다.

(4) 상황파악 : 진행하는 일, 현실조정, 통제

너부리는 상황파악을 일을 진행하면서, 현실을 조정하고 통제하면서 한다. 동굴에 대한 보노보노의 궁금증도 직접 동굴에 가서 탐험하면서 파악해 간다. 현재를 경험하면서 끊임없이 자기의 기준에 맞게 조정하고 통제하려 한다. 보노보노가 집이 없다고 하자 너부리는 집을 찾아주겠다고 한다. 그러면서 함께 다니며 이집 저집을 둘러보면서 보노보노의 집을 찾는다. 이렇게 집을 찾아다니고 살아보면서 보노보노의 문제를 파악하고 해결하는 행동 특성을 보여준다.

(5) 의사결정 : 당연, 의무, 원칙

진행하는 일 속에서 상황을 파악하고 난 후에는 원칙에 따라 의사를 결정한다. 그러다보니 자기가 결정한 사항에 대해선 당연히 해야 한다고 친구들에게도 강요하게 된다. 논리적 근거도 필요 없고 설득을 해야 할 필요성도 못 느낀다. 왜냐하면 그렇게 행동하는 것이 당연하고 의무라고 생각하기 때문이다. 7화에서 보노보노가 저 멀리서 들리는 소리가 궁금하자고 하자 너부리는 궁금하면 당연히 찾아가보면 된다고 말한다. 자기의 결정에 대해 당연하다는 말 또한 자주 한다.

참고한 자료

- 노안영, 강영신(2003). 성격심리학. 서울 : 학지사
- 돈 리처드 리소, 러스 허드슨(2000). 주혜명역. 에니어그램의 지혜. 서울: 한문화
- 윤운성(2007c). 에니어그램 이해–나를 찾아 떠나는 여행. 한국형에니어그램 1단계. 서울:한국에니어그램교육연구소.

_____________(2007c). 에니어그램 탐구–나의 길을 따라가는 여행. 한국형에니어그램 2단계. 서울 : 한국에니어그램교육연구소.

11. '나인(9 : nine, 2009)' : 에니어그램

<영화 속 이야기 한줄>

"이 세상에 있는 어떤 것들은 원래 있던 자리에 그냥 두는 게 더 좋아.
하지만 네가 어디를 봐야할지 안다면 이 폐허에는 보물이 가득하지."

– '나인' 中에서–

영화 '나인(9: nine, 2009)'과 만나기

1. 영화 감독 : 쉐인 액커

2006년 아카데미 단편에 그의 11분짜리 단편 〈9〉이 노미네이트 되었다. 〈9〉 단편은 수상 여부를 떠나, 수 많은 할리우드 관계자들 사이에서 대단한 이슈거리였다. 팀버튼과 티무르 베크맘베토프 감독이 공동제작자로 나서면서 장편영화로 본격적인 작업에 착수, 이른바 '팀버튼의 사람들'이라 불리는 최고의 스탭들이 참여하게 되었고, 감독은 쉐인 액커였다. 그는 〈9〉 이전에 1분과 2분짜리 단편을 하나씩 만들었고, 일라이저 우드가 연기했던 〈반지의 제왕:왕의 귀환〉에서 짧은 시간, 애니메이터로 일한 것을 빼고는 별 다른 경력 사항이 없는 신예이다. 〈9〉으로 아카데미 노미네이트는 물론 세계의 유수 단편영화제 수상하며 스포트라이트를 받았다 하지만, 이토록 거대한 프로젝트를 믿고 맡기기에는 위험 부담이 너무 컸었다. 그러나 그는 원작자라는 이유로 자신의 의견만을 내세우지도, 그렇다고 해서 다른 모든 의견에 일일이 흔들리지도 않을 만큼 팽팽하게 균형을 잡았다. 스토리나 비쥬얼 면에서 뛰어난 예술 형식을 띠었던 그의 단편은 각 분야의 전문가를 만나 이야기의 구조는 더욱 풍성하고, 비쥬얼은 보다 섬세하게 발전해 나갔다. 그 결과 탄생한 장편 에니메이션이 바로 〈나인〉이다(NAVER 인물검색).

2. 영화 내용

과학 문명의 폭주로 인해 인류는 종말을 맞이한다. 남은 것은 황량한 폐허로 변해버린 지구이다. 하지만 인류의 마지막을 예견한 한 과학자에 의해 9개의 생명체가 탄생하게 된다. 그렇게 과학자의 숨결과 정성, 영혼을 넣어 만든 9는 어느 날 아무것도 모른 채, 목소리도 나오지 않은 상태로 폐허가 된 지구에 깨어나게 된다. 그때 9는 창밖으로 움직이는 무언가를 발견한다. 그것은 다름 아닌 '2'였다. 2는 친절히 대해주었고, 그가 목소리를 낼 수 있도록 도와주었다. 그리고 9가 몸속에 넣고 있는 것을 보았다. 동그란 칩으로, 9가 방을 나올 때 집어넣은 것이다. 2는 '6'이 이 장치를 그리고 있었다며 신기해한다. 그러나 그때, 기계괴물이 습격을 하고, 2는 장치와 함께 잡혀간다. 결국, 9와 5는 2를 구하러 폐허 공장에 침입한다. 2가 갇혀있는 새장을 발견하지만, 기계괴물에게 발각된다. 그때, '7'이 나타나서 괴물을 무찌른다. 그때, 9는 문제의 칩을 발견했다. 그것을 괴물이 어딘가에 끼워 맞추려고 했던 것이다. 곧이어, 그는 벽같이 보이는 곳에 칩이 맞을만한 단자를 찾아내고, 9는 칩을 단자에 끼우려 한다. 2는 9를 보고 멈추라며 달려오지만, 이미 9는 칩을 끼웠다. 그 순간, 칩은 빛을 내뿜고 달려와서 칩을 빼려 하는 2의 영혼(혹 생명력)을 삼켜버린다. 5,7,9가 경악하고 곧이어 벽같이 보이던 것이 소리를 내며 빨간 빛을 내뿜기 시작했다. 사실 그것은 벽이 아니라 거대한 기계괴물이었다. 9는 무사히 빠져나오지만, 5와 7에게 질책을 듣는다. 남아있던 기계괴물은 스스로 고철을 모아 다른 기계군단을 만들기 시작했다. 한편, 7은 자신이 숨어있던 은신처에 9와 5를 데리고 간다. 낡은 도서관의 안에는 쌍둥이 '3'과 '4'가 기다리고 있었다. 9는 3과 4에게 기계에 대해 물어보고, 놀라운 진실을 보게 된다. 한 과학자가 군사령관과 로봇을 만들어 군대무기를 만들었는데, 그 기계들이 갑자기 인간에 반항, 생물체를 말살하였다는 것이다. 9가 깨운 기계괴물이 바로 과학자가 발명한 로봇이었던 것이다. 즉, 그 기계괴물은 다른 기계괴물을 제작할 수 있다. 오히려 9로 인해 더 위험해진 상황. 9와 5는 일단 성당으로 돌아간다. 1에게서도 질책을 받던 9와 5는 1이 8에게 무기를 압수하라고 하는 것을 듣는다. 그때, 스테인드글라스가 깨지고 새같이 생긴 기계괴물이 침입한다. 다행히 8이 물리치는 듯싶지만, 열세에 몰리자 다시 7이 나타나 그들을 구해준다. 도서관으로 이동한 이들은 1이 2를 고의로 죽음으로 내몰았다는 사실에 당황한다. 1은 한명쯤 희생할 필요가 있었다며, 오히려 다른 사람들에게 더욱 안전을 강조한다. 9는 그를 겁쟁이라고 꾸짖고, 1은 8에게 주변을 감시하라고 명령한다. 기계괴물은 인형들의 위치를 알아채는 한편, 2의 시체를 이용해 그들을 유인하는 재봉사 로봇을 만들고, 8은 로봇이 비추는 광선에 최면이 걸려 잡힌다. 1마저 2의 시신을 보고 놀라서 최면도 걸릴 뻔 하지만 9,5,7이 구한다. 그러나 7이 괴물에게 잡혀간다. 한편, 남은 인형들은 괴물에게서 떼어낸 2의 시신을 장례 치르고, 7과 8을 구하러 이제는 활발하게 움직이는 공장으로 들어간다. 힘겹게 7을 구출한 9는 공장을 빠져나오려 하고, 아슬아슬하게 인형들은 공장을 폭파시키고 탈출한다. 기계가 죽었다고 생각한 인형들은 파티를 벌이지만, 다시 살아난 거대 기계괴물의 습격으로 5를 잃는다. 달아나는 도중 이번에는 6이 잡히고, 6은 원천을 찾아서 일을 해결하라며 9에게 말하고 영혼을 빨린다. 결국, 9는 자신이 시작했으니 자신이 끝내겠다며 스스로 유인하기로 하지만, 1이 한명쯤 희생이 필요할 때가 있다면서 9를 밀어내고 대신 죽는다. 덕분에 9는 칩을 빼내고 버튼을 눌러 기계에게 흡수된 인형들의 영혼을 칩으로 빼내고, 영혼이 없어진 기계는 역시 파괴된다.

3. 캐릭터 이해

1

오만한 리더로 기계들과 싸우는 것보다 숨어있는 게 더 낫다고 생각한다. 대원들을 괴물 기계로부터 보호해준다고 말하면서 왕으로 군림하고 있다. 그러나 마지막에 자신을 희생한다.

2

4차원 발명가로 처음에 등장해 9를 구해주고 불쌍하게 죽는다. 9에게 목소리를 준 착한 노인 발명가이기도 하다. 말할 때는 어눌하고 극도로 조심스러우며 소심해 보이는 성격이지만 모두가 깜짝 놀랄 발명품으로 원정대의 전력 상승에 막대한 영향을 준다.

3과 4

태어날 때부터 똑같은 외모에 똑같은 생각을 하고 자란 쌍둥이 학자로 말은 할 수 없지만 눈빛으로 모든 것을 대화한다. 다른 사람들의 생각이나 의견을 별로 중요하게 생각하지도 않고 궁금해하지도 않는다. 대부분 자신들끼리만 의사소통하며 원정대를 조용히 따른다.

5

신념 굳은 기계 기술자로 도구와 기계를 다루는데 매우 능통하며 9와 매우 친하고 마음이 착하다. 기계들 때문에 한쪽 눈을 잃었다.

6

별난 예술가로 9에게 친구들이 살아있다고, 힘의 원천을 찾으라는 힌트를 주고 희생당한다. 혼자 있고 싶어 하며 같이 붙어 있으면 매우 불안해한다. 불안 수준이 병적이다.

7

풍운의 여전자로 9를 도와주며 용감히 싸우는 여전사이다. 매우 재빠르며 날개를 달고 날아다닌다. 자립심이 매우 강해 기계와의 전쟁에서 늘 앞장서서 나선다. 그러나 누군가의 도움을 받는 것을 자존심 때문에 싫어하기 때문에 대원들 간에 팀워크를 이루기 어려워한다. 그래도 번번이 위기에 처한 대원들을 구출해 준다.

8

행동대장. 어이없는 죽음을 당하지만 매우 힘이 강한 캐릭터이다. 약간 바보스러운 면모가 있지만 대장인 1번의 명령에 매우 충직하게 따른다. 생각하지 않고 무조건 행동하기 때문에 원정대는 큰 위험에 처하기도 한다.

9

괴물 기계로 인해 폐허가 된 세상에 어느 날 목소리도 없는 상태로 깨어난다. 어리숙한 성격으로 원정대의 가장 신참이다. 그러나 그는 자신이 인류의 마지막 희망이라는 것을 알게 된다. 자신이 왜 이렇게 대단한 일을 해야 하는지 알 수 없지만 결국 원정대를 이끌고 괴물 기계로부터 인류를 구해낸다.

<에니어그램>에 대해 알아보기

1. 에니어그램의 9가지 성격유형의 특징

에니어그램의 성격유형은 보통 이 9가지 유형을 일컫는다. 1에서 9까지의 숫자로 명명된 9가지의 유형은 3가지 힘의 중심에서 세분화된 에니어그램의 기본유형이다. 각 유형의 특징을 알기 쉽게 설명하기 위해 많은 학자들이 각자 다른 별칭을 붙이고 있으나 숫자로 부르는 것이 원칙이다. 각 숫자에 좋고 나쁜 가치가 부여되어 있지는 않다. 따라서 숫자가 크다고 좋거나, 작다고 나쁜 성격은 아니다.

(1) 1번

이성적이고 완벽주의적인 유형이다. 이들은 스스로의 이상을 실현하기 위한 노력을 아끼지 않는다. 이들의 근본적인 두려움은 부도덕함과 결함이 있는 것에 대한 두려움이다. 이 때문에 완벽하고 올바른 것에 집착한다. 이들은 '완벽주의자', 혹은 '개혁가'라는 별칭을 가지고 있다.

- 1번 유형의 장점 : 매사에 완벽하고 끝맺음이 정확하다. 공정하고 정직하다. 깔끔하다. 자제력이 있다. 믿음직하다.
- 1번 유형의 단점 : 세부사항에 지나치게 집착한다. 지나치게 비판적이다. 인간관계를 별로 중요시하지 않는다. 독선적이고 강박적이다. 매우 완고하다. 사소한 일에 걱정이 많고, 흠잡기를 좋아한다.

(2) 2번

매우 사교적이고 남을 도와주기 좋아하는 유형이다. 타인들에 대해 민감하고 예리하기 때문에 남들의 기분을 이해하고 잘 맞춰준다. 이들의 근본적인 두려움은 자신이 사랑받지 못하는 것에 대한 두려움이다. 자신이 사랑받기 위해서 남에게 베푸는 데 집착한다. 이들은 '조력가'라는 별칭을 가지고 있다.

- 2번 유형의 장점 : 정이 많고 마음이 넓다. 친절하고 세심하다. 사람을 잘 돌본다. 눈치가 빠르다. 다른 사람의 기분을 잘 이해하고 칭찬해 준다.
- 2번 유형의 단점 : 헌신의 뒷면에 대가를 바란다는 욕구가 있다. 남을 돌보느라 자신의 문제를 보지 못한다. 뭐든지 돌려서 표현한다. 타인을 조종하고 독점하려 한다. 감정이 너무 강해 논리적이지 못하다. 히스테리가 심하다.

(3) 3번

성공과 유능함을 추구하며, 야망이 있고 역할이나 지위에 대해 주목받기를 원하는 유형이다. 또한 실용적이고 실적 중심적이다. 이들은 성공하기 위해서는 몸의 희생도 불사할 수 있으며, 가슴 중심 유형이지만 성공을 위해 감정을 내려놓기도 한다. 이들의 근본적인 두려움은 자신이 가치없는 사람이라는 것에 대한 두려움이다. 그래서 성공에 집착하게 된다. 이들은 '성취자', 혹은 '선동가'라는 별칭을 가지고 있다.

- 3번 유형의 장점 : 유능하고 어디서나 주목받는다. 자신감이 많다. 판단력과 화술이 뛰어나다. 정열적이고 실용적이다.
- 3번 유형의 단점 : 남을 쉽게 믿지 않는다. 자기도취에 빠지기 쉽다. 자만과 잘난척이 심하다. 지나치게 경쟁적이고 적대적이다. '성공이냐 실패냐'만을 인생의 가치로 본다. 약삭빠르고 자신에게 이익이 되는 행동만을 한다.

(4) 4번

매우 자기중심적이며 예술적이고 독특한 것을 추구하는 유형이다. 수줍음이 많고, 감동적인 것을 추구한다. 타인에 대한 이해심이 많지만 자기를 꾸미는 데 더 많은 에너지를 소모한다. 평범한 것을 거부하고 결코 현재에 만족하지 않는다.

이들의 근본적인 두려움은 인정받지 못하는 것에 대한 두려움이다. 타인에게 인정받기 위해 다른 사람과 다른 것을 추구하고 특별한 사람이 되고자 한다. 이들은 '예술가', 혹은 '개인주의자'라는 별칭을 가지고 있다.

- 4번 유형의 장점 : 따뜻하고 이해심이 많다. 자기성찰이 뛰어나다. 독창적이고 개성이 뚜렷하다. 예술적 재능이 있다. 감수성이 풍부하다.
- 4번 유형의 단점 : 사소한 일에도 쉽게 상처받고 우울해진다. 자의식과 죄책감이 지나치게 심하다. 지나치게 내성적이다. 쉽게 고민에 빠진다. 질투심이 심하다. 감정의 기복이 심하다. 자신에게 지나치게 몰입해서 다른 사람에게 무심하다.

(5) 5번

분석력과 통찰력이 있고 지식을 탐구하는 것을 좋아하는 유형이다. 객관적이고 관찰력이 뛰어나다. 말수가 적고 조심스러운 행동을 보이기도 한다. 혼자 있는 것을 즐기며, 혼자만의 시간과 공간을 중요시한다. 그래서 사생활에 대해 경계심이 강하다. 이들의 근본적인 두려움은 자신이 무능한 사람이라는 것에 대한 두려움이다. 유능한 사람이 되기 위해 지식과 정보수집에 집착한다. 이들은 '사색가', 혹은 '관찰자'라는 별칭을 가지고 있다.

- 5번 유형의 장점 : 분석적이고 객관적이다. 현명하다. 끈기가 있다. 통찰력과 자제력이 뛰어나다. 지적이고 사려깊다. 지식이 풍부하다.
- 5번 유형의 단점 : 오만하고 고집이 세다. 지식을 나누기를 아까워한다. 흠잡기를 좋아한다. 지나치게 내성적이고 소극적이다. 참여하지도 않은 일에 대해 한걸음 물러서서 판단만 한다. 행동하기 전에 항상 생각하지만 생각을 너무 하느라 막상 행동하지 못할 때가 많다.

(6) 6번

폐쇄적이고 겁이 많으며, 짜여진 지침과 틀에 잘 적응하는 유형이다. 책임감이 강하고 안전을 추구하며, 전통이나 단체, 혹은 친구에게 특히 충실하다. 협동심이 강하고 주위로부터 믿음직하다는 이야기를 많이 듣는다. 이들의 근본적인 두려움은 다른 사람의 도움을 받지 못하는 것에 대한 두려움이다. 따라서 자신을 옳은 방향으로 가이드해 줄 사람에게는 남다른 충성심을 보인다. 이들은 '충성가'라는 별칭을 가지고 있다.

- 6번 유형의 장점 : 규범과 규칙에 충실하다. 공동체의식이 강하다. 주변과 조화롭게 지낸다. 정이 많고 다른 사람을 잘 돌본다. 책임감이 있다. 상대방에게 호감을 준다.
- 6번 유형의 단점 : 지나치게 신중하다. 피해망상적이다. 자기방어가 심하다. 사고에 융통성이 없다. 화를 잘 낸다. 안전하고 확실한 것이 아니면 절대 하지 않는다. 자신감과 주체성이 없이 남이 시키는 대로만 하려고 한다. 우유부단하다. 지나치게 보수적이다. 자립심이 부족하다.

(7) 7번

낙천적이고 명랑하고 아이디어가 넘치는 유형이다. 자기도취적인 면이 다소 있으며 언제나 쾌락과 재미를 추구한다. 무언가에 도전하기를 좋아해서 남다른 재능이 많다. 아이디어가 많지만 그 아이디어의 질을 생각하지 않는다. 이들의 근본적인 두려움은 고통 받는 것에 대한 두려움이다. 자신이 고통받지 않고 불행해지지 않기 위해 어떤 일에서든 즐거움을 찾으려고 노력한다. 이들은 '낙천가', 혹은 '만능가'라는 별칭을 가지고 있다.

- 7번 유형의 장점 : 항상 남들을 즐겁게 해 준다. 자신감과 자주성이 강하다. 상상력과 호기심이 많다. 건설적이고 변화를 추구한다. 다재다능하다.
- 7번 유형의 단점 : 지나치게 자기도취적이고 충동적이다. 한 가지에 오래 집중하지 못한다. 낙관주의가 과장되어 있다. 깊은 인간관계를 회피하는 경향이 있다. 쉽게 열광적인 상태에 빠진다. 고통에 대한 공포가 지나치게 심하다.

(8) 8번

리더십이 강하고 권력과 승리를 추구하는 유형이다. 이들은 자신이 옳다고 생각하는 것에 대해서는 모든 것을 걸고 싸울 준비가 되어 있다. 나는 강하고 힘이 넘친다는 자아이미지를 가지고 있어 자신의 힘을 발휘할 수 있는 위치에 올라가려고 노력한다. 이들의 근본적인 두려움은 통제당하는 것에 대한 두려움이다. 통제당하지 않기 위해 거꾸로 남을 통제하는 데 집착한다. 이들은 '지도자'라는 별칭을 가지고 있다.

- 8번 유형의 장점 : 단도직입적이고 단호하다. 권위있다. 자신감이 넘치고 성실하다. 게으름을 피우지 않는다. 상대방에게 안정감을 준다. 남다른 행동력이 있다.
- 8번 유형의 단점 : 남을 조종하려 한다. 지나치게 반항적이고 오만하다. 고집이 세다. 자신이 원하는 것만을 중요하게 생각한다. 자신만의 정의를 너무 추구한다. 자신의 행동을 부끄러워하지 않는다. 자신의 약점과 한계를 인정하지 않는다. 파괴적이고 독재적이다. 자신의 몸만을 지키려 하기 때문에 동료를 쉽게 버린다.

(9) 9번

안정과 평화를 추구하고 넓은 포용력을 가진 유형이다. 갈등이나 긴장을 피하는 사람들이며 주위 사람들의 영향을 쉽게 받는다. 편견이 없고 냉정하게 생각하기 때문에 다른 사람의 고민을 잘 들어주기도 한다. 어떤 상황이 와도 불만을 표출하지 않으며 언제나 만족감에 차 있다. 이들의 근본적인 두려움은 혼자 남겨지는 것에 대한 두려움이다. 친구와 동료를 잃지 않기 위해 평화로운 것에 집착한다. 이들은 '조정자', 혹은 '평화주의자'라는 별칭을 가지고 있다.

- 9번 유형의 장점 : 붙임성이 있고 온순하다. 인내심이 강하다. 포용력이 많다. 편견이 없다. 타인의 입장에서 생각한다.
- 9번 유형의 단점 : 현실적인 대처능력이 부족하다. 자신에게 무관심하다. 강박관념이 심하다. 둔감하고 수동적이다. 타인에게 지나치게 쉽게 동일시한다. 자신의

의견을 표현하지 못한다. 자아존중감이 낮다. 게으르고 나태하다.

2. 성격유형별 기본 두려움과 욕망

에니어그램의 성격유형론에 따르면 각 유형은 기본적인 두려움에 의해 움직인다. 원초적인 결핍이 강한 무의식적인 불안감을 느끼게 하는데, 그것이 바로 기본적인 두려움이다. 두려움은 실제적인 위험이 아니라 결핍에 대한 기억이 투영되어 불안이나 공포 등의 모습으로 나타나는 심리적 상황일 뿐이다. 어린 시절 필요가 충족되지 못하고 그 흐름이 막히게 됨으로써 우리 안에 어떤 중요한 요소가 결핍되어 있다고 느낀다. 이 느낌은 자연스럽게 깊은 불안을 만들어 낸다. 후에는 자신에게 뭔가 근본적인 문제가 있다는 결론에 도달하게 된다. 그것은 말로 표현할 수 없는 강한 무의식적인 불안이다. 이것이 바로 기본적인 두려움이다.

두려움은 자아에게 위험신호를 보내는데, 두려움이 고통스럽기 때문에 사람들은 그 위험을 제거하거나 모면하기 위해 행동하게 된다. 즉, 인간의 행위는 욕망에 의해서만 결정되는 것이 아니라 두려움과 상관관계에 의해 복합적으로 작용하여 원하는 쪽으로 나아가려 하고 두려운 것을 회피하려는 경향으로 결정된다.

기본적인 두려움을 보상하기 위해서 기본적 욕망이 생긴다. 기본적 욕망은 삶을 영위하기 위해서 기본적 두려움에 대항하여 스스로를 방어하는 방식이다. 기본적인 욕망은 우리가 안전하다고 믿도록 만들어 주는 것이며, 모든 인간이 당연하고 갖고 있는 욕구를 나타낸다. 그러나 각 유형은 그 유형이 갖고 있는 기본적인 욕망을 이상화하고 그것만을 추구하기 때문에 당연하게 가져야할 다른 인간적인 욕구는 무시하기 시작한다. 그러나 중요한 건 기본적인 욕망에게는 아무 잘못이 없다는 사실이다. 문제는 우리가 자신을 패배시키는 잘못된 방식으로 기본적인 욕망을 충족시키려 한다는 데 있다. 모든 성격유형들은 기본적인 욕망을 과도하게, 잘못된 방식으로 추구함으로써 자신을 파괴시킬 수 있다.

〈표 II-2〉 상처받은 내면아이 특성 요약

	기본적 두려움	기본적 욕망	욕망의 왜곡
8번	다른 사람에게 해를 당하거나 통제당하는 것	자신을 보호하고자 하는 욕망	끊임없는 싸움
9번	연결을 잃는 것 자기 혼자 떨어져 나가는 것	평화에 대한 욕망	고집스러운 태만
1번	사악하고 부도덕하고 결함이 있는 것	완전하고자 하는 욕망	비판적 완벽주의
2번	사랑받을 가치가 없는 것	사랑받고자 하는 욕망	꼭 필요한 사람
3번	가치 없는 것 타고난 재능이 없는 것	가치 있게 여겨지고자 하는 욕망	성공을 쫓는 것
4번	정체성이 없는 것 자신이 중요한 존재가 아닌 것	자기 자신이고자 하는 욕망	방종으로 왜곡
5번	쓸모없고 무능하게 되는 것	유능해지고자 하는 욕망	쓸모없는 전문화
6번	도움과 안내를 받지 못하는 것	안전하고자 하는 욕망	확신에 대한 집착
7번	자신이 가진 것을 박탈당하는 것 고통에 빠지는 것	행복하고자 하는 욕망	광적인 도피

3. 성격유형별 행동 방식

행동방식이란 주어진 환경에 반응하는 태도로 어떤 상황이 주어졌을 때 자연스럽게 나타나는 무의식적 반응의 행태이다. 자신을 어떻게 드러내고 표현하는가 하는 문제이다. 환경에 반응하기 위해서는 원하는 것(욕구, 바램)이 무엇인가, 그것을 얼마만큼 느끼고 있으며 얼마만큼 실현해 낼 의지가 있는가 하는 것이 중요하다. 그것은 자신의 바램을 실현할 에너지를 얼마나 내재하고 있는가하는 문제이기도 하다. 모든 사람은 본질적으로 똑같은 에너지가 내재되어 있지만, 자신의 집착에 따라 현실적으로 쓰는 에너지가 다양하다. 즉, 모든 사람은 자기 안에 공격적인 에니지, 움츠려드는 에너지, 의존하려는 에너지를 모두 가진다. 그 중 자신의 집착과 관련하여 어느 성향이 더욱 많이 드러나는가가 행동방식을 결정한다. 공격형은 자신의 의사표시나 권리에 대해 순발력 있게 적극적으로 주장하고 표현하는 에너지적 특성을 가지고 있으며, 회피형은 타인으로부터 움츠러듦으로써 자극에 반응하려 한다. 이들은 내면으로 들어가 있어 외부의 공격으로부터 방어를 하고 있는 상태이다. 즉, 고립되어 있으면 방어가 가능하다고 느낀다. 반면에 순응형은 주변 상황과 관계의 수용에 의존한다. 자신의 의지보다 자신이 좋아하고 의지하는 사람들의 뜻이 중요하다고 생각하고, 자신의 뜻을 강하게 내세우지 않고 상황과 환경에 의존한다.

(1) 에니어그램 8번 유형 : 공격형

내적인 힘을 바탕으로 하여 상황을 통제하고 있을 때 만족스럽고 자신이 바람직한 삶을 영위하고 있다고 느낀다. 또한 주변 사람의 적대감을 인정하고 당연시하며 의식적 혹은 무의식적으로 맞서고자 한다. 확고한 자기 자아에서 편안함을 느끼기 때문에 문제나 갈등을 속속들이 파헤쳐 누가 상처를 받든 개의치 않고 해결책을 찾을 때까지 온갖 수단을 다 쓴다.

(2) 에니어그램 9번 유형 : 회피형

자율을 침해받는 것이 불안하여 주변이 평화로워야 한다고 생각한다. 이들에게 평화로움은 자신이 환경의 요구에 현실적으로 대응하는 데에 있다. 갈등과 긴장을 없애기 위해서는 환경과 맞서지 않고 물러나 있거나 주변을 조정하고 중재하는 것이 갈등해결의 방책이라고 여긴다. 어떻게든 일이 많이 일어나지 않기를 바라고, 그들 자신이나 남들로부터 기대할 만한 것도 별로 없다고 여겨서 물러나 있다.

(3) 에니어그램 1번 유형 : 공격형

자신의 영역이라고 생각하는 환경이나 자신에 개선할 점이 있다고 생각하고 만족스럽지 못한 부분을 개선시켜야만 자신의 의무를 다한 것 같고 자유로워진다고 느낀다. 이런 이유 때문에 이들은 비판자가 되고, 비판자적인 시각은 이들로 하여금 분노를 잉태하게 할 뿐만 아니라 공격적이게 만든다. 심한 충동을 느끼면 독선적으로 되거나 남을 비난하게 되고 자기모순적이고 융통성 없는 행동을 하게 된다.

(4) 에니어그램 2번 유형 : 순응형

타인이 자기를 필요한 사람으로 인정하고 고마움을 표현할 때 성취를 느낀다. 이들은 타인이 자신의 도움을 받아들이게 하기 위하여 노력한다. 중요한 것은 타인의 인정과 평가이다.

자신의 사랑을 표현할 수 있는 누군가를 필요로 하며, 사랑하고 사랑받고 싶은 크나큰 욕구 때문에 다른 사람에게 의지하고 그들과의 관계 속에서 모든 것을 찾으려 한다. 자기 탓이 아닌 이유로 관계가 불편해졌을 때라도 먼저 행동을 취한다.

(5) 에니어그램 3번 유형 : 공격형

타인의 주의를 매우 강하게 의식하고 있어서 타인으로부터 인정을 받지 못하는 수치심의 불안에서 벗어나고자 성공이란 겉모습을 만드는 데 공격적이다. 성공이란 그들이 이룬 성공보다는 타인에게서 인정과 평가를 받으면 되는 것이다. 즉, 성공을 통해서 자신의 가치를 입증하려고 한다. 매우 경쟁적이고 관여하는 분야가 무엇이든 거기서 최고가 되려고 한다.

(6) 에니어그램 4번 유형 : 회피형

타인의 좋은 평가를 받고자 하나 자신감이 부족하여 물러나 준비하고 연습한 후 독창적인 방식으로 자신을 표현하려 한다. 이들은 자신이 버림받았고, 돌봐주거나 사랑해 주는 사람이 아무도 없다고 느낀다. 자신이 다른 사람들과 다르다고 느끼기 때문에 물러나 있어 단체의 분위기와 어울리지 않는다.

(7) 에니어그램 5번 유형 : 회피형

자신의 사적인 공간으로 물러나 정보를 수집하고 이를 통해 전체적인 통찰을 얻어내려고 노력한다. 이들에게 중요한 것은 올바른 판단인데, 이를 위해 여러 사항을 따지고 조사하려면 많은 시간과 은둔이 필요하다고 생각한다. 모든 것에 대해 지적인 감독관이 되려는 목적에서 사람들로부터 멀리 물러나 있다. 항상 위기 상황을 분석하고 사람들이 거기에 어떻게 반응하는지 관찰한다.

(8) 에니어그램 6번 유형 : 순응형

이들은 신뢰받기를 원하고 신뢰받지 못할까 봐 염려한다. 신뢰를 받는 방법은 힘있는 자에게 충성을 다하거나 규범에 충실하여야 한다고 여긴다. 이들은 중요한 사람이나 법과 규범에서 요구하는 사항을 성실히 이행하였다고 판단하면 성취하였다고 생각한다. 이렇게 상황의 요구에 응하는 것이 외부 환경에 대응하는 것이라고 판단한다. 세상에 적응해야 한다고 생각하기 때문에 기존의 표준과 법에 순응하는 것을 매우 중요시한다.

(9) 에니어그램 7번 유형 : 순응형

자신의 사고능력에 자신감이 부족하기 때문에 항상 계획을 세우고 이를 보완하여야 바람직한 상태라고 느낀다. 그리고 즐거움을 추구하는 데 힘을 쏟는다. 낙관성에 의지하며 사람에게 의존한다. 고통스러운 것을 끊임없이 피하면서 다른 사람을 위한 책임을 지지 못하고, 곤란할 때는 다른 사람에게 그것을 해 달라고 부탁한다.

영화를 에니어그램적으로 관람하기

1. 에니어그램 1번 유형의 성격 분석

(1) 두려움과 욕망

1번의 기본적 두려움은 사악하고 부도덕하며 결함이 있는 것이다. 그 결과 완전하고자 하는 욕망을 가진다. 영화 속에서 에니어그램 1번 유형의 성격특성을 가진 캐릭터는 '오만한 리더'이다. 그는 아주 깡마르고 왜소한 몸에 왕관과 왕의 가운, 그리고 지팡이를 들고 있는 모습으로 표현되어 있다. 또한 자신의 과거 경험으로부터 판단한 결과로만 행동하고, 이를 동료들에게도 강요하는 보수적이고 권위적인 측면이 크다.

영화 속 1번은 9번이나 다른 유형이 자신의 통치 방법, 즉 괴물기계에 대한 대응방법을 다른 방법으로 해보자고 제안하면 화를 낸다. 다른 사람의 제안을 수락한다는 것은 자신이 해오던 방법이 틀린 것이 되며, 이는 자신의 흠으로 느껴지지 때문에 두려움을 수반을 하기 때문이다. 자신이 틀린다는 것은 자신의 생존을 위협하는 것이기 때문에 1번에겐 존재의 죽음과도 같은 기본적 두려움인 것이다. 그 결과 1번은 틀리지 않기 위해 오만한 리더가 되어버린다. 자기만이 옳으며 따라서 모두 자기의 말을 따라야 한다고 강요한다. 1번의 괴물 기계에 대한 대응 방법은 바로 '싸우지 말고 숨어 지내야 한다.'는 것이었다. 이런 대응책은 과거 1번이 괴물 기계에서 대응하다 죽음을 당했던 수많은 사람을 보고 얻어낸 결과이다. 자신의 경험에 따라 판단한 행동이기 때문에 절대적으로 완벽하고 옳다고 믿는다.

(2) 행동 방식 : 공격형

1번의 행동 방식을 공격형이다. 공격적 행동방식은 스트레스 상황에서 적대적이고 공격적으로 반응함으로써 자기를 보호하려고 한다. 즉, 자신을 방어하는 전략으로 다른 사람들과 경쟁하고 대결하려 한다. 영화 속에서 리더인 1번은 괴물들로부터 자기와 대원들을 안전하게 지키기 위해 매우 노력했음에도 불구하고 그런 자기 자신을 따르지 않게 된 대원들에게 매우 분노를 느낀다. 생사고락을 같이 했던 자신의 대원들이었음에도 불구하고 결국 그들을 배신하고 공격하게 된다. 올바름을 지향했던 리더였음에도 불구하고 스트레스 상황이 되자 다른 대원들을 공격하고 위험에 빠지게 함으로써 자신을 보호하는 극단적인 방법을 쓰게 된다. 9번이 괴물 기계에 맞서 싸우자는 말을 하자 자신의 신념이 틀렸을지도 모른다는 불안감이 올라오고, 자기의 신념을 지켜야겠다는 생각이 강화된 것이다. 그 결과 자꾸 자신의 신념에 반대하는 말을 하는 9번이 생존을 위협한다고 생각하여 공격적 행동을 하게 된다.

2. 에니어그램 8번 유형의 성격 분석

(1) 두려움과 욕망

8번 유형의 기본적 두려움은 다른 사람에게 해를 당하거나 통제당하는 것이다. 그 결과 자신을 보호하고자 하는 욕망을 가진다. 영화 속 8번은 캐릭터 중 가장 덩치가 크고 힘이 센 인물로 묘사된다. 그는 원정대를 힘으로 제압하고 통제하려는 모습을 자주 보인다. 특히 영화 속에서 8번은 괴물 기계와 한바탕 싸우고 난 뒤 괴물 기계에게 이길 수 없을 것 같은 생각이 들자 자신의 약함이 느껴지고 그것에서 탈출하고자 혼자서 약물을 하는 모습으로 그려진다. 이는 괴물 기계에게 해를 당할 것 같은 두려움을 회피하고자 극단적인 행동을 한 것으로 해석할 수 있다.

(2) 행동 방식 : 공격형

영화 속 8번의 별칭은 '행동 대장'이다. 별칭에서 알 수 있듯이 8번은 자신이 원하는 것을 얻기 위해 주장하고 요구한다. 영화 속에선 1번이 판단하면 8번이 행동하는 모습으로 나온다. 비록 원정 대원들에게 거칠게 대하는 8번이지만 괴물 기계가 쳐들어오면 누구보다 사정없이 온 힘을 다해 공격하는 것 또한 8번이다. 싸울 때의 8번은 평상시의 어눌하고 약간 바보스러운 면모 대신 냉혹하고 위협적인 캐릭터로 묘사된다. 그리고 8번은 자신이 원하는 것을 알게 되면 바로 적극적으로 행동하는데 이때는 원정대에 대한 공격적 행동도 서슴지 않는 모습을 보인다.

3. 에니어그램 9번의 성격 분석

(1) 두려움과 욕망

9번 유형의 기본적 두려움은 연결을 잃는 것, 자기 혼자 떨어져 나가는 것이다. 그 결과 평화에 대한 욕망을 가진다. 영화 속 9번 캐릭터는 부드러운 인상으로 묘사된다. 그는 처음 만난 대원들과도 쉽게 연결감을 형성하고, 괴물 기계가 위협하는 현 세상의 평화를 되찾기 위해 대원들과 힘을 모아 고군분투한다. 이런 과정에서 9번은 자신의 두려움을 극복하는 건강한 주인공의 모습을 보여주는데, 9번은 다른 사람에게 대항해서 자신을 주장하는 것이 제일 무섭다. 특히 대항하는 사람이 조직의 리더일 경우엔 더 말할 것도 없을 것이다. 그냥 1번 리더의 말을 조용히 듣고 원정대에 녹아들 수 있었지만, 9번은 주인공답게 자신의 의견을 주장하고 올바른 행동을 행하는 매우 건강한 모습을 보인다.

(2) 행동 방식 : 후퇴형

영화 속에서 9번의 행동방식은 후퇴형이다. 그는 사람들과 모이는 것을 즐기고 잘 참여할 뿐만 아니라 누구보가 원정대에 적극적인 모습을 보인다. 이런 모습은 9번 행동방식의 건강한 상태로 주인공다운 영웅적 모습이라고 할 수 있다. 그러나 가끔 스트레스 상황이 될 때는 후퇴형의 모습을 보이기도 한다. 예를 들어, 처음에는 9만이 괴물기계와 싸워야 한다고 주장하였으나 중반부가 넘어가면서 원정 대원들을 하나 둘 잃고 결국 9를 제외한 모두가 기계괴물과 직접 싸워야 한다며 전투를 준비한다. 그러나 오히려 9는 한 걸음 뒤로 물러나 6의 말을 생각하며 자신이 눈 뜬 방으로 돌아간다. 그러면서 어떻게 하는 것이 올바른 것인지, 평화로워질 수 있는지를 고심한다. 이런 모습은 9번의 후퇴형 행동 방식이 표현된 것으로 9번이 스트레스 상황에 처했을 때 성격유형에 따른 자동적 반응을 하고 있음으로 해석할 수 있다.

4. 에니어그램 2번 유형의 성격 분석

(1) 두려움과 욕망

에니어그램 2번의 두려움은 사랑받을 가치가 없는 것이다. 따라서 사랑받고자 하는 욕망에 빠진다. 사랑받기 위해 다른 사람들에게 꼭 필요한 사람이 되려고 한다. 2번 유형은 영화 속 초반에만 등장하지만 그의 존재감은 상당하다. 그는 영화 속에서 발명가 캐릭터로 등장하는데 잡다한 것들을 발명해서 원정대에 도움을 준다. 또한 비록 늙고 약해 정찰을 나가면 위험해짐에도 불구하고 원정대에 필요한 사람이 되고자 하는 욕망에 따라 정찰을 나가는 인물이다. 정찰을 나갔다가 세상에 눈을 뜬 9번을 처음 만나게 되고, 따뜻하게 대해주며 그가 말을 할 수 있도록 돕는다. 그리고 이 세상에 대해 아무것도 모르는 9번이 괴물 기계에서 잡힐 위험에 처하자 용감하게 나가 그를 구출하고 대신 잡혀 가게 된다. 자신의 생사가 위험해진 순간에도 9번에게 필요한 것들을 챙겨주는 2번 유형의 모습을 보인다. 그러나 이런 2번의 모습은 매우 건강한 2번의 모습인데 그 이유는 2번이 자신이 원정대에게 도움을 주고 교만에 빠지거나 인정을 요구하지 않고, 오히려 매우 겸손한 자세를 취했기 때문이다.

(2) 행동 방식 : 순응형

2번의 행동 방식은 순응형이다. 2번 유형들은 다른 사람들을 보살피고 봉사하는 사랑이 많은 사람의 자세로 다른 사람에게 접근함으로써 자동적으로 다른 사람보다 나은 우월한 역할의 자리에 자신을 놓게 된다. 영화 속 2번은 나이가 들고 힘이 없는 노인임에도 불구하고 정찰을 나온다. 사실 체력적 어려움, 그로 인한 두려움이 컸을 텐데 자신을 챙기기보다 팀원들이 도움이 필요함을 알고 무리해서 정찰을 나온 것으로 보인다. 정찰을 나와서도 처음 만난 9번에게 선뜻 나가가 그가 필요로 하는 목소리를 나오게 도와주는 행동을 한다. 그 결과, 2번은 영화 속에서 주인공인 9번보다 인성이나 재능 면에서 더 우월해보이기까지 한다. 모두에게 좋은 인상을 주는 캐릭터이다.

5. 에니어그램 5번 유형의 성격 분석

(1) 두려움과 욕망

에니어그램 5번의 두려움은 쓸모없고 무능력한 것이다. 그 결과 유능해지고자 하는 욕망에 빠져 전문가가 되려고 한다. 영화 속에서 5번 유형은 한쪽 눈이 망가졌음에도 불구하고 더욱 집중해서 기술을 연마하는 캐릭터로 나온다.

(2) 행동 방식 : 후퇴형

영화 속 5번의 행동방식은 후퇴형이다. 스트레스 상황에서 세상과 연관되는 것에서 물러나 자신이 상상하는 내면의 안식처로 들어간다. 특히 다른 사람들과 분리되어 있다는 느낌을 많이 받는다. 영화 속 5번은 높은 망루에서 망을 보며 혼자 있기를 좋아하는 캐릭터로 묘사된다. 대부분의 시간을 원정대와 동떨어져 혼자 지낸다. 5번은 2번과 비슷한 기술자 역할을 하지만 행동 방식은 사뭇 다르다. 2번이 원정대에 순응하는 캐릭터로 노인임에도 불구하고 정찰을 나가고 원정대에 필요한 발명품들을 만든다면, 5번은 망루에서만 생활하고 소심하며 필요하다기 보다 특이한 물건을 발명하는 경향이 있다. 9번이 함께 2번은 구하러 가자고 했을 때에도 일단 5번은 거절하고 9번의 행동을 관찰하는 모습으로 표현된다.

참고한 자료

- 돈 리처드 리소, 러스 허드슨(2000). 주혜명역. 에니어그램의 지혜. 서울: 한문화
- 윤운성(2007c). 에니어그램 이해-나를 찾아 떠나는 여행. 한국형에니어그램 1단계. 서울:한국에니어그램교육연구소.

  ＿＿＿＿＿(2007c). 에니어그램 탐구-나의 길을 따라가는 여행. 한국형에니어그램 2단계. 서울:한국에니어그램교육연구소.
- 이종식(2013). 성격의 비밀. 서울: bookLad

12. '레인오버미(Reign Over Me, 2007)': 이상심리학

<영화 속 이야기 한줄>

"reign over me,

레인 오버 미, 내 곁에 있어줘... "

– '레인 오버 미' 中에서–

영화 '레인오버미(Reign Over Me, 2007)'과 만나기

1. 영화 감독 : 마이크 바인더(Mike Binder)

1958년 디트로이트에서 태어난 마이크 바인더는 미국의 영화배우이자 감독이다. 처음에는 고향에서 스탠드 업 코미디언으로 경력을 쌓았고, 영화 제작과 스탠드 업 코메디를 추구하다 텔레비전으로 무대를 옮겨 활동하였다. 그러다 바인더는 영화 제작에 뛰어들어 자신이 직접 각본하고 감독하여 〈크로싱〉을 제작했다. 이후 독립적인 영화제작자로 변신해 독특한 사랑관이 담긴 〈섹스 몬스터〉의 각본, 감독, 연기를 도맡아하며 신선한 충격을 주었다. 또한 코미디언이었던 과거 경력으로 영화에 출연하기도 하는 등 다재다능한 면모를 선보이고 있다. 이런 자신의 다양한 이력을 통해 예리하고 날카로운 삶의 통찰이 담긴 자신만의 영화세계를 구축하고 있다.

2. 영화 내용

치과 의사 존슨은 어느날 집으로 돌아가던 중 우연히 치과대학 동창생이였던 파인맨을 보게 된다. 그러나 존슨의 목소리를 듣지 못한 듯 파인맨은 스쿠터를 타고 사라진다. 둘은 한 때 기숙사 룸메이트로 지낸 친구 사이지만 소식이 끊긴 지 오래되었다. 몇 년 만에 존슨 앞에 다시 나타난 파인맨은 9.11로 가족을 잃고 폐인이 되어있다. 가족과 관련된 모든 기억을 거부하는 그에게 유일한 친구가 된 존슨. 그는 파인맨의 상처를 치유하고 싶어서 상담의에게 파인맨을 데리고 간다. 하지만 너무나 큰 상처 때문에 망가질 대로 망가진 파인맨에게는 도무지 희망의 빛이 보이지 않는다. 상담자인 안젤라(리브 타일러)의 도움을 받아 파인맨의 마음을 조금씩 열어가는 존슨. 한편 존슨에게도 몇 가지 어려움은 있다. 그는 치과라는 안정된 직장을 가지고 있지만 추파를 던지는 이상한 환자와 퉁명스런 간호사, 그리고 이기적인 동료들 사이에서 곤란을 겪고 있다. 안정된 가정 또한 가지고 있지만 무언가 허전한 모습을 보인다. 존슨은 파인맨이 잃어버린 모든 것을 가졌지만 거꾸로 자신에게 부족한 무언가를 파인맨에게서 발견해간다. 일상의 대부분을 직장과 가정에서 보내다 보니 자신만의 삶을 잃어버린 듯한 존슨. 정작 자신에게 다가온 방황의 이유를 찾지 못하고 상담을 받을지 말지 고민하고 있다. 어느날 파인맨의 장인과 장모는 더 이상 연락이 되지 않는 파인맨을 참지 못하고 소송을 건다. 설상가상으로 파인맨은 자살을 시도한다.

3. 캐릭터 이해

파인맨

9.11 사고로 가족 모두를 잃어버리고 폐인이 된 남자. 눈동자에 초점이 없으며 머리는 부스스하고 옷차림은 흐트러져 있다. 늘 귀에 이어폰을 낀 채 스쿠터를 타고 다닌다. 인테리어도 안 된 집에 혼자 살고 있으며 컴컴한 거실에서 종일 게임을 한다. 이전에는 잘 나가는 치과의사였으나 지금은 모두와 연락을 끊고 살고 있다.

존슨

현재는 안정된 치과의사이며 가족과 함께 평온하게 살고 있다. 모든 것이 안정되어 보이지만 존슨은 무언가 부족함을 느낀다. 반복되는 일상생활에서 조금씩 지치고 있으며 허전함을 느끼고 있다. 파인맨의 대학 기숙사 룸메이트였다.

안젤라

여자 상담의. 파인맨에 대해 존슨에게 이런저런 조언을 해 준다. 따뜻하며 온정적인 태도를 가지고 있다.

<이상심리학>에 대해 알아보기

1. 이상심리학의 개요

이상행동과 정신장애는 고통스럽고 불행한 과거 경험의 산물인 동시에 삶을 더욱 고통스럽고 불행하게 만드는 원인이 되기도 한다. 이상심리학(abnormal psychology)은 이러한 이상행동과 심리장애를 과학적으로 연구하는 심리학의 한 분야이다. 심리학은 근본적으로 인간의 정신세계에 대한 관심에서 출발한다. 특히 이상심리학은 인간의 심리적 고통과 불행에 대한 깊은 관심에 그 뿌리를 두고 있다.

이상심리학은 인간이 나타내는 다양한 이상행동과 심리장애를 현상적으로 기술하고 분류하며, 그 원인을 규명하여 설명하고, 치료 방법 및 예방 방안을 강구하는 학문이다.

2. 이상행동의 개념

(1) 통계적 규준으로부터의 이탈

이상(ab-normal)이라는 말은 '규준으로부터의 이탈'(away from the norm)을 의미한다. 신장, 체중, 지능, 불안과 같은 많은 특성들을 측정해 보면, 수치들은 한 범위를 이룬다. 예컨대, 신장에서 대부분의 사람들은 이 범위의 중간쯤에 들어가나 소수의 사람들은 양극에 머물게 된다. 즉 이상적으로 크거나 이상적으로 작다. 다시 말하면, 통계적인 빈도에 따라 이상을 정의하는 것이다. 이 정의에 따르면, 극단적으로 지능이 낮은 사람과 높은 사람, 극단적으로 불안이 많거나 전혀 없는 사람, 극단적으로 불행한 사람과 행복한 사람 모두가 이상으로 분류된다. 따라서 이상을 정의할 때는 통계적 빈도 이상의 것을 고려해야만 한다.

(2) 사회적 규준으로부터의 이탈

모든 사회는 용인될 수 있는 행동에 대한 기준이나 표준을 가지고 있으며 이러한 기준으로부터 크게 일탈된 행동은 이상으로 간주된다. 사회적으로 일탈된 행동은 통계적으로도 드문 행동이나, 이상과 정상에 대한 생각은 사회에 따라 다르고 같은 사회 내에서도 시기에 따라 다를 수 있기 때문에 단순한 사회적응 종 이상의 것이 포함되어야만 한다. 예를 들어, 몇몇 아프리카 종족들에 있어서는 환청(auditory hallucination)이나 환시(visual hallucination)를 이상으로 생각하지 않으며, 반체제 인사가 어떤 사회에서는 정신병자로 취급되어 정신병원에 수용되기도 한다.

같은 사회 내에서도 이상과 정상의 개념은 시기에 따라 달라지기도 한다. 원시사회에서 정신병자는 성자로 존경받았고 중세사회에서 정신지체자는 천사로 간주되었다. 50년대 대부분의 미국인들은 마리화나를 피우거나 해변가에서 나체로 돌아다니는 것을 이상행동으로 보았으나 80년대에는 생활양식의 차이로 보는 경향이 있다.

(3) 행동의 부적응성

이상과 정상을 구분하는 또 하나의 기준은 개인의 행동이 개인이나 사회의 안녕 및 복지에 어떻게 영향을 주는가 이다. 이 정의에 따르면, 버스를 탈 수 없을 정도로 사람이 많은 곳을 두려워하거나 직장에서 쫓겨날 정도로 술을 좋아하는 사람, 자살을 기도하는 사람 등은 이상으로 간주된다. 이러한 기준에 해당되는 사람들은 자신의 행동에 대한 통찰이 없기 때문에 자발적으로 전문가의 도움을 청하려고 하지 않는다.

(4) 개인적(주관적) 고통

개인의 행동이 타인들에게는 정상적인 것으로, 때로는 아주 효과적인 것으로 까지 보이는데도 개인 스스로가 주관적으로 고통을 느끼는 것이다. 이들의 대부분은 불안과 우울에 시달리고 안절부절못하며 불면증, 식욕상실, 기타 여러 가지 증상으로 아픔과 고통을 느끼기 때문에 자발적으로, 그리고 때로는 주변 사람들의 권유에 쉽게 동조해서전문가를 찾는다.

위에서 언급한 어느 것도 이상행동을 만족스럽게 기술해 주지는 못하므로 이상행동을 진단할 때는 네 가지 기준을 함께 고려해야만 한다.

3. 외상 후 스트레스 장애

PTSD(PTSD. PosttraumaticStress Disorder)는 충격 후 스트레스장애, 외상성 스트레스장애라고도 한다. 외상 후 스트레스장애란, 생명을 위협하는 심각한 상황(외상적 사건)에서 심리적으로 충격을 받은 후 일으키는 정신적 증상을 말한다. 심각한 외상적인 사건이란 전쟁, 자동차 사고, 폭행, 강간 테러 및 폭동, 지진, 홍수 ,화산 폭발 등을 말하는데, 예를 들면 삼풍백화점 붕괴사건으로 극심한 충격을 받은 피해자에서 그 증상이 나타날 수 있다. 즉 생명을 위협하는 신체적·정신적 충격을 경험 한 후 나타나는 전신적 질병이다. 증세는 개인에 따라 충격 후에 나타나거나 수일에서 수년이 지난 후에 나타날 수도 있다.

외상 후 스트레스 장애의 주된 증상은 크게 3가지 정도이다.

첫째, 생명의 위협을 줄 정도로 엄청난 사고를 겪은 후 사건을 잊고 싶은데 잊지 못하고 반복해 기억하게 된다. 예를 들어 꿈에 계속 나타난다거나, 반복적으로 그 사건이 생각난다거나, 마치 그 사건이 일어나고 있는 것 같이 행동하거나 느끼는 경우가 바로 그 예이다.

둘째, 일상적 행동에서 멀어지게 되는 '회피'현상이 나타난다. 사건이 일어난 공간에 가까이 가지 않는 것처럼 사건과 연관된 자극을 계속 회피한다. 또한 대인관계로부터도 멀어져 친밀한 인간관계를 유지할 수 없게 된다.

셋째, 과도하게 몸이 긴장돼 집중이 잘 되지 않고 잠도 제대로 들 수 없으며 불안감으로 깜짝깜짝 놀라는 각성 반응을 나타낸다. 대부분의 감정은 비현실적이고, 타락, 분노, 피해의식, 수치심을 잘 느끼게 된다.

외상후 스트레스 장애 환자의 치료는 발병 초기에 발견해 적절한 약물 및 단기정신치료를 실시해 조기에 업무에 복귀시키는 게 좋다. 또한 가족과 친지들의 정서적 지지가 중요하며 심한 경우 적극적인 정신과적 치료를 받는 게 필요하다. 이와 더불어 회복을 위한 최선의 방법으로 우선 본인 및 주변 사람들도 피해자라고 인정하는 게 무엇보다 중요하다. 외상 후 스트레스 증후군은 마음이 약하기 때문에 생기는 것도 아니기 때문이다. 또한 우울감과 무감동증에 빠진 사람에게 발산의 기회를 주어야 하고 그저 쉬게 하는 것보다 천천히 건설적인 일을 할 수 있도록 해 일상생활의 리듬을 찾을 수 있도록 한다.

영화를 이상심리학적으로 관람하기

1. 찰리의 외상 후 스트레스 장애의 징후

찰리 파인맨은 사랑하는 가족을 가진 잘나가는 치과의사였다. 그러나 9.11테러 사건을 겪으면서 모든 것을 잃게 되었다. 9.11사건 때 국제무역센터 건물과 정면으로 충돌한 비행기에 아내와 세 딸 그리고 애완견이 타고 있었기 때문이다. 이처럼 상상할 수도 없는 큰 외상적 사건을 겪은 후 그는 치과의사를 그만 두고, 모든 관계에서 철수된 체 살고 있는데 바로 외상 후 스트레스 장애의 전형적 징후이다. 영화 속 찰리가 보이고 있는 외상 후 스트레스 장애의 징후를 정리하면 다음과 같다.

(1) 외상적 사건의 반복적인 재경험

외상이 되었던 사건 당시에 경험했던 생생한 삼정이나 신체 감각의 잔재가 뇌 안의 신경 회로에 그대로 남아 있다가 일상생활에서 아주 사소한 자극에도 플래시백처럼 고스란히 되살아나는 증상이다. 이런 증상에 대해 법정에서 찰리는 다음과 같이 자기 경험을 진술한다.

"얘기하지 않고도 사진을 쳐다보지 않고도 전 항상 식구들을 보고 있어요. 길을 걷다가 다른 사람들 얼굴 속에서도 식구들을 봐요. 장인어른이 가지고 다니시는 사진보다 더 선명하게 보인다구요. 힘드시다는 거 알아요. 하지만 두 분은 서로가 있으시잖아요. 두 분은 함께 계시지만 전 혼자서 자나 깨나 식구들이 눈에 밟혀요. 어디를 가든지요. 하다못해 강아지도 보여요. 그만큼 죽을 지경이에요. 쉐퍼드가 지나가도 전 푸들로 보인다구요......" 자신의 트라우마가 일상생활 속에 얼마나 반복적이고 침투적으로 회상되는지를 보여주는 명장면이자 마음 아픈 장면이기도 하다.

(2) 지속적인 회피와 마비

사고 후 찰리는 의사 생활을 접고 모든 관계를 단절한 채 비디오 게임과 옛날 록 음악만을 들으면서 지낸다. 또한 영화 속 찰리의 모습은 헤드폰을 낀 채 스쿠터를 타고 다니며 주위의 다른 사람들에게는 시선조차 주지 않고 사람들을 회피하는 모습으로 묘사된다. 특히 앨런이 찰리의 집에 방문해서 본 광경은 지속적 회피와 마비가 무엇인지 보여주는 좋은 예이다. 앨런이 찰리의 집에서 본 것은 거의 잠을 자지 않은 채 게임만 하고 있는 찰리의 모습이다. 찰리는 거의 잠을 자지 않고 바깥 외출도 하지 않는다. 집에는 특별한 가구도 없고 게임을 할 수 있는 큰 모니터만 덩그러니 놓여 있다. 불도 켜지 않은 채 게임만을 하고 있는 찰리의 모습은 모든 감각을 마비시켜 버린 듯하다. 아주 사소한 단어에서도 사고가 떠오르고 그러면 너무나 고통스러워 견딜 수 없기 때문에 그 반동으로 모든 감각을 차단하고 마비시켜 버린 것으로 보인다.

밤새 영화를 보며 놀던 찰리와 앨런에게 갑작스럽게 앨런의 아버지가 죽었다는 전화가 온다. 앨런이 "아버지가 죽었데. 아버지가 돌아가신 거야." 라고 말하자 찰리는 "어디 아침이나 먹으러 갈래?"라고 무표정하게 시선을 이리저리 회피한 채 말한다. 정상적인 사람이라면 친구의 아버지가 죽었다는 말에 위로를 해주었을 텐데 찰리는 죽음에 대한 트라우마가 있었고 앨런의 아버지 부고 소식은 이전 자기의 고통을 떠오르게 하기 때문에 회피하게 된 것이다. 외상 후 스트레스를 당했을 때의 회피와 마비 증세는 불쾌한 기억을 차단하기 위한 일종의 방어기제이다. 따라서 외상과 연관된 생각, 느낌, 대화를 피하려고 하며, 그 결과 다른 사람들과 거리감이 생기게 된다. 또한 감정표현과 정서적 반응도 억제된다. 〈레인 오버 미〉라는 영화를 보다보면, 긴 상영시간 때문인 것도 있지만 시종 일관 무표정한 주인공으로 인해 영화를 감상하는 것이 어려워질 수 있다. 지루하게 느껴질 수도 있다. 이는 우리가 영화를 보면서 주인공에게 공감하기 때문에 나타나는 현상으로 자연스럽다.

(3) 지나친 각성 증상

찰리가 대학 룸메이트였던 앨런을 만나는 이유는 앨런이 자신의 외상적 기억을 자극하지 않을 만큼의 거리를 둘 수 있는 찰리에겐 안전한 대상이었기 때문으로 해석된다. 그랬는데 이런 앨런이 클럽에서 갑자기 "넌 이제 싱글이니까 인생을 새롭게 즐겨봐."

라고 말한다. 그러자 지금까지 웃으며 잘 지내던 찰리가 화를 낸다. "난 가족이 없어. 놈들이 보냈어? 너 전문가야? 나한테 왜 이러는 거야? 날 그냥 내버려 둬."라고 말하며 크게 흥분하곤 자리를 떠나버린다. 앨런의 말에 갑자기 자신의 외상 경험이 떠오르게 된 것이다. 앨런은 점차 가깝게 느껴지는 찰리의 상처를 위로하기 위해 가볍게 농담처럼 한 말이었는데 찰리는 갑자기 분노를 폭발하듯이 반응을 한다. 이런 찰리의 행동은 조그만 자극에도 흥분하고 과도하게 민감해지는 반응을 보이는 외상 후 스트레스 증상 중 하나인 과도 각성 상태를 보여주는 것이다.

과도 각성과 관련된 또 다른 에피소드를 살펴보면, 어느 날 찰리가 앨런의 치과 병원에 오게 된다. 복도에 걸려 있는 앨런의 치과 의사 자격증을 뚫어져라 쳐다본다. 그런 찰리에게 앨런이 "치과에 오랜만에 와 보지? 왜? 그리워?" 라고 묻자 또 찰리는 자신의 과거가 자극되면서 극도로 흥분하고 진료실을 난장판으로 만들어버린다.

(4) 이차 증상

외상 후 스트레스 장애의 이차 증상은 일차 증상에 선행되거나 동반되거나 나중에 나타날 수 있는 증상인데 이로 인해 장애가 악화되거나 더 고통이 커질 수 있다. 이차 증상에는 바로 우울, 불안, 충동적, 행동, 물질남용, 신체화 증상, 시간 감각의 변화 그리고 해리 등상 등이 있다. 영화 속 찰리의 외양을 보면 머리가 부스스하고 옷도 깔끔하게 챙겨 입지 않은 모습이며 얼굴엔 표정이나 열정이 느껴지지 않는다. 전반적으로 활력수준이 낮고 침체되어 있는 것이 우울감이 느껴진다. 거의 하루 종일 게임을 하는 것 외엔 일에 흥미가 없고 미래는 생각하지 조차 않고 있는데 이런 이차 증상으로 인해 찰리의 어려움은 더욱 가중되고 있다. 또한 찰리는 약물을 하고 있진 않지만 괴로움에서 벗어나기 위해 게임에만 빠져 있는 모습으로 묘사돼 게임 중독이 의심된다. 찰리는 사고에 대해 극도로 공포심을 갖고 있기 때문에 사고와 연관된 모든 것을 두려워하고 걱정하는 불안장애의 증상도 보이고 있다. 영화 속에서 찰리는 다양한 외상 후 스트레스 장애의 이차 증상에 시달리고 있고, 그 결과 자살이라는 매우 극단적이고 파괴적인 행동까지도 하게 되 안타까움을 준다.

2. 찰리의 치료

찰리의 외상 후 스트레스 장애의 원인은 가족을 모두 잃은 9.11 테러 사건이다. 가족의 죽음이 떠오르면, 즉 자극되면 지속적으로 공포 반응을 일으켜 괴롭기 때문에 가족의 죽음과 연관된 자극 모두를 피하려고 하니 정상적인 일상생활을 영위하는 것에 어려움이 생긴 것이다. 찰리가 앨런과 함께 상담을 받으러 갔지만 막상 치료사 앞에서는 이야기를 하지 못하고 회피적 행동을 한다. 치료자가 낯설기 때문에 아직 안전감이나 신뢰감이 형성되지 않아서 불안해졌기 때문이다. 안그래도 자신의 기억과 맞부딪치는 것에 대한 큰 두려움이 있었던 찰리는 결국 치료사가 아닌 대기실의 앨런 옆에 앉아 이야기를 하기 시작한다. 그동안 자신의 옆에서 일관되고 도움을 주려고 애쓰던 앨런에게 더 안정감과 신뢰감을 느꼈기 때문이다. “TV에서 그 소식을 듣는 순간 모든 것이 느껴졌어. 딸의 몸에 있는 큰 점이 떠올랐고 불 속에서 그 점이 타는 게 느껴졌다니까.” 자신의 고통을 이야기하는 것이 바로 치료의 시작이다. 이처럼 외상적 사건을 이야기하는 것이 중요한 이유는 찰리가 사건을 억압하는데 정신에너지의 대부분을 투자하고 있어서 다른 정신작용에 쓸 에너지가 없기 때문이다. 따라서 사건을 이야기하고 다루어줌으로써 사건에 대해 억압하는 에너지를 해소시켜주고, 현재 당면한 여러 가지 어려움을 견딜 수 있는 능력을 갖도록 도와주기 위해서이다. 이야기를 통해 이해하고 받아들여진 감정은 더 이상 억압할 필요가 없어지기 때문이다.

법정 장면을 통해 찰리는 자신이 현재 어려움에 처해 있다는 것을 주변 사람들에게 말하면서 인정하게 되고, 정서적 지지도 경험하게 된다. 그리고 영화의 마지막. 찰리는 이사를 한다. 이전의 아픔을 떠나 새로운 공간과 사람 속에서 천천히 일상생활을 조심스럽게 시작한다. 치유는 늘 조심스럽게 천천히 시작되는 것이다.

참고한 자료

- 권석만(2013). 현대이상심리학. 서울: 학지사
- 오수정, 김정회 외(2013). 정신병리학. 서울: 학지사

13. '와이어인더블러드 (Wire In The Blood, 2002)' : 범죄심리학

<영화 속 이야기 한줄>

"저는 아무 것도 제외하지 않습니다. 제가 생각하는 것은,
가능성이 워낙 희박한 사항을 집어넣었다는 것 자체가 사람들을
잘못된 방향으로 이끌 수 있기 때문에 프로파일에 넣기 꺼려진다는 뜻입니다.
그러나 당연히 기억해두지요."
– 원작'인어의 노래' 中에서–

드라마 '와이어 인 더 블러드(Wire In The Blood, 2002)'와 만나기

1. 드라마 내용

사람을 잔인하게 고문하고 그 과정을 녹화해서 끝없이 컴퓨터로 재생하며 보는 범죄자가 있다. 그는 각종 고문에 대해 자세히 나와 있는 사이트를 자주 들락거리며 새로운 고문 도구를 직접 만드는 데에서도 희열을 느끼는 자이다.

주인공 토니 힐은 임상심리사로 정신병동에서 극단적 범행을 저지른 범죄자들을 상담 치료하는 사람이다. 그는 공감 능력이 매우 뛰어난데 범죄자처럼 말하고 먹고, 범죄자가 머물던 장소에도 똑같은 자세로 있어보며 범죄자의 마음을 읽어낸다. 그렇지만 토니는 본인의 사회적 기술은 매우 약해 주변에 친구가 없고 혼자 외롭게 일만 하는 캐릭터이기도 한다. 범죄자들에 대해 골몰하다 물건을 자주 잊어버리기 때문에 가방 대신 검정 비닐을 들고 다니는 괴짜이기도 하다. 어느날 정신병동에서 상담을 마치고 나온 토니에게 캐롤이라는 여자 형사가 찾아와 도움을 청한다. 캐롤은 현재 수사 중인 살인 사건에 대한 자문을 얻기 위해 토니 힐을 찾아온 것이다. 토니는 '시신, 피해자, 백인 남성, 30대 초반, 균형 잡힌 몸매' 등 살인의 공통점을 말하면서 연쇄살인의 가능성을 이야기한다. 캐롤과 함께 살해 된 시신을 살펴보는 토니는 생식기에 상처가 매우 심하게 나 있는 것을 확인한다. 또한 시신들이 아주 말끔하며, 캐롤은 범인이 아주 조심스럽다는 것이라고 말한다. 그러나 닥터 힐은 이건 거의 상냥한 행위인데 마치 그들을 용서한다는 듯한 행동이라며 훨씬 더 깊이 범인을 이해하며 이야기한다. 집으로 갔던 토니는 시신이 발견된 장소에 다시 찾아와 피해자가 눕혀졌던 방식대로 똑같이 누워보면서 범죄를 이해하려고 한다. 토니의 프로파일링은 혼잣말, 직접 피해자 혹은 가해자의 위치에 서 보는 등의 접근 방식을 통해 범인을 알아가는 형식이다.

※ 드라마 이해를 돕기 위한 Tip!

〈와이어 인 더 블러드〉는 원작을 드라마로 만든 작품이다. 스코틀랜드 출신의 스릴러 작가 발 맥더밀드의 소설 토니 힐 시리즈를 기반으로 하였다. 특히 시즌 1의 제 1화 원작은 '인어의 노래(The Mermaids Singing)'이다. '인어의 노래 The Mermaids Singing'라는 제목은 T S 엘리엇의 명시 'J 알프레드 프루프록의 연가'의 한 대목이다. 발 맥더미드는 현재까지 발표된 토니 힐 시리즈 6편 제목 모두를 엘리엇의 시구 중 한 대목으로 장식하고 있다.

2. 캐릭터 이해

토니

임상심리학자로 경찰들에게 때로 범죄에 대한 프로파일링도 제공하고 있다. 정신병동에서 주로 연쇄살인을 했던 가해자들을 대상으로 상담치료를 한다. 그는 혼잣말을 자주 하면서 자기만의 세계로 들어가 가해자를 이해하는 습성이 있다. 이때 가해자처럼 행동해보고 가해자처럼 생각한다. 그러나 이런 뛰어난 프로파일링 솜씨는 그의 부족한 사회적 기술 때문에 제대로 대우받지 못하는 경우가 많다.

캐롤

여자 경찰로 토니에게 살인 사건에 대해 프로파일링 도움을 받는다. 그녀는 혼자 살고 있으며, 이성적이고 논리적이면서도 따스한 인간성을 가진 인물로 묘사된다. 사회적 기술은 부족하지만 가해자와 피해자에게 깊은 공감을 할 줄 아는 토니에게 호감을 가지고 있다.

범인

자신은 남자가 아닌 여자였어야 한다고 생각하는 범죄자로 아주 잔인한 방법으로 남자들을 납치 후 고문한다. 이런 끔찍한 범죄자가 된 이면에는 어릴 적 학대받았던 사건들이 있다.

<범죄심리학>에 대해 알아보기

1. 범죄심리학의 개요

범죄와 비행심리학은 성인과 청소년 범죄자의 행동 및 정신 과정을 연구하는 분야이다. 범죄행동의 습득 과정 및 경로, 유발되고 유지되는 요인, 그리고 수정 가능성 등에 관심을 가진다. 최근에는 범죄자의 세계관 및 인지적 관점에 초점을 두고 그들의 사고, 믿음, 가치관의 변화 가능성에 대해서도 수행하고 있다. 더 나아가 범죄 행동을 줄이기 위한 예방, 처치, 그리고 치료적 전략을 검토하고 평가한다(오세진 외, 2010).

2. 연쇄살인의 정의와 특성

(1) 연쇄살인의 정의(김상균, 2005)

연쇄살인범(serial killer)이란 반복적이고 연속적으로 살해를 하는 자로 정의하고 있다(Dietz, 1986; Lane & Gregg, 1995; Pallone & Hennessy, 1994). 연쇄살인범들은 살인행위 그 자체가 자신의 심리적 생존을 확인시켜주는 의식을 치루는 것으로 생각한다. 연쇄살인을 저지른다는 것은 마약이나 알코올 중독처럼 살인행위에 중독된다는 것을 뜻하며 이는 곧 자신의 삶의 일부분이 되어버린 특정형태의 폭력행위에 중독된다는 것을 의미한다. 마약이나 알코올 중독자가 술이나 마약 없이는 살 수 없을 것처럼 연쇄살인범들에게는 살인행위 그 자체가 자신의 "심리적 생존(psychological survival)"을 확인시켜 주는 "의식(ritual)"이다. 그렇기 때문에 희생자를 선택하고, 납치를 준비하고, 고문하고, 죽이고, 사체를 처리하는 모든 과정이 연쇄살인범에게는 중요한 의미를 지니고 있다. 이러한 "의식(ritual)"에의 집착은 동서양을 막론하고 연쇄살인범들에게서 공통적으로 나타나는 현상이며, 연쇄살인범이 다른 보통 살인범과 구별되는 요소이다.

(2) 연쇄살인범의 일반적 특성(김상균, 2005)

Claus 등(1999)은 연쇄살인범의 전형적인 특징을 힘, 환상, 의식, 비인격화로 요약하고 있다.

첫째, 전지전능(Omnipotence)이다.

처음 살인 후에 검거되지 않으면, 연쇄살인범은 놀라고, 그 다음 살인 후에는 약간 놀라고, 그리고 그 이후의 살인에서는 자신이 전능하다고 생각한다고 한다. 살인행각을 벌이기 전에는 그는 혼돈의 세상에서 무의미한 존재라고 생각한다. 범행을 하는 동안 그는 생과 사를 마음대로 통제할 수 있고, 이 시간만큼은 자신의 손으로 피해자의 목숨을 좌지우지할 수 있다고 여긴다. 범행이후에는 경찰의 공권력을 능가하였다는 승리자로서의 희열을 느끼게 된다고 한다.

둘째, 가학적 환상(Sadistic fantasies)이다.

Prentky 등(1989)은 자신이 연구한 사례들 중에 86%에서 강간 또는 살인의 환상을 보였다고 하였다.

셋째, 의식행사(Ritualized performance)이다.

연쇄살인범들에서 의식행사는 사회적 상호작용을 대체하는 행위라고 하였다. 그들은 자신의 내적 각본에 따라서 개인적 접촉을 하고 행동하게 한다.

넷째, 비인격화(Dehumanization)이다.

Warren 등(1996)은 자신이 연구한 모든 사례에서 사체훼손의 흔적을 발견했다. 일부 사례의 경우에는 피해자가 인격적으로 다루어지게 될 때는 살인범들은 피해자를 살려주게 된다. 피해자는 놀이의 대상에 불과하고 의식의 환상이 깨어지게 될 때 그 환상은 실제로 나타난다.

다섯째, 공생적 통합(symbiotic merger)이다.

연쇄살인범이 피해자를 선택하고 살해하는 것은 자신의 어린 시절에 엄마와의 관계가 원만하지 못하여 사랑과 애정을 받지 못한 것에 대한 일종의 심리적 보상을 받기 위한 일종의 퇴행적 행동으로 설명할 수 있다. 연쇄살인범은 살인의 의식이 부모와의 공생적 통합의 관계의 대치된 행동이므로 살인은 심리적 생존을 위한 활동으로 묘사할 수 있다.

(3) 연쇄살인범의 아동기 경험(김상균, 2005)

연쇄살인범은 하루아침에 만들어지는 것이 아니라 어린 시절부터 독특한 특성을 갖는다고 하다(Simon, 2001; Gerdes, 2000). 살인의 전조가 되는 행위는 어린 시절부터 계속되어 온 인생의 오랜 시간 동안 존재하고 발전되어 온 것이다(임준태, 2003: 224-225).ㅜ이러한 견해에 의하면 연쇄살인범들은 어린 시절에 고통스러운 경험을 갖고 있으며, 장기간의 사회적 박탈 및 심리적 학대상태에 놓여 지는 경우가 많다(이수정 외, 2004: 58-59). 이들은 어린 시절에 받았던 처벌을 불공정하고 학대적인 것으로 인식하며, 어머니와의 관계가 냉담한 어린 시절을 보냈다고 한다(Simon, 2001).

McDonald(1963)는 연쇄살인범의 행동발달사를 연구한 결과, 공통된 특징으로서 그들은 아동초기에 주로 야뇨증(침대위에 오줌싸는 행동), 불장난, 동물학대의 경험을 가지고 있는 것을 발견하였다. Hellman & Blackman(1966)은 야뇨증은 부모에 대한 가학적이고 적대적인 반항의 표현(침대와 이불에 손상을 입힘으로써, 그리고 부모의 관심을 받기위하여)이라고 설명하였다. 불장난은 폭력과 연합되어 있으며, 동물학대는 친구들에 대한 복수의 한 양식이라고 주장하였다. 특히 성적학대는 환상의 세계로 빠져들게 하는 주요한 원인이 된다. 환상은 힘/지배라는 내용을 포함하고 있으며, 이는 학대받고 있는 아동의 현실세계에서는 이룰 수 없는 것들이다(Gresswell & Hollin, 1984).

한편 Whitman & Akutagawa(2003: 699-700)는 연쇄살인범의 행동의 역동성을 이해하는데 몇 가지 요인을 내놓았다. 그중에서 가장 중요한 요인 중에 하나는 아마 유아기의 정서적 박탈감이라고 하였다. 불완전한 양육은 아동의 불안과 정서적 굶주림이라는 결과를 가져온다는 것이다. 두 번째 요인은 유아기의 잘못된 양육으로 인하여 파괴적 공격성을 띄게 된다. 이것은 적대감과 분노는 행동을 강요하고 조정하고 통제하기를 원하게 되고 결국은 살인행동으로 표출된다.

이 처럼 부정적인 정서가 살인을 야기하는 중요한 추동이다. 공격의 표출은 불안감을 감소시키며, 그것은 잠재되어 있는 정서적 만족을 만들어 낸다. 에로티시즘은 공격과 불안감소의 시너지효과를 가져다주는 행동으로서 강한 힘을 불러일으킨다. 살인의 희열은 연쇄살인범들에게는 일시적일뿐이다. 그러한 만족은 순간적이며, 그리고 부정적이고 고통스러운 정서가 다시 밀려올 때 그들은 다시 강박적인 반복살인을 통하여 이를 감소시키고자 한다.

3. 프로파일링

프로파일링이란 어떤 사람 혹은 사람들에 관한 다양한 종류의 정보를 모은 것이다. 심리적 프로파일링, 범죄자 프로파일링, 지리적 프로파일링, 인종적 프로파일링 등으로 구분한다. 이 중 심리적 프로파일링은 반드시 범죄의 특성만을 묘사하기 위해 고안된 것이 아니고 성격, 단점, 기호, 흥미, 장점 등과 같은 행동특성에 대해서도 기술하고자 한 것이다. 범죄자 프로파일링은 범죄현장을 분석하고 범죄현장에 남겨진 결정적은 특징들을 해석함으로써 범행동기와 범죄자의 유형을 추정하는 기법이다. 구체적으로는 범죄특징에 근거해 범인의 인성특성, 행동패턴, 심리적 행동습관, 인구통계적 특징을 추정하는 과정이다.

특히 범죄자 프로파일링은 1888년 런던 이스터엔드에 있어 각각의 사건에서 5명의 매춘부를 무참하게 살해한 연쇄살인인 잭더리퍼 사건에까지 거슬러 올라갈 수 있다. 이 사건은 해결되지 않았지만 법병리학자인 필립 박사를 통해 피해자에게 가해진 창상의 성질에 근거한 인성특성을 추정하여 경철수사를 돕고자 했음을 볼 수 있다.

프로파일 보고서에는 보통 범인의 성별, 연령, 혼인상태, 교육수준, 대략적인 직종을 포함하고 있다. 또 범인의 향후 재범 가능성, 체포력, 피해자의 위험부담 등의 예상이나 추정도 포함한다. 종종 프로파일러는 범인의 인성뿐만 아니라 범행동기를 밝히고자 한다 (장석헌, 이창한, 2010).

영화를 범죄심리학적으로 관람하기

1. 영화 속 프로파일링

영화 속 토니 힐이 범인에 대해 프로파일링 하는 과정을 정리해보면 다음과 같다.

(1) 범행 행위

남자 피해자의 신체에 상흔이 많고 나체로 발견된다. 특히 생식기를 심각하게 훼손시킨다. 세 피해남성은 모두 독신이었고 동성애자들 밀집 지역에 범행 후 버려졌다. 범행을 하기 전 범행 대상을 오랜 기간 동안 스토킹한다. 범행 대상을 따라다니며 모든 것을 비디오로 촬영한다. 범행 대상에 따라 고문 방식이 다른데 중세 방식의 특이한 고문도구를 직접 만들기도 한다. 피해자는 자신의 집에서 납치되는데 강제침입의 흔적은 없다. 피해자 간 연관관계는 없다.

네 번째 사건이 일어남으로써 비로써 연쇄살인이 되는데 동일범이라는 것에 대한 증거를 다음의 항목이 일치하기 때문이라고 말한다. 그것은 바로 희생자의 선택, 시신의 모습, 살인 방식, 시신을 목욕시켰다는 것, 성기에 상처, 고문흔적이다. 네 번째 살인은 경찰들에게 벌을 주기 위해 행해졌는데 그 이유는 마땅히 받아야할 존경을 주지 않았기 때문이다.

(2) 범인의 성별 및 연령

백인, 남자이지만 사실은 남성인지 여성인지 알기 어렵다. 그러나 피해자가 체격 좋은 남자임을 감안해 봤을 때 그런 남자들을 옮기기 위해선 아마 남자일 것이다. 범인은 현재 성 정체성이 혼란스러운 상태이다. 범인의 연령은 피해자의 나이를 고려해 봤을 때 비슷할 것이기 때문에 약 25세에서 35세 사이로 추정된다.

(3) 범인의 외양

키가 최소한 183센티 이상으로 상당한 상체의 근력이 있고 손재주가 매우 좋다. 아파트보다는 개인주택에 살 가능성이 크고 지하나 차고를 갖고 있다. 또는 시외에 방음처리된 외딴 시설을 갖고 있을 수 있다. 자기 차가 있는데 4륜구동이라든지 해서 공간이 충분한 차일 것이다.

(4) 범인의 혼인상태

혼자 살고 있다. 이유는 범인이 현재 성 정체성에 대해 혼란스러운 상태이기 때문이다. 그 결과 자연스레 남자들에게 호감을 느끼고 있고, 그 점에 대해 쿨쾌해하기 때문에 아마도 혼자 살 것이다.

(5) 범인의 교육 수준

범인은 상당히 높은 수준의 고등 교육을 받았을 것으로 보인다. 컴퓨터를 매우 잘 이용하고 있으며, 영상 편집 능력 또한 갖고 있기 때문이다. 무엇보다 중세 시대 고문 도구를 인터넷에서 찾아 직접 만들 수 있을 정도의 지적 수준도 갖고 있다. 또한 피해자를 납치한 후에는 진공청소기, 걸레질 등 집안을 청소하는데 이런 모습을 볼 때 범인은 수사기법을 잘 알고 있는 것으로 보인다.

(6) 범인의 직업

살인과 고문을 녹화하기 위해 고급기술인 컴퓨터그래픽을 사용하고 있는데 굉장히 잘 한다. 이런 사실로 볼 때 영상을 편집할 능력이 있을 것으로 유추된다. 이런 그래픽을 만들기 위해서는 비싼 프로그램이 필요하다. 아마도 소득이 높은 편일 것이다. 피해자들처럼 사무직 종사자이고 근무시간 조절이 가능하다. 컴퓨터나 관련 기술직일 수 있다. 사회적으로는 수줍은 편인데 직장에서는 다르게 행동할 수도 있다.

(7) 범인의 향후 재범 가능성

현재 세 건의 살인사건이 있다. 범인은 인정받기를 원하고 있는데 그러기 위한 노력들이 무시당했다. 그 결과 범인은 경찰의 무능함을 폭로하기 위해 다시 살인을 할 것으로 보인다. 따라서 다음 피해자는 언론인이나 경찰에 연관된 사람, 응급요원 등 매우 중요 인물이 될 수 있다.

(8) 범인의 체포력

경미하다. 절도, 협박, 폭행 정도였을 것이다. 지금 저지르고 있는 범죄들이 범인 인생의 걸작이다. 범인은 잡히기를 원하지는 않지만 경찰이나 세상 사람들이 자신을 경악해하고 두려워하기를 바라고 있다.

(9) 피해자의 특징

보통 범죄자의 경우 피해자의 약점을 보고 접근하지만, 이 범인의 경우 비교적 엘리트들을 피해자로 고른다. 남성으로써 피해자들은 매력적이고 성공적이고 안정적이다. 범인은 그들을 납치하고 자기 아지트로 데려간다. 범인은 피해자들을 성적으로 원하기 때문에 가지려고 한다. 이런 범인의 심리에 대해서 토니는 범인의 입장이 되어 이렇게 말한다. "난 당신을 보고 당신을 원하고 당신 몸을 뇌리에서 지울 수가 없어. 가져야만 해." 이런 범인의 심리는 사랑이나 섹스를 넘어선 성도착증이다. 즉, 거부할 수 없고 충족할 수 없고 취해버리는 욕망인 것이다.

(10) 피해자의 위험부담

범인에게 납치된 피해자의 생존 가능성은 매우 희박하다. 범인이 인간에 대한 기대치가 매우 높아서 극한 강도의 고문을 실시하기 때문이다. 범인은 자신이 고안해 낸 특별한 고문에서 살아남고 끝까지 자신의 곁에 있을 줄 완벽한 남자를 찾는데 그럴 가능성이 거의 없다.

⑾ 범인의 세계관

범인의 세계관을 이해하기 위해 범행 시 의식행사의 특징과 가학적 환상을 살펴보면 다음과 같다. 먼저 범인은 자신과 피해자의 관계를 규정하는데 있어 다른 연쇄살인에 비해 특이한데 피해자를 물건으로 취급하지 않는다. 범인은 인간을 인간으로 본다. 애인 없는 남자들을 찾아서 따라다니고 카메라로 찍고, 점점 그들에 대한 성적 환상을 만들어간다. 피해자들에 대한 환상과 피해자들에게 무엇을 할 것인지에 대한 환타지를 만든다. 그리고 피해자들의 몸과 마음을 평가할 기계를 만든다. 고문을 하는 이유는 진실을 알아내기 위해서다. 그는 피해자에 대한 평가를 시작한다. "좋아. 당신이 내게 충분한 사람이라는 걸 증명해 봐. 니 삶에 만족하는 것 같네. 그 같잖은 삶에. 근데 나와 함께 삶과 죽음의 경계에 설 수 있겠어? 할 수 있겠어?" 피해자들이 약에서 깨어나면 자기 앞에 서 있는 카메라를 든 남자를 보게 된다. 카메라를 들고 잇다는 게 제일 무서운데 영상을 찍는다는 건 증거물을 남긴다는 말이고 그만큼 범임이 자신 있다는 뜻이기 때문이다. 범인은 심문하기 시작하고 피해자들은 답을 못한다. 평가에 탈락한 것이다. 끝나고 나면 죽이고 세척한다. 그리곤 피해자를 돌려준다.

가학적 환상을 살펴보면, 범인은 고문을 한다. 범인은 고문자와 피해자의 관계를 특별하게 규정하는데 "두 명의 인간이 그 둘의 관계보다 서로 더 멀어질 수는 없다."에서 알 수 있듯이 고통은 은밀한 친숙함을 가질 수 있다고 믿는다. 쾌락과 고통을 찾는 것, 끝까지 가 볼 수 있는 상대를 바란다. 그러나 세상은 항상 자신을 실망시켰고 인간은 너무 약해서 나를 실망시킬 것이라 예상한다. 그럼에도 불구하고 자신의 욕망을 충족하기 위한 고문과 살인을 멈추지 않는다. 어딘가에 완벽한 남자가 있을 것이라고 믿고 있기 때문이다. 범인은 오직 자신의 욕망을 충족하기 위해 산다.

2. 범죄 행동의 원인

(1) 사회·정서적 박탈

범인이 네 번째 피해자인 오코넬 경감에게 사용한 고문 도구 중 하나는 바로 케익 장식 도구를 사용한 것이다. 케익 장식 도구는 크림을 넣고 주머니를 짜서 케익을 꾸미는 요리 도구이다. 이것을 이용해 모양도 만들고 그림도 그리고, 이름도 쓴다. 그가 이것을 사용한 이유는 화가 났기 때문이다. 범인은 남자 아이로 태어났지만 자기는 '남자애 몸에 갇힌 여자애'라고 느꼈다. 그래서 여자 옷을 입거나 여자처럼 과자를 굽는 행동을 했을 것이다. 이런 아이에게 주변의 반응은 "넌 남자애야. 넌 남자애로 태어났다고. 그거 벗지 못해! 이 호모 자식. 기집애 같은 놈."이라는 거친 욕설과 폭력이었다. 아이에게 케익도 못 굽게 하고 드레스도 못 입게 하고, 하려고만 하면 더 심한 폭력을 행했던 것이다. 이렇게 자신의 욕망을 완전히 무시당했던 어린 시절로 인해 그는 세상에 화가 난 있었다.

그의 분노 아래에는 깊은 외로움이 있다. 아무도 자신의 존재를 온전히 보아준 사람이 없었고, 아무도 남자이면서 여자인 자신을 이해해 준 적 없었다. 너무 외롭고 고립되었던 범인은 좌절되었던 소망을 충족시키고자 하는 욕망이 강렬해졌다. 사랑받고 싶었지만 좌절되어서 화가 났고, 그러나 욕망을 포기할 수 없어서 자신과 함께 할 수 있는 남자를 찾고자 극단적인 범행을 저지르게 된 것이다.

(2) 심리 · 신체적 학대

어릴 적 받았던 심리적 학대와 신체적 학대는 성인이 된 그가 피해자를 납치해 고문, 살해하게 만들었다. 어릴 적 학대는 그에게 회복될 수 없는 정신적 상처를 남겼다. 특히 아주 어린 시절 받았던 학대는 뇌 기능에도 이상을 가져올 수 있는데 폭력에 둔감하게 된다. 뇌 부위 중 특히 전두엽은 공포나 공격성을 조절하는 부분인데 폭력에 많이 접하게 되면 그 부위가 제대로 작동하지 못한다. 이성적인 판단과 감정을 조절하기 힘들어져 폭력을 더 쉽게 일으킬 수 있다. 또 하나는 쉽게 모방할 수 있게 한다. 인간의 뇌 속 거울 뉴런은 모방하려는 본능이 있기 때문이다. 결국 어린 시절 받은 심각한 학대 경험은 그에게 큰 고통을 줘야 쾌감을 느끼는 성향을 갖게 만들었던 것이다.

(3) 공격적 에너지의 분출

정신분석적 이론에 의하면, 인간은 본성에 의해 항상 공격행동을 일으키기 쉽고 이러한 경향이 적절하게 처리되고 억제되지 않는다면 폭력적 행동을 할 가능성이 높아진다. 영화 속 범인은 스트레스 발산의 충분한 기회를 갖지 못하였을 뿐만 아니라, 자신의 공격적 에너지를 조절 가능한 수준으로 유지하지 못하였다. 카타르시스를 위한 적절한 수단이 제공되지 않았고, 어린 시절에 사회적으로 승인된 적절한 방법으로 공격성을 발산시키는 것을 학습하지 못하였기 때문에 끔찍한 범죄가 발생한 것이다. 좀더 구체적으로 기술하면, 영화 속의 범인은 어릴 적 받은 학대로 인해 세상에 화가 나 있었고, 여자가 되기 위해 돈을 버는 과정에서 특히 남자들에게 매우 큰 분노를 느끼게 되었다. 이렇게 오랜 삶을 통해 누적된 분노는 제대로 발산하지 못한 채 지극히 왜곡된 방식으로 표출된 것이다.

범죄 행동은 어느 한 가지 이론이나 원인으로 이해할 수 없고, 이해되어서도 안된다. 그러나 심리학을 공부하는 우리로써 다양한 이론적 앵글과 심리 원인적 접근을 통해 범죄 행동의 원인을 밝히려는 시도를 게을리 해서도 안 될 것이다. 진정한 이해만이 끔찍한 범죄에 대한 최선의 예방책이 되기 때문이다.

참고한 자료

- 김상균(2005). 연쇄살인범위 범죄심리학적 특성분석. 한국범죄심리학회 1회 정기학술세미나 자료집
- 오세진 외 공저(2010). 인간행동과 심리학. 서울: 학지사
- 장석헌, 이창한 공역. 범죄심리학. 서울: 청목출판사

14. '빌리 엘리어트(Billy Elliot, 2000)' : 긍정심리학

<영화 속 이야기 한줄>

"내 몸 전체가 변하는 기분이죠. 마치 몸에 불이라고 붙은 느낌이에요.
전 그저 한 마리의 나는 새가 되죠. 마치 전기처럼요."
– '빌리 엘리어트' 中에서–

영화 '빌리 엘리어트(Billy Elliot, 2000)'과 만나기

1. 영화 감독 : 스티븐 달드리(Stephen Daldry)

1961년 영국태생으로 아버지는 은행 지점장, 어머니는 가수였다. 스티븐이 14세 때 아버지는 암으로 세상을 떠나게 되었다. 그는 셰필드 대학을 졸업하고 32살의 젊은 나이에 런던 로열 코트 극장 예술감독을 지냈다. BBC 방송국에서 여러 프로그램을 연출한 바 있으며 첫 단편영화 〈여덟〉로 1999년 BAFTA상에 후보 지명되기도 했다. 〈빌리 엘리어트〉는 그의 장편 데뷔작이다. 이후 작품으로는 디 아워스(2002), 더 리더: 책 읽어주는 남자(2008), 엄청나게 시끄럽고 믿을 수 없게 가까운(2012) 등이 있다.

2. 영화 내용

몇 해 전 어머니를 잃은 뒤 치매 증상이 있는 할머니, 아버지, 형과 살고 있는 11살 소년 빌리. 아버지와 형은 광부이지만 파업 중이고, 자신은 권투도장에 다니지만 소질이 없다. 그러던 어느 날 발레강습소가 노조사무실로 쓰이게 되면서 권투도장을 빌려 발레강습을 하는 것을 본 빌리는 흥미를 느끼고 거기에 참가하게 된다. 빌리의 재능을 눈여겨본 발레강사 윌킨슨 부인은 그에게 개인교습을 시작한다. 윌킨슨 부인은 빌리를 런던의 로열 발레스쿨에 입학시키려 하고 오디션을 준비하는데, 오디션 당일 노조지도부인 형 토니가 경찰에 체포된다. 윌킨슨 부인은 빌리의 가족들을 설득하려고 하지만 말도 꺼내지 못하게 한다. 발레수업은 포기했지만 춤을 포기할 수 없었던 빌리는 크리스마스 밤 권투도장에서 친구 마이클에게 발레를 가르쳐주다 아버지에게 들키고 만다. 그 순간 빌리는 아버지 앞에서 느닷없이 춤을 추기 시작하고 그 모습을 본 아버지는 빌리의 재능을 알게 된다. 빌리를 런던의 학교에 보내기 위해 아버지는 파업까지 그만두려 하지만 토니의 만류로 돈을 융통해보기로 하고, 이제 온 가족이 빌리를 지원하게 된다. 아버지와 함께 로열발레스쿨의 면접시험을 보러 간 빌리는 극도로 긴장하지만 "춤을 출 때면 아무런 생각도 나지 않고 몸에 전기가 흐르는 것 같다"는 말이 심사위원들을 움직여 합격통지서를 받는다. 기쁨에 들뜬 아버지는 합격소식을 전하기 위해 노조사무실로 달려가지만 파업이 와해되었다는 비보만 되돌아온다. 그리하여 빌리는 런던으로 떠나고 아버지와 토니는 탄광에 투입된다. 시간이 흘러 아버지와 토니는 빌리가 주연을 맡은 〈백조의 호수〉 공연을 보러 오고, 그들이 감격스럽게 지켜보는 가운데 빌리는 무대에서 화려한 도약을 선보인다[네이버 지식백과].

2. 캐릭터 이해

빌리 엘리어트

영국 북부 더럼의 탄광촌에 사는 11살 소년. 어머니를 일찍 여의고 광부인 아버지와 형, 그리고 할머니와 살고 있다. 권투를 배우다 소질이 없음을 알고 발레에 매력을 느낀다.

산드라 윌킨슨

아이들에게 발레를 가르치는 선생님. 늘 화가 나 있다는 남편과 각방을 쓰는 중이며, 슬하에 빌리를 좋아하는 딸 데비가 있다. 빌리의 재능을 알아보고 개인교습을 해주며 발레학교에 갈 수 있도록 돕는다.

재키 엘리어트

빌리의 아버지이자 광부. 남자는 남자다워야 한다는 생각을 갖고 있다. 탄광 파업에 열심히 참가하지만 빌리의 재능을 알고 난 뒤에 파업을 그만두려 한다. 경제적으로 어려운 형편임에도 불구하고 빌리의 발레 유학 비용을 대기 위해 열심히 일한다.

토니 엘리어트

아버지와 함께 광부 일을 하는 빌리의 형. 탄광 파업에 주도적으로 참가하고 있다.

마이클 카프리

빌리의 친구. 동성애 성향으로, 집에서는 여자 옷을 입고 화장을 한다. 발레스커트를 입어보는 것이 소원이다.

<긍정심리학 이론>에 대해 알아보기

1. 긍정심리학 개요

심리학은 오랜 세월 동안 정신질환이라는 한 가지 주제에만 매진해 왔으며 큰 성과도 거두었다. 그러나 삶을 불행하게 하는 여러 심리 상태를 완화하는 데 치중하다 보니, 삶의 긍정적 가치를 부과하는 노력은 상대적으로 소원해질 수밖에 없었다. 사람들이 원하는 것은 단순히 약점을 보완하는 데 온 일생을 바치는 것이 아니다. 보다 궁극적으로 바라는 것은 사는 동안 진정으로 의미 있고 충만한 삶을 사는 것이다. 이러한 맥락 속에서 출발한 새로운 연구 동향인 긍정심리학은 이미 설정된 행복 범위 내에서 최고의 행복을 누리며 살 수 있는 방법을 알려 준다. 이제는 심리학에서 삶을 불행하게 하는 부정적 심리 상태가 아니라 긍정적인 정서에 대해 연구하고, 개인의 강점과 미덕을 추구하여 일찍이 아리스토텔레스가 말한 '행복한 삶'으로 이끌어주어야 할 때라고 본다(김인자 역, 2009).

2. 몰입(flow)

플로우 경험 또는 최적 경험이란, 의식이 질서 있게 구성되고 자아를 방어해야 하는 외적 위협이 없기 때문에 우리의 주의가 목표만을 위해서 자유롭게 사용될 때를 말하는 것이다. 플로우 상태를 경험하는 사람은 그의 심리적 에너지가 그 자신이 선택한 목표의 성공적 수행을 위해서 대부분 사용되기 때문에 더 강하고 자신에 찬 자아를 형성한다. 또한 플로우는 자아를 통합하도록 도와주는데 깊게 몰입하는 이 상태가 의식의 질서를 잘 잡아주기 때문이다. 사고, 의도, 감정 그리고 모든 다른 감각들이 하나의 목적이 집중된다. 경험들은 서로 조화를 이룬다. 한 번의 깊은 플로우가 지나가고 나면 사람은 내면의 통합뿐만 아니라 이 세상과도 더욱 합치되는 느낌을 갖는다.

플로우 경험을 가능하게 해주는 심리적 조건은 다음과 같다. 첫째, 그 경험은 일반적으로 본인이 완성시킬 수 있는 과제에 직면했을 때 일어난다. 둘째, 본인이 하고 있는 행위에 집중할 수 있어야 한다. 셋째와 넷째, 수행하는 과제에 대한 명확한 목표가 있어야 하고 즉각적인 피드백을 받을 수 있어야 한다. 다섯째, 일상에 대한 걱정이나 좌절을 의식하지 않고 자연스럽고도 깊은 몰입 상태로 행동할 때이다. 여섯째, 즐거운 경험은 사람들에게 본인의 행동에 대한 통제감을 느끼도록 해준다. 일곱째, 자아에 대한 의식이 사라진다. 그러나 역설적으로 플로우 경험이 끝나면 자아감이 더욱 강해진다. 마지막 여덟째, 시간의 개념이 왜곡된다. 즉, 몇 시간이 몇 분인 것처럼 느껴지고 몇 분이 몇 시간처럼 느껴지기도 한다(최인수 역, 2004).

3. 강점 활용

강점과 재능은 다르다. 강점은 도덕적 특성이지만 재능에는 도덕적 개념이 없다는 사실이다. 일반적으로 재능은 강점만큼 계발하는 것이 힘들다. 재능은 기계적으로 습득하는 경우가 많지만(예: 이것은 다장조다), 강점은 대개 자율 의지에 따라 결정된다(예: 직원이 잘못 계산하여 돈을 더 거슬러주었을 때 그것을 사실대로 말하는 데는 개인의 의지가 필요하다). 긍정심리학에서 말하는 강점의 기준은 시간과 환경에 상관없이 계속 나타나는 심리적 특성이며 그 자체로서 가치가 있다는 것이다. 대표적 강점으로는 호기심, 학구열, 창의성, 열린 마음, 성실, 친절과 아량, 협동 정신, 신중함, 낙관주의, 미래지향성 등이 있다(김인자 역, 2009).

4. 회복탄력성

회복탄력성은 자신에게 닥치는 온갖 역경과 어려움을 오히려 도약의 발판으로 삼는 힘이다. 성공은 어려움이나 실패가 없는 상태가 아니라 역경과 시련을 극복해낸 상태를 말한다. 떨어져본 사람만이 어디로 올라가야 하는지 그 방향을 알고 추락해본 사람만이

다시 튀어 올라가야 할 필요성을 절감하듯이 바닥을 쳐본 사람만이 더욱 높게 날아오를 힘을 갖게 된다(김주환, 2011).

성장의 과정 속에서 아이들은 자신의 의지와 관계없이 일어나는 변화를 받아들여야 한다. 아이는 무수한 좌절과 시련을 경험한다. 따라서 아이들에게 변화에 대응하는 강한 자신감, 좌절과 시련을 극복하는 힘, 변화를 받아들이는 특별한 능력이 요구된다. 바로 회복탄력성인 것이다. 회복탄력성은 누구나 갖고 있으며 교육을 통해 충분히 향상시킬 수 있다. 이때 바로 필요한 것이 아이의 회복탄력성을 향상시키는 부모의 자세이다(박주영 역, 2012).

인생에서 일어나는 일들은 기껏해야 일시적으로 우리를 행복하게 혹은 불행하게 만들 뿐이다. 일정한 시간이 지나면 우리는 곧 다시 자신의 본래 행복 수준으로 되돌아오는 강한 탄력성을 지녔다. 이를 행복의 자동온도조절장치라고 부른다. 따라서 더 행복해지기 위해서는 각자 자신의 행복의 기본 수준을 끌어올려야 한다. 긍정적 정서의 훈련을 통해 긍정적인 뇌로 변화시킨다는 것은 바로 이 행복의 기본 수준을 끌어올린다는 뜻이다. 행복의 기본 수준을 끌어올려야만 긍정적 정서의 지속적인 향상이 가능해지고 결국 회복탄력성이 높아진다.

뇌의 긍정성을 높이는 확실하고도 직접적인 방법은 크게 두 가지인데, 하나는 감사하기로 이는 마음의 좋은 습관이고, 다른 하나는 운동하기로 이는 몸에 좋은 습관이다(김주환, 2011).

영화를 긍정심리학적으로 관람하기

1. 영화 속 몰입 경험

네가 춤을 출 때 어떤 기분이니? 라는 여 면접관의 말에 빌리는 다음과 같이 말한다.

"모르겠어요. Don't know.

그냥 기분이 좋아요. Sort of feels good.

조금은 어색하기도 하지만..한번시작하면 모든걸 잊게되고....

It's sort of stiff and that...but once I get going, then I, like, forget everything...

그리고.....사라져 버려요. and.....sort of disapprear.

사라져버리는것 같아요. Sort of disapprear.

내 몸 전체가 변하는 기분이죠. Like I feel a change in me whole body.

마치 몸에 불이라도 붙은 기분이에요. Like there's a fire in me body.

전 그저....한마리의 날으는 새가 되죠... I Just there....flying like a bird.

마치 전기처럼..... Like electricity....

네...전기처럼요. Yeah...Like electricity."

영화 속 빌리의 말은 칙센트미하이 교수가 말하는 플로우 상태를 정확하게 기술하는 듯 하다. 이처럼 빌리가 발레를 통해서 플로우 경험이 가능하게 된 데는 몇 가지 심리적 조건이 충족되었기 때문이다. 빌리는 탄광촌에 살고 있는 남자 아이이다. 남자들은 모두 광부이라는 직업을 갖고 있는 환경 상, 빌리는 남성스러움과 힘을 기를 수 있는 복싱을 배워야만 했다. 그러나 빌리는 복싱보다는 여자들만 배우고 있는 발레가 하고 싶었다. 하얀 발레복을 입은 여자들 속에서 빌리는 발레를 몰래 배우기 시작한다. 그러나 빌리는 발레를 하고 있는 그 어떤 여자아이들보다 발레에 집중한다. 자기 혼자 남자라는 어색함고 창피함도 잊은 채 발레에 몰두하여야 배움이 가능하기 때문이다. 제 때 레슨비를 낼 수도 없고, 정서적 지원 또한 없다. 그저 빌리는 온전히 발레에만 집중하였다.

물리적, 정서적 지원은 없지만 혼자서 열심히 발레를 하는 빌리를 보면서, 발레 선생님은 빌리를 예술학교에 진학하도록 동기화시켜 준다. 아버지의 반대로 춤을 계속 추어야 하는지 갈등하는 빌리에게 로얄예술학교에 추천서를 써 준 것이다. 비로서 빌리에게 생의 목표가 생겼다. 목표가 생기자 선생님은 빌리를 무료로 개인 교습까지 시켜주며 즉각적 피드백을 주기 시작한다. 더욱 빌리가 발레에 몰두할 수밖에 없다. 광부가 되어야만 하는 탄광촌의 남자 아이. 아버지도 광부였고, 형도 광부이다. 이런 과정 중에 광부들이 파업을 하고 경찰과 대치하면서 유혈사태도 나고 동네는 뒤숭숭해진다. 당연히 어머니 없이 늙은 할머님과 아버지, 형만 있는 빌리네 집도 분위기가 무거워지고 걱정이 많아진다. 일을 할 수 없는 상황에서 앞으로의 생활, 당장의 생활부터 걱정인 것이다. 그러나 빌리는 이런 일상에 대한 걱정도 잊고, 제대로 된 발레복도 없이 헐렁한 반바지에 런닝을 입고 있는 상황임에도 불구하고 그저 즐겁게 춤을 추며 돌아다닌다. 얼간이 같이 보인다는 말도 듣고, 좁은 화장실에서 춤을 추다 손을 다치고 넘어지고 물에 빠진다. 그러나 빌리는 멈추지 않고 연습하고 또 연습한다. 잠옷을 입고 춤추고, 골목에서도 춤을 추고, 온 마을을 깡충깡충 춤 같지도 않은 춤을 추며 즐거운 얼굴로 돌아다닌다. 자신이 무엇을 하고 있는지 자각하지도 못한 채, 그저 즐겁게 춤을 추는 모습이다. 이렇게 춤에 대해 몰입했던 경험들에 대해 심사위원들은 가능성에 높은 점수를 준다. 타고난 재능을 갖고 있는 사람은 열심히 하는 사람을 따라갈 수 없고, 열심히 하는 사람은 그 일을 즐기는 사람을 결코 이길 수 없다고 하였다. 즐기면서 하는 사람은 무한히 그 일을 할 수 있고, 자신의 한계를 뛰어넘을 가능성이 있기 때문이다. 그 결과, 빌리는 발레에 대한 기본 실력이 매우 부족함에도 불구하고 예술학교에 당당히 입학하게 된 것이다.

2. 주인공의 강점

영화 속 빌리의 강점을 찾아보면 크게 공감능력, 자기확신, 그리고 배우고자 하는 의지라고 할 수 있다. 이런 빌리의 강점은 빌리가 발레리나로서 성공하도록 돕는다. 먼저 공감능력은 다름 사람의 감정을 마치 자신의 감정인 것처럼 느끼고, 그들의 눈으로 세상을 보는 것이다. 빌리의 공감능력이 빛나는 장면은 바로 동성애자였던 친구의 고백에 대응하는 순간일 것이다. 빌리를 좋아하는 동성애 성향을 가진 친구가 빌리에게 볼 뽀뽀를 한다. 그리곤 비밀을 지켜달라고 말하는 친구. 이런 친구에게 화를 내거나 도망가지 않고, 빌리는 친구를 위해 발레 스커트를 갖다 주고 춤을 가르쳐 준다. 남자는 남자다워야 한다는 편견이 뿌리 깊게 내려있는 마을에서 자기만큼이나 힘들었을 친구에 대한 빌리식의 배려로 보인다. 이런 공감과 배려의 마음은 훗날 빌리가 발레리나로서 여러 배역의 역할을 해 내는데 큰 강점으로 작용했을 것이다. 한편, 빌리의 발레에 대한 자기확신이 드러나는 순간은 친구와 함께 발레 치마를 입고 춤을 추다 아버지에게 들키는 장면이다. 아버지는 자신의 친구에게 아들이 여자들처럼 춤추는 모습을 들키게 되어 화나 난다. 그런 아버지 앞에서 빌리는 입을 앙다문 체 갑자기 춤을 추기 시작한다. 아버지 보란 듯이 점점 더 춤에 몰두한다. 아버지의 눈을 피하지 않고 춤을 춘다. 빌리의 춤이 끝나자마자 뛰쳐나가는 아버지. 아버지는 그렇게 뛰쳐나가선 발레선생님에게 간다. 그리곤 “오디션 비용이 얼마나 들죠?”라고 묻는다. 그 비용을 위해 아버지는 혼자 파업을 그만 두곤 다시 탄광으로 내려간다. 빌리가 해낼 수 있다는 마음, 자기확신을 보여주었기에 아버지도 확신을 갖고 빌리를 후원하게 된 것이다. 마지막으로 빌리가 가지고 있는 강점 중의 하나는 바로 배우고자 하는 의지이다. 빌리는 춤을 배우는 과정을 무척 좋아했다. 처음 배운 춤에서 느끼는 짜릿한 기쁨, 연습해 보는 노력, 익힌 기술에 관해 점점 더 커지는 확신이 빌리를 더욱 춤에게 매료시켰고, 결국 성공시켰다.

3. 주인공의 회복탄력성

빌리의 회복탄력성, 즉 자신에게 닥친 온갖 역경과 어려움을 오히려 도약의 발판으로 삼는 힘은 아마 아버지로부터 나온 것으로 보인다. 빌리의 오디션 비용을 위해 홀로 파업을 그만 두고 배신자라는 소리까지 들으면서 광부의 일을 계속하는 아버지. 비록 자기는 욕설과 비난을 듣지만, 아들에게 기회를 주기 위해 용감하게 시련을 받아들인다. 회복탄력성은 시련을 피하는 것이 아니라 시련을 받아들이고 극복하는 힘인 것이다.

영화 속 감동 깊은 장면은 빌리는 오디션을 합격 후 이런저런 걱정의 말을 할 때 아버지의 태도이다. 빌리가 자신이 떨고 있는 것 같다고 하자, 아버지는 괜찮다며 우리 모두

겁내고 있다고 말하며 아들의 마음을 수용해준다. 그리곤 빌리를 꼭 안아준다.

빌리에게 힘이 되어주는 또 한 사람인 발레 선생님. 그녀는 발레 유학을 가기 전 자기를 찾아온 제자 빌리에게 "이제 나가서 인생이랑 모든 걸 찾아야 할 시기란다. 행운을 빈다, 빌리."라고 격려해 준다. 이런 사람들 속에서 빌리는 회복탄력성을 가진 건강하고 행복한 사람으로 성장한 것이다.

4. 우리 모두의 행복 추구

영화의 마지막 장면은 빌리가 무대에서 백조가 되어 도약하는 대목에서 멈춘다. 마침내 꿈을 이룬 그는 이제 더 이상 하강하지 않는다. 하지만 이어지는 엔딩 크레딧에서는 다시 침대 위를 점프하는 빌리의 모습이 반복된다. 이상으로의 점프를 위해 그만큼 현실로의 하강을 겪어야 하는 것이다. 이 영화에서 우리가 기억해야 할 것은 삶의 질을 향상시키는 데 채택할 수 있는 주요 전략에는 크게 두 가지가 있다는 것이다. 첫 번째는 외적 조건들을 삶의 목적에 부합하도록 만드는 것이다. 두 번째는 외적 조건들이 우리의 목적이 더욱 잘 부합되도록 우리가 경험하는 방식을 변화시키는 것이다. 그러나 이 두 가지 전략은 따로 사용될 때는 효과적이지 못하다. 행복하기 위해, 주변을 내가 좋아하는 것들로 꾸미는 노력이 필요하다. 또한 행복감을 얻을 수 있기 위해 행복에 대한 의미를 수정하는 것도 필요하다. 만일 우리가 완벽한 행복을 기대하지 않고 어느 정도의 불행은 행복의 필연적 요소임을 인정한다면? 또한 짧은 순간의 행복을 향유하는 데 익숙해진다면? 그렇다면 우리가 누리는 행복은 더 많아지고 커 질 것이다. 우리 모두의 행복 추구를 위해 다양한 방법을 긍정심리학적으로 모색해 보자. 의미가 있는 행동일 것이다.

참고한 자료

- 김주환(2011). 회복탄력성. 서울: 위즈덤하우스
- 나카야치 가즈야(2012). 김희정 역. 신뢰의 심리학. 서울: 신원문화사
- 띠디에 플뢰(2012). 박주영 역. 아이의 회복탄력성. 서울: 글담출판사
- 마틴 셀리그만(2009). 김인자 역. 긍정심리학. 서울: 물푸레
- 미하이 칙센트미하이(2004). 최인수 역. 몰입 미치도록 행복한 나를 만나다. 서울: 한울림
- 버커스 버킹임, 도널드 클리프턴(2002). 박정숙 역. 위대한 나의 발견 강점 혁명. 서울: 청림출판

저자소개

이 지 영

- 한국상담심리학회 1급 상담심리전문가 · 수퍼바이저
- 사단법인 성심인성연구원 소장
- 한국에니어그램교육연구소 전임교수
- 서울서부보호관찰소 특별범죄예방위원
- 한국영상응용연구소 연구원
- 숙명여자대학교 학생상담센터 상담원
- 서울특별시청 EAP상담사

한국에니어그램교육연구소 교육과정

단계	단계명칭	참 고 서 적	저 자
1단계	에니어그램 이 해	- 성격을 알면 성공이 보인다.(역, 학지사, 1998) - 한국형에니어그램 성격검사 [성인용(KEPTI)] - 한국형에니어그램 해석과 활용(2004) - 에니어그램으로 본 다문화세상(공저, 양서원,2011) - 한국형에니어그램 용어사전(한국에니어그램교육연구소,2014)	윤운성 윤운성 외 윤운성 외
2단계	에니어그램 탐 구	- 에니어그램 정복 : 자기발견을 통한 자기완성의 길잡이(역, 학지사, 2002) - 성공적인 자녀양육을 위한 9가지 성격(한국에니어그램교육연구소, 2008) - 에니어그램과 12단계-강박의 극복 : 삶을 위한 영적 도구 (공역, 한국에니어그램교육연구소, 2012) - 한국형에니어그램 용어사전(한국에니어그램교육연구소, 2014)	윤운성 윤운성 윤운성 외 윤운성 외
3단계	에니어그램 적 용	- 에니어그램 : 성공하는 사람의 성격관리(공역, 학지사, 2001) - 최강팀 만들기 : 팀워크 에니어그램 (공역, 흐름출판, 2005) - 에니어그램으로 본 다문화세상 (공저, 양서원, 2011) - 한국형에니어그램 사례집 (한국에니어그램교육연구소, 2012) - 에니어그램 사회 (역, 한국에니어그램교육연구소, 2012) - 에니어그램 직업 및 학과사전 (한국에니어그램교육연구소, 2013) - 에니어그램 실제 가이드 (한국에니어그램교육연구소, 2013) - 한국형에니어그램성격하위유형검사(한국에니어그램교육연구소, 2014) - 한국형에니어그램 용어사전 (한국에니어그램교육연구소, 2014) - 에니어그램과 행복 (한국에니어그램교육연구소, 2014)	윤운성 외 윤운성 외 윤운성 외 윤운성 윤운성 윤운성 윤운성 외 윤운성 윤운성 외 윤운성 외
4단계	에니어그램 평 가	- 필수 에니어그램 : 정확한 성격유형검사로 자기발견 및 자기성숙에 이르는 가이드 (역, 학지사, 2002) - 에니어그램 사회(역, 한국에니어그램교육연구소, 2012) - 에니어그램 성격유형(공역, 학지사, 2009) - 에니어그램 명상 - 성장과 치유를 위한 학습힐링(한국에니어그램교육연구소, 2013) - 한국형에니어그램 용어사전 (한국에니어그램교육연구소, 2014) - 에니어그램과 행복 (한국에니어그램교육연구소, 2014)	윤운성 윤운성 외 윤운성 윤운성 윤운성 외 윤운성 외
심화 단계	심 층 에니어그램 발 달 수 준	- 에니어그램 성격유형 (공역, 학지사, 2009) - 성공적인 자녀양육을 위한 9가지 성격 (한국에니어그램교육연구소, 2008) - 에니어그램 사회 (역, 한국에니어그램교육연구소, 2012) - 지금 이 순간을 자각하라 (역, 한국에니어그램교육연구소, 2012) - 에니어그램과 12단계(한국에니어그램교육연구소, 2012) - 한국형에니어그램 1단계 교안(한국에니어그램교육연구소, 2012) - 신성한 사고의 에니어그램 (한국에니어그램교육연구소, 2014) - 한국형에니어그램 용어사전 (한국에니어그램교육연구소, 2014) - 에니어그램과 행복 (한국에니어그램교육연구소, 2014)	윤운성 외 윤운성 윤운성 윤운성 윤운성 외 윤운성 윤운성 외 윤운성 외 윤운성 외
5단계	에니어그램 Supervision	- 에니어그램 2 : 내안에 접혀진 날개 후편 (역, 열린,2003) - 에니어그램 지능 : 효과적인 수업과 학습을 위한 성격의 이해 (공역, 교육과학사, 2003) - 에니어그램 성격유형(공역, 학지사, 2009) - 에니어그램과 12단계-강박의 극복: 삶을 위한 영적 도구 (공역, 한국에니어그램교육연구소, 2012) - 에니어그램 사회(역, 한국에니어그램교육연구소, 2012) - 한국형에니어그램 사례집(한국에니어그램교육연구소, 2012) - 한국형에니어그램 2단계 교안(한국에니어그램교육연구소, 2012) - 에니어그램 실제가이드(한국에니어그램교육연구소, 2013) - 한국형에니어그램 용어사전 (한국에니어그램교육연구소, 2014) - 신성한 사고의 에니어그램 (한국에니어그램교육연구소, 2014) - 에니어그램과 행복 (한국에니어그램교육연구소, 2014)	윤운성 윤운성 외 윤운성 외 윤운성 외 윤운성 윤운성 윤운성 윤운성 외 윤운성외 윤운성외 윤운성 외

한국에니어그램교육연구소 단계별 교재 및 참고서적

단계	단계명칭	교육목표 / 교육내용	시간	부여자격
1단계	에니어그램 이해 '나를 찾아 떠나는 여행'	• 한국형에니어그램 검사 • 에니어그램 성격이론 및 구조 • 유형별 특징·날개·분열 및 통합 개관	10시간 (매월)	한국형에니어그램 (검사지 사용 자격)
2단계	에니어그램 탐구 '나의 길을 따라가는 여행'	• 9 유형 세부적 특징 • 날개, 분열, 통합, 성장 • 자아의식과 행동방식(공격, 순응, 후퇴)	10시간 (매월)	
3단계	에니어그램 적용 '너와 내가 함께하는 여행'	• 하위유형(본능동기) • 유형별 유사점 및 차이점, 성장전략 • 에니어그램과 인간관계 (아동/청소년, 조직, 리더십)	10시간 (격월)	한국형에니어그램 일반강사 자격 (별도의 검사지 교육필수)
4단계	에니어그램 평가 '통합으로 가는 여행'	• 관련이론과의 비교 및 포괄성 (성격유형론, 프로이드, 신프로이드, 융, TA, DSM-Ⅳ) • 의식수준 / 양육과 발달적 접근 • 에니어그램분석 / 윤운성 연구결과 • 비디오상영 / 본질적 접근	16시간 (년 4회)	
심화 단계	심층 에니어그램 의식수준 '여기 그리고 지금'	• 자아집착 • 부모의 양육과 아동의 초기경험 • 유형별 심층적 분석 • 유형별 체험을 통한 진정한 자아발견 • 패널의 경험 모두 나누기 • 유형별 노래명상 • 여기 그리고 지금	32시간 (년 2회)	4단계 이수자 전문강사 자격취득 필수과정
5단계	에니어그램 supervision '가르치며 배우는 여행'	• 에니어그램 supervision • 전문강사 지도자 훈련(PANEL 교육) • 자기관찰 훈련 • 방어기제 체험 • 영적 성장을 위한 체험	32시간 (년 1회)	한국형에니어그램 전문강사 자격 (전문강사 훈련 필수)

검사지 신청

- **한국형에니어그램검사지(성인, 청소년)** : 1set 30,000원(10부)
- **한국형에니어그램 프로파일/응답지(성인, 청소년)** : 1set 25,000원(10부)
- **진로 및 학습, 아동용 검사지/프로파일/응답지** : 1set 30,000원(10부)
- **아동 청소년 간편검사지** : 1set 20,000원(10부) / **아동 청소년 프로파일/응답지** : 1set 30,000원(10부)
- **한국형에니어그램 단계별 교재** : 각각의 단계교육 이수자 이상 판매
- **한국형에니어그램 검사지 및 프로파일 / 응답지**는 10부 단위로 판매됩니다.
  11만원 이하 발송비 주문자 부담 – 50만원 이상 5% D/C
  100만원 이상 10% D/C –
- **구입문의 : (02)3446-3165, www.kenneagram.com, help@kenneagram.com**

1. 검사지 및 프로파일/응답지는 한국에니어그램교육연구소에서 1단계 이상 수료하신 회원들이 구입하여 사용할 수 있습니다.
2. 현재 한국형에니어그램 검사, 프로파일/응답지(성인용)는 청색과 검정색으로 되어 불법으로 복제하면 법에 의해 처벌을 받습니다.
3. 현재 한국형에니어그램 검사, 프로파일/응답지(진로및학습, 청소년용, 아동용)는 녹색과 검정색으로 되어 불법으로 복제하면 법에 의해 처벌을 받습니다.

■

영화로 배우는 심리학개론

■

발행 / 2015년 2월 25일

인쇄 / 2015년 3월 5일 1판 1쇄

저자 / 이지영

발행인 / 윤운성

펴낸곳 / 한국에니어그램교육연구소

■

출판등록 / 2008년 1월 28일 제 2010-12호

서울시 금천구 가산동 60-19 SJ테크노빌 1116호

TEL / 02)3446-3165 FAX / 02)515-6784

E-mail / help@kenneagram.com

Hompage / http://www.kenneagram.com

■

ISBN : 979-11-85115-14-6

값 / 15,000원

■

파본은 교환해 드립니다.

■